丸山眞男とマルクスのはざまで

田口富久治

日本経済評論社

正誤表

頁	行	誤	正
9	8	五年生	一高一年生
200	2	松尾尊兊	松尾尊兊
226	15	一八七九年	一八八九年
231	14	粛正	粛清
241	17	一九四三年	一八四三年
250	2	全国	東京
252	16	二四回大会	二〇回大会
253	1	二八年	三八年
266	4	六月一七日	三月一七日
269	13	霜田正次	霜多正次

丸山眞男とマルクスのはざまで

丸山眞男とマルクスのはざまで＊目次

I

丸山眞男研究をめぐって

まえがき

私は本書収録の丸山眞男研究に先立って、一九九八〜九九年の頃に、三本の丸山関連論文を書いた。第一は「戦後政治学と丸山眞男」（『思想』一九九九年九月号）、第二は「丸山眞男プロス・アンド・コンス」（立命館大学『政策科学』七巻一号、一九九九年一〇月）、第三は「戦後日本政治と丸山眞男」（立命館大学人文科学研究所編『戦後五〇年をどうみるか（下）』人文書院、一九九八年）である。それらの内容は、それぞれの論文の表題に示唆されているが、それらは、拙著『戦後日本政治学史』（東京大学出版会、二〇〇〇年）の第三章、戦後政治学と丸山眞男、辻清明の第一節―第三節として収録されている。参照願いたい。

ところで、丸山眞男研究という場合、丸山の「本店」としての日本政治思想史研究の諸成果の検討が不可欠なことはいうまでもないが、これは狭義の私の専門外のことであり、よほど本格的研究をしないかぎり、うかつには手は出せない。しかしそれと並行して、丸山の同時代人の、広義の思想史家の丸山と匹敵する、すぐれた業績を丸山のそれと比較対照する作業も必要だし意義もあるであろう。そのように考えて、私は丸山の仕事のもっともよき理解者の一人であり、丸山との共著もあり（『翻訳と日本の近代』岩波新書、一九九八年）、かつ自らも『日本文学史序説』（上下、筑摩書房、一九七五年、一九八〇年、大佛次郎賞）において、日本文学史を貫くキイ・タームとして、「土着世界観」なるカテゴリーを提起した加藤周一の業績との比較を一つの課題としたのであった。すなわち、加藤のこの概念と後期丸山の日本思想史理解の基礎カテゴリーとしての「古層論」との間にどのような相互関係や異同があるのかを考察してみたのである。

また、丸山眞男と家永三郎は、日本思想史研究における多年のもっとも親しい友人の一組であり、丸山は家永の教科書訴訟の闘いにたいする、もう少し広げていえば、戦後民主主義の擁護の共同の闘いにおける、もっとも熱烈な支持者であり、また同志でもあった。そのことは『丸山眞男書簡集 5』（みすず書房、二〇〇四年）の宛名人別書簡索引において、家永が最多（七二通）であることからもうかがうことができる。そして家永は、一九四〇年に京都大学文学部哲学教授田辺元の影響を受けつつ、『日本思想史に於ける否定の論理の発達』という日本思想史における古典的労作を公刊した。それは一九四四年には「日本思想史に於ける宗教的自然観の展開」論文に引き継がれ、一九六九年にはこの両論文を含めて、『日本思想史に於ける否定の論理の発達』（武田清子解説、新泉社、一九六九年）に復刻される。岩波書店の『家永三郎集』第一巻『思想史論』（一九九七年）は、この両論文および「日本思想史学の過去と将来」（一九四八年）、「近代思想の誕生と挫折」（一九五九年）、「日本思想史における外来思想の受容の問題」（一九六一年）等を含む。この第一巻の「解題」で鹿野政直が論じているように、「同時代人として屹立する二人の思想家・思想史家、丸山眞男と家永三郎は、前者が政治思想史から出発したがゆえに倫理思想と切り結ばざるをえなくなったように、後者は倫理思想から出発したがゆえに政治思想を問わざるをえなくなったという、対蹠性と同質性をたぶん帯びている」（三四四頁）。そして家永の仕事においては「否定の論理の発達がそののちの仕事への原型をかたちづくった」のである（三四三頁）。

第Ⅰ部の第二論文「家永三郎の『否定の論理』と丸山眞男の『原型論』」は、右に言及した丸山と家永の対蹠性と同質性を、両思想史家の「憲法十七条」論および鎌倉佛教論、就中、親鸞評価を中心とした比較を通じて浮き彫りにしようとした試論である。これら二論文の評価は、研究対象それ自体についてと、二人の論者の思想史論についての専門家の判定に委ねなければならない。なおこの第二論文の印刷が遅れたために、これを家永先生にご覧いただく機会を逸したことは、私にとってまことに残念なことであった（ご遺族には抜刷りはお送りしたが）。

第三論文は、学界における多年の友人であり、新設の立命館大学政策科学部の同僚であった山口定氏の同大学退職記念の『政策科学』に載せられた、九〇年代末から二〇〇三年頃までの、私の目から見てとくに注目すべきものと思われたいくつかの基本的な丸山の思想研究（単著および編著）および丸山とその師南原繁、弟弟子福田歓一、また南原の弟子の一人宮田光雄の思想的連関を分析した諸労作をそれぞれ簡単に紹介し、それらに評価を加えたものである。それらの書名等々は本文に記しているので一々は述べないが、その中の第一の部分であげた『隠された地図』の著者故北沢恒彦が、鶴見俊輔の思想的自伝『期待と回想』（上下、晶文社、一九九七年）の三人の聞き手の一人であったこと（他の二人は、小笠原信夫と塩沢由典）を、この鶴見の自伝を最近読んで知った（なお鶴見の丸山追悼文は、『隣人記』（晶文社、一九九八年、一五三〜一五六頁）にもある）。

第四論文、菅孝行の小冊子の書評は、この小冊子の編集者に依頼されたものであって、特につけ加えるべきことはない。小熊英二『〈民主〉と〈愛国〉』（新曜社、二〇〇二年）の丸山論についての私の批判は、キツすぎるという批判を受けた。私の弁解は、その批判は、小熊の大冊全体についての批判ではなく、彼の丸山理解とその批判の浅薄さに限定された批判であったということである。丸山の全体的評価は小熊の大冊に先行する都築勉『戦後日本の知識人　丸山眞男とその時代』（世織書房、一九九五年）なども比較対照しながら、行われるべきであろう。

　第五論文は、今井弘道氏の『丸山眞男研究序説』（風行社、二〇〇四年）についての批判である。私は本書の結論部である『五〇年の研究生活を振り返って――いま思うこと』でも述べたように、最近の丸山眞男批判は、学問的あるいはイデオロギー的批判や暴露であるというよりは、非学問的な誹謗に近くなっているという印象をもつようになっている。その一種である今井の丸山「批判」に対しては、私は第Ⅰ部では「福沢と丸山は「緊急権国家」体制の思想家か」という論点を中心に、第Ⅱ部では、丸山の一九三六年の緑会懸賞論文の末尾における「弁証法的全体主義」という概念が、京都学派の哲学者田辺元の「種の論理」の影響を受けたものではないか、という今井説について、反論をこころみ、その論点を拡大して、丸山眞男・田辺元・南原繁のトリアーデについて論じている。なお、今井の丸山は一君万民主義者であった、とする誹謗については、二〇〇四年一一月二一日の第三六回「九六年の会」（於名古屋国際センター）における、高田勇夫の条理を尽くした反論（四〇〇字六〇枚）がある。その印刷・公表が強く望まれる。

一　丸山眞男の「古層論」と加藤周一の「土着世界観」

はじめに

第二次大戦後の日本思想界において、世界に開かれた普遍主義的視座と思想と教養をもち、しかも広い意味での日本思想史研究に卓抜した業績をあげて戦後思想界をリードしてきた思想家・研究家ないし評論家として、丸山眞男（一九一四〜九六年）と加藤周一（一九一九年〜）をあげることに異論をもつ知識人は少ないであろう。

本稿での私の問題意識は、丸山が東大法学部における東洋（日本）政治思想史の講義では、丸山にとってははじめての六〇年代初頭の英米滞在から帰国の後、六三年度冬学期において「日本思想の原型 prototype」について論じることから始められ、公刊された論文としては一九七二年一一月に「歴史意識の古層」として発表され、その後「原型・古層・執拗低音」（初出、一九八四年）等に引き継がれていった一連の考察――ここでは便宜上、丸山の「古層論」として一括表記しておく――を、丸山に比肩し、あるいは丸山以上に多彩、多ジャンルにわたる知的、美的（文学、造型美術、絵画。音楽は、丸山と同じ）等の分野で旺盛な活動をいまなお続けている加藤周一の、全体としてもまた日本思想史研究にかかわるかぎりでも多分代表的労作と考えてよいであろう『日本文学史序説』上下（最初一九七五年および一九八〇年、筑摩書房より刊行。ここで私が用いるのはちくま学芸文庫、一九九九年刊行の版である）における加藤の日本の「土着世界観」なるカテゴリー。この二つの概念の異同、関連などを比較検討してみることである。そしてその検討を通して、いまや少なくとも丸山の「古層論」に関していえば、そのもっとも身近な後継研究者においてすら、論争の的となっているこの概念[1]、そして私の推測では、丸山のこの概念の加藤側のカウンターパートとなっているように見える彼の「日本の土着的世界観」論、これらについての私なりの理論的見通しを得たいということである。そのかぎりで本稿は一つの研究ノート（のはじまり）にすぎない。

なお、戦後日本の日本思想史研究の、古代から現代に及ぶ画期的達成として、家永三郎の膨大な業績がある。

私は助手になっての一年目に、丸山教授の「日本におけるナショナリズム」という院・学部合同ゼミに出席を許されたが、その前後すなわち一九五二年度冬学期および助手時代に一年間、病気中の丸山の東洋政治思想史の講義を代講された家永教授の講筵に列している。二〇〇一年四月以降、家永三郎集全一六巻（岩波書店刊）を、自伝を含む第一六巻を皮切りに、第一巻から第七巻までを読了し、加えて「集」には残念ながら収録されなかった『津田左右吉の思想史的研究』（初版一九七二年六月、岩波書店）

をも読んだ。家永が丸山や加藤が問題としたような「古層」や「土着的世界観」の問題についてどのようにその思索を展開したかを調査し[2]、丸山、加藤との比較を試みたいと念じているが、これは私にとってつぎの課題となる。

1――丸山眞男と加藤周一の交渉

丸山眞男と加藤周一が、おそらくは戦後どのようにして相知るようになったかは、私は知らない。だが両人がともに府立一中から、第一高等学校文乙・理乙を経て、それぞれ東大法学部と東大医学部に進学しているが、府立一中の同窓生であることは確実であり、両人の年令差は五年あるが、加藤は小学五年から一中に入っているから、加藤が一年入学のとき丸山は五年生であったはずである[3]。その時点では交渉はまずおこらない。いずれにしろ両者がお互いを意識し、交渉をもつようになったのは、敗戦後のことと思われる。

このたび二人の戦後の交渉を見ようとして、丸山については、丸山眞男集（岩波書店刊）別巻の人名索引の加藤周一の項、および丸山眞男座談の総目次で検索し、加藤については、著作集全二四巻（平凡社刊）について全部ではないが、丸山及び丸山の労作についての言及の重要なものは可能なかぎりひろいあげ、かつ丸山との対談については、『加藤周一対話集②』（かもがわ出版、二〇〇〇年）のI　丸山眞男との対話[4]六点（この中には当然のことながら、丸山眞男座談における加藤〔および丸山、加藤以外の第三者を含む〕との対談が数点ダブって入っている）をひろいあげてみた。なお、丸山と加藤には、日本近代思想大系15『翻訳の思想』（岩波書店、一九九一年）という共編著およびその副産物としての共著『翻訳と日本の近代』（岩波新書、一九九八年）という、両雄、丁丁発止、読み出したら巻を措くあたわざる白熱の対論があるが、これについての私の感想は、注で記しておく(5)。もちろん、これら以外の両者ないし両者を含めた共編著、共著などは、数多い。ただ両者の交渉といっても、紙幅に限りもあるので、当面の問題設定にかかわるものに限定することにしたい。

まず丸山サイドからの加藤の思索についてのコメントとしては、丸山の「日本の思想」という論文(6)（初出、一九五七年一一月）の「おわりに」における加藤の「雑種文化論」(7)（収録論文の初出の多くは、加藤の戦後最初のフランス等への長い第一回目の留学およびその直後である五〇年代半ばに書かれている。講談社文庫版の初版は、一九七四年九月。解説は長谷川泉。この解説で長谷川は加藤を、「小鷗外」と評している）についての短い論評がある。短い論評だから、その全文をかかげておく。

「加藤周一は日本文化を本質的に雑種文化と規定し、これを国粋的にあるいは西欧的に純粋化しようという過去の試みがいずれも失敗したことを説いて、むしろ雑種性から積極的な意味をひきだすよう提言されている。傾聴すべき意見であり、大方の趣旨は賛成であるが、こと思想に関しては若干の補いを要するようである。第一に、雑種性を悪い意味で「積極的」に肯定した東西融合論あるいは弁証法的統一論の「伝統」もあり、それはもう沢山だということ、第二に、私がこの文でしばしば精神的雑居という表現を用いたように、問題はむしろ異質的な思想が本当に「交」わらずにただ空間的に同時存在している点にある。多様な思想が内面的に交わるならばそこから文字通り雑、種《ヽ》という新たな個性が生まれることも期待できるが、ただ、いちゃついたり喧嘩したりしているのでは、せいぜい前述した不毛な論争が繰り返されるだけだろう。

私はさきごろ「タコ壺文化」と「ササラ文化」という比喩でもって、基底に共通した伝統的カルチュアのある社会と、そうでなく、最初から専門的に分化した知識集団あるいはイデオロギー集団がそれぞれ閉鎖的な「タコ壺」をなし、仲間言葉をしゃべって、「共通の広場」が容易に形成されない社会とを類型的に区別し、日本を後者の典型に見立てたことがある(「思想のあり方について」〔本巻所収〕参照。むろんこういう類型化は一つの特徴をきわ立たせるためのもので、何も普遍的な社会形態論として言ったつもりはない)。戦前ではともかく「機軸」としての天皇制が一種の公用語となって、「タコ壺」間をつないでいたが、戦後はそれも通用しなくなり、しかも国際的交流が激増したので、国内の各集団やグループ相互よりも、むしろそれぞれのルートでの国際的コミュニケーションの方が話が通ずるといった奇現象がうまれている。むろんその反面、戦後の社会的流動性の増大とジャーナリズムの発展は異ったグループ間の接触機会を著しく増大したことはたしかである。(8)」

丸山の加藤「雑種文化論」にたいするこのコメントには、「日本の思想」論文を書いた頃の丸山には、後述するように、後の「古層論」につらなる発想の発端が「開国論」というかたちで自覚されつつあることがうかがわれる。

丸山が、ついで、加藤の労作、とくにその代表作ともいうべき『日本文学史序説』をかなり本格的に論じたのは、「文学史と思想史について―W君との雑談―」（初出、加藤周一著作集第五巻、月報15、一九八〇年五月）である。この書評は、いまでは『丸山眞男集』第一一巻で簡単に読めるので、詳しい紹介は必要がないともいえるが、行論上この丸山の加藤論――日本的な「自然主義」の目で見た加藤論ではなく、「作品に即し、作品に現われたものを通じての加藤論」――を、三点に絞って要約しておきたい。

第一点は、丸山の、彼を上回る加藤の視界の広さについての高い評価と、丸山と関心の重なる領域――思想史、現代政治の問題について、「見当ちがいと思ったことが一度もない（意見のちがうことはあるが）」というその言論の妥当性への高い信頼である。以下の引用を見られたい。(9)

思想史というのも限界領域があまりはっきりしない分野であり、私は自分では研究者仲間からディレッタントと思われるくらい比較的に関心対象が広い方だと思っていますが、その私が逆立ちしても加藤君の視界には及ばない。ただ、自分と関心の重なる領域について――思想史とか現代政治の問題など――加藤君が言ったり書いたりしていることで、見当ちがいと思ったことが一度もないので（むろん意見はちがうことはあります）、さだめし自分がまったくもののいえない対象――たとえば祇園南海の文人画とか、あるいはピエル・ルイスとか等々――について加藤君が論じていることも基本的に信用が置けるにちがいない、と推論するのです。とすれば、日本で必要なのはもっと多くの加藤周一が出て来ることじゃないでしょうか。むしろもっともっと加藤周一の仕事の方向を受けつぎ発展させる人が出て来れば、私は私なりに安んじて――というと変な言い方ですが――加藤君にたいして批判できる分野で正面から批判するかもしれない。しかし現状ではあまりに希少価値の存在ですから、あまのじゃくかも知れないけれども、日本的な嗅覚からの印象評判にたいしてどうしても擁護派にまわらざるをえない、というのが正直な気持ちです。

この加藤評価は、この書評のしめくくりで、丸山が「もっと多くの加藤周一出でよ」という命題をくり返していることでも明らかである。

第二に、丸山は、加藤の『日本文学史序説』を、その扱う対象の余人の追随を許さぬ広さ——裏返していえば日本の文学者やアカデミシャンの守備範囲（攻略範囲）の狭すぎること——を、津田左右吉の一九一六年に第一冊が出た旧版の『文学に現はれたる我が国民思想の研究』の四巻本と比較して論じている。なお、この旧版を戦後の岩波文庫版（私自身はいまのところ、この戦後版しか読んでいない）と比べてはるかに高く評価する見解を私は家永三郎の仕事で読んだ記憶があるので、このような旧版、新版の比較評価は、すぐれた日本思想史家のコモンセンスとなっているのであろう。ともあれ、丸山によれば、津田の書物が「文学に現れたる国民思想」であるとすれば（第一義的には思想史）、加藤のそれは「国民思想に現われたる文学の研究」（第一義的には文学史）なのであって、この二つの著作の間には、それを書く主体的動機や姿勢、対象の処理の仕方において、ひとに両者を比較したい衝動を起こさせるに十分なある（傍点丸山）共通性が流れている、というのである。そして丸山は比較の三つのポイントとして、①通念的な学問的対象からの解放もしくは拡大。津田は「思想」概念について、加藤の場合は「文学」概念について[10]。②一種の「イデオロギー批判」を一方は思想史の方法、他方は文学史の方法に導入した、というのである。丸山は「イデオロギー批判」は、「現代日本の復古思潮にたいする解毒剤という意味でだけではなしに、そもそも日本の思想的伝統の一つとして『言霊信仰』があり、ザッヘ（事柄）と無関係にコトバが一人歩きして流行するという精神的風土が根強いだけに」イデオロギー批判の意味と必要はけっして消えない、という。

③は、「非人格的な、ある『観念』や思考パターンの歴史的足跡を追って行くという方法」である。丸山は「非人格的思想史」という。この指摘が具体的にどういうことをイメージしているかについては、わたしの貧しいパラフレーズ能力を超えており、原文に当っていただくしかない。

第三に、丸山は、津田と加藤の間には、ヨーロッパの、それもヨーロッパ大陸の文化史あるいは精神史の伝統という媒介を通しての間接的なつながりがあるだろうという。この点の、丸山のヨーロッパ精神史の古典数点を引いた立証とそこで引かれているエピソードの抜群の面白さ、そしてそれを加藤の、大伴旅人の八世紀の「讃酒歌」から一九二〇年代の「酒は涙か溜息か」に至る「酔酒」の「〃光輝ある〃伝統は連続として盡きることなし」につなげる絶妙さとその解釈は、丸山ならではの名人芸というべきものであろう。脱帽するしかない。

以上に加えるに、丸山眞男集第一二巻には、「中野好夫氏を語る」（一九八五年）という文章で戦後の中野のある発言について、その問題点を最初に鋭く指摘したものとして、加藤の「戦争と知識人」論文をあげており、この論文を丸山は、「加藤君の書いたものの中でも抜群の——いい意味での『イデオロギー批判』の文章だと思います」という評価をのこしている。[11] また武田清子編の『日本文化のかくれた形』（岩波書店、一九八四年）で、丸山が、木下順二、加藤周一と三人で行った講演のことに触れている[12]が、丸山のものが、「原型・古層・執拗低音」であり、加藤のものが「日本社会・文化の基本的特徴」

である。

次は加藤の側からの丸山の作品の評価に移ろう。加藤周一著作集、全二四巻等には、人名索引がついていないようなので、加藤の丸山への言及のすべてをひろいあげることができなかった。加藤の丸山の作品にたいする高い評価を示すものとして、加藤の丸山の『戦中と戦後の間』（筑摩書房、一九七九年）についての書評、また丸山の『現代政治の思想と行動』イタリア語版についての書評[13]があり、また丸山の死のあと、加藤が朝日新聞の「夕陽妄語」に書いた「戦後史のなかの丸山眞男[14]」という小論がある。さらに丸山の歴史意識における〈古層〉についての丸山との討論「歴史意識と文化のパターン」（原題、一九七二年[15]）は、本稿の論点そのものにかかわる基本資料の一つである。

ここでは主として前のグループの一と三に触れたい。

私はさきに丸山の加藤の『日本文学史序説』の書評のすばらしさに触れた。それは日本文学史・思想史におけるこの著作の卓抜した意義を津田左右吉との対照、さらに両者のつながりを西欧精神史・文化史の諸古典の伝統のなかに位置づけたものであり、加藤を論ずることによって、丸山の学殖と思考の豊かさが自ずから浮き彫りにされるような作品であった。同様なことは加藤の『戦中と戦後の間』の書評についてもいえる。実は加藤のこの書評は、一九七七年二月二二〜二三日両日夕刊「朝日新聞」の「文芸時評」なのである。文芸時評で二回にわたって、政治思想史家丸山の一冊のみを扱う！この時評は、今となっては、加藤の著作集第一巻（一九七六年、一四六〜一五五頁）に収録されているので、まだ読んでいない読者には是非読んでいただきたい。それは、「そこに年代的にならべられた二十余年（一九三六〜五七）の文章をつづけて読みながら、私は劇的な興奮を感じ、まさに手に汗をにぎる思いであった」の一句で始まる。ついで丸山の二冊の主著、『日本政治思想史研究』（一九五二年）と『現代政治の思想と行動』（一九五六・七年）の簡潔的確な紹介があるが、これらに対して、『戦中と戦後の間』を丸山の学問の成り立ちの歴史を知り、またその歴史をつうじて著者の人間をいきいきと感じとるためには、この一巻がふさわしく、それは著者の「精神史を証言している」という。

まず本書巻頭の「政治学に於ける国家の概念」（東大法学部の緑会懸賞論文。丸山は学生で二二歳）がとりあげられる。

「時流に抗する知的勇気、論理の緻密さと解釈の独創性、またその文章の明晰さにおいて、今日の学生ではなく、社会科学者または歴史家の何人」が、これに匹敵するような文章を書けるだろうか、という感慨が胸中に湧くと、加藤は語るが、そこにはその後の丸山の学問的（と同時に人間的）な関心の方向と方法的な特徴が、早くもはっきりとその姿をあらわしている、と加藤は考える。

加藤がこの一冊から例示的にひろいあげてコメントしている「神皇正統記に現はれたる政治観」（一九四二）、「福沢諭吉の儒教批判」（一九四二）、「陸羯南」（一九四七）、「ファシズムの現代的状況」（一九五三）、「E・ハーバード・ノーマンを悼む」等の文章についての加藤のコメントは、まことに適切であるが、そのおのおのをくわしく紹介する紙幅はない。

その時評の「むすび」に当る節で、加藤は、この本を「血湧き肉躍る思いで再読し三読しながら」、自分の念頭に去来した感想は、内容、方法ともにこれまでの言及につきないとしつつ、丸山の、「複雑な現象の一見対立するようにみえるいくつかの性質を、単にならべて指摘するばかりでなく、その相互の関連において把える分析的かつ総合的な推論の切れ味の鋭さ」を指摘する。それではその鋭さが何に由来するのか？　加藤の回答は、以下のようなものである。

「それはおそらく、その人の『コミット』した価値と世界、知的勇気、想像力、細かい感受性、つまるところその人格の全体と、係ってくるものだろう、と思う。故に私は、この文集が、決して文学的な一面を含むのではなく、その全体において、全く学問的であり（外在的な世界の構造への志向）、また同時に全く文学的である（自己と世界との関係の、具体的状況における定義）、と考えるのである」と結論する。

加藤のこの「時評」は、丸山のこの本についての、管見の限りでは最高の書評であり、同時に、加藤の批評そのものが、全く学問的であり、かつ全く文学的なものであるといえると思う。

つぎに「戦後史のなかの丸山眞男」は相対的に短い文章であるが、丸山の思想と方法、そして「古層」論についても、いくつかの興味ある指摘がある。たとえば、丸山における、問題意識の高度の集中性の故の内容的拡がりという思考の構造と、その集中の中心が、「通時的および共時的な日本社会の全体の本質的な性格」であったという総括。また丸山の「学問の方法は経験主義的であって合理主義的ではない」が、しかし丸山は近代的個人、主体的な個人において内面化された合理的思考をその学問の当然の前提としていたという指摘（もっとも私見では、丸山は政治（学）的思考が弁証法的思考であることを終始一貫して説いていたように思うのだが[16]）。丸山「古層論」については、加藤は自然科学の知的訓練をも受けた思想家らしく、「外来思想の挑戦（challenge）に対する日本思想ないし文化の反応（response）は、（丸山のように執拗低音というような）音楽的比喩を用いる代わりに、簡単なヴェクトル合成の幾何学的比喩を用いることもできる」（傍点引用者）と書く。その説明はそれとして説得力をもつし、かつ「未知のヴェクトルの作図は容易である」としても、またその力の大きさと方向が定まっているとしても、その中味、そのエンティティは何かという問題は、丸山にとっても加藤にとってもなお残るであろう（加藤のそれに対する解答は、すでに触れた『日本文化のかくれた形』の中の「日本社会・文化の基本的特徴」によって一応与えられていると考えるべきだろう）。以上、十分に意をつくせなかったが、丸山と加藤の知的交渉についての紹介は、これで一応終えることにする。

2——丸山眞男の「古層論」

さて丸山の「古層論」と加藤の「土着思想論」の比較対照等において、前者については「日本思想史方法論についての私の歩み」という副題をもつ丸山自身の整理「原型・古層・執拗低音」があるため、それを確認のためなぞることでその輪郭を一応つかむことができる。しかし加藤については、同じ本『日本文化のかくれた形』に、前述のごとく「日本社会・文化の基本的特徴」というまとまった論文があるが、ここでは加藤の主著と目することができる『日本文学史序説』から直接的に、「土着世界観」（ちなみに「ちくま学芸文庫」版の事項索引の中ではこの観念の関連語の索引数は最大であり、それが加藤の労作の方法的キイ概念になっていることがうかがわれる）についての彼の考えを抽出することに力点を置きたい。

まず丸山の古層論について。

丸山の戦中の労作を戦後公刊した『日本政治思想史研究』におけるアプローチが、学生時代・助手時代における丸山のヘーゲル歴史哲学等の熟読、そしてマルクス主義の基本文献の深い批判的読解（『資本論』、エンゲルス『起源』、ローザ『資本蓄積論』、ルカーチ『歴史と階級意識』、マルクスイデオロギー論には批判的なマンハイム『イデオロギーとユートピア』等）[17]、さらに一九二〇年代から三〇年代半ば頃まで、学生、左翼知識人に圧倒的な影響をもっていた日本の左翼的論壇、講座派と労農派の対抗と論争、なかんずく一九三二年にはじまる『日本資本主義発達史講座』（岩波書店刊）の刊行という時代思潮的背景を考えれば、この時点で、原始共産制―古代奴隷制―中世封建制―近代資本主義……という歴史発展段階説を背景に置くものであったろうことには、なんの不思議もない（もっとも丸山より少し年長の左翼知識人の中には、少数ではあるが、マルクス主義から民族学（オーストリア中心）文化ないし社会人類学（米・仏・英等）へと方法論的に転換＝転回した者もいて[18]、後者の学問体系にはマルクス主義的発展段階説にたいして、文化接触による文化変容という視角は用意されていたのであるが）。とはいっても、丸山の場合、この歴史発展段階説の受容は、無条件のものではもちろんなく、二つの条件つきのものであった。第一に、この点はとくに講座派の理論家たちと同じく、その影響をうけてのことと思われるが、「西欧」における発展段階と日本（そして中国等）におけるそれとの類型的差異が問題になることであり、たとえばヨーロッパ封建制と日本封建制の類型的違いと比較というような問題である（この点でドイツ語のよくできた少数のマルクス主義日本史家[19]、そして丸山にとって、M・ウェーバーの『経済と社会』の「支配社会学」がこの比較の問題に多大のヒントを与えたはずである）。第二に、いわゆる史的唯物論の定式における経済的土台と上部構造ないしイデオロギー（とくに観念諸形態と訳されることの多い狭義のイデオロギー）との関連の問題である。丸山がその師南原繁の「命」によって専攻することになったのは、「東洋政治思想史」、実質的には日本政治思想史であり、その専攻者として学問形成をおこなうかぎり、発展段階説的発想における政治思想史の位置づけの問題は、丸山の頭をなやました問題であったに違いない。丸山は学生時代いらいマルクス主義の影響を受けつつも、そのいくつかの側面についてすでに批判的見解をもっていたし、とくに土台還元論ないし経済主義的見解にはなじめなかったようである。丸山のマンハイム『イデオロギーとユートピア』への注目とその完全な咀嚼（それは少し自分の頭で考えるマルクス・ボーイ〔ガール〕なら誰でも考えつく、マルクス主義自体へのそのイデオロギー論の適用、つまりマルクス主義のイデオロギー性〔存在被拘束性〕の問題に、ルカーチの弟子、したがってウェーバーのいわば孫弟子に当るマンハイムが与えた解答でもあったのだが）は、この論点について若き丸山が与えた対応でもあった[20]。

この本における丸山のこのようなスタンスを、『日本政治思想史研究』初版「あとがき」から短く引用しておこう（もちろん学生の諸君には、これの全文、英語版あとがきなどを直接読んでいただきたいが）。

一つは、第一章と第二章に共通するライト・モティーフは、「封建社会における正統的な世界観がどのように内面的に崩壊して行ったかという課題である。この課題の解明を通じて私は広く日本社会の狭くは日本思想の近代化の型《パターン》、それが一方西欧に対し、他方アジア諸国に対してもつ特質、を究明しようと思った。」〔比較の観点。以下中略〕「およそ思想史の方法において単なる『反映論』に陥らずいわゆる下部構造と上部構造の関連を具体的に解明して行くことは最も困難な問題であり、……思想の内在的な自己運動の抽象的な否定でなく、そうした自己運動自体を具体的普遍たる全社会体系の変動の契機《モメント》として積極的に捉える努力を試みない限り、思想史的研究と社会史的研究とは徒らに相交わらぬ平行線を描くのみであろう。(21)（後略）」

もう一箇所。「本書執筆当時の思想的状況を思い起しうる人は誰でも承認するように、近代の『超克』や『否定』が声高く叫ばれるなかで、明治維新の近代的側面、ひいては徳川社会における近代的要素の成熟に着目することは私だけでなく、およそファシズム的歴史学に対する強い抵抗感を意識した人々にとっていわば必死の拠点であったことも否定できぬ事実である。私が徳川思想史と取り組んだ一つのいわば超学問的動機もここにあったのであって、いかなる磐石のような体制もそれ自身に崩壊の内在的な必然性をもつことを徳川時代について――むろん思想史という限定された角度からではあるが――実証することは、当時の環境においてはそれ自体、大げさにいえば魂の救いであった。(22)（後略）」

そして丸山が「原型・古層・執拗低音」論文において、『研究』あとがき中で、「私の今後の日本思想史研究は本書において試みられた方法や分析を既に一義的に確定されたものとして、ただそれをヨリ豊かにして行くということにはならないであろう。（中略）新たな視角と照明の投入によって、全体の展望は本書におけるのとはかなり違ったものとなるにちがいない――という予測を持つ」（傍点引用者）と書いたことを引き、それは「まあ一種の予感みたいなもので、具体的にはどういう視角とどういう照明をあてるのかは私の念頭にありませんでした」と述べてはいる。(23)

しかし、敗戦、実質的な米占領下の民主改革、新憲法の制定と逆コース、朝鮮戦争、講和、日米安保両条約の調印……と、日本列島、八世紀以降は一応「日本」の歴史における何回目かの画期的な歴史全体の、そして思想基軸の変革がおこなわれていく。丸山の「超国家主義の論理と心理」（『世界』一九四六年三月)が「思想の領域において、日本ファシズムの内側からの最初の意識化であり、最初の自己理解であり、戦後日本の知的な第一歩であった。その意味で戦後日本は丸山眞男から始まったのである。」(加藤周一「戦後史のなかの丸山眞男」)とすれば、戦後日本の巨大な変化、とくに思想の変化と、その変化にもかかわらずそこに変らないものをつきつめる知的作業を、丸山がはじめることになるのは自然なことであったであろう(もちろん、この課題の遂行者が丸山のみに限定される理由はないが)。

その経過は、丸山自身によって「原型・古層・執拗低音」においてくわしくのべられているので、要点だけを箇条書きにしておく。

(1) 丸山は、戦後の解放・開国の中で明治維新後の思想状況を思い浮かべつつ、「開国」という問題の思想史的意味を考えはじめる。その結実が一九五八年執筆の「開国」論文。戦後の開国の前に、「第一の開国」(一五世紀末から一六世紀のキリシタン、南蛮文化の渡来、その後の「鎖国」)、「第二の開国」(幕末、明治維新。丸山によれば「使い分け開国」)がある。もっとも後には、七世紀の中国文明の輸入(仏教、儒教などと大化改新から律令制への大変革)を「第一の開国」の時期として設定すれば、第二次大戦後の「開国」は「第四の開国」ということになるだろう。また丸山は、「開国」という問題点を、日本が遭遇した歴史的経験においてのみならず、フランスの哲学者ベルグソンの「閉じた社会」と「開かれた社会」というカテゴリーを使って、前者から後者への超歴史的、普遍的な問題という二重性でとらえた。

ところでこの「開国」という思想的問題は、大昔はともかく一五、六世紀以後のヨーロッパにはなく、一九世紀の東アジアが、ウェスタン・インパクトを受けて西欧によって国を開くという東アジア特有の現象であり、かつ「開国」とは異質的な文化の接触＝「文化接触」という問題の一つの変種である（だからそれによる「文化変容」〔acculturation〕が文化人類学的には問題になる）が、これを日本思想史の方法に導入したわけである。なお丸山はこの問題とともに日本史における段階区分の不明確さという問題、この二つの問題について思想史的にその意味を考えることが敗戦後、自分にとって切実な課題になってきた、と述べる。

(2) さて文化接触の観点から日本史、日本思想史を考えていくと、日本の地理的な位置と、それに関連した日本の「風土」、いわばゲオポリティーク的要素を考慮せざるをえなくなるが、そういう空間的―文化的背景において、丸山は文化の「個体性」、具体的には日本文化の「個体性」ないし全体構造としての日本精神史における「個体性」を問題とする。そして古事記における日本神話の個性的構造（端的にいえば、北方＝アルタイ系と南方東南アジア系それぞれの神話の要素の独自の統合による一つの「ゲシュタルト」の形成）を例として引きつつ、全体構造としての日本精神史における「個体性」を「外来文化の圧倒的な影響と、もう一つはいわゆる『日本的なもの』の執拗な残存――この矛盾の統一として日本思想史をとらえたい」と提言する。

文化の中心部としての中国から近すぎる「洪水型」の朝鮮、遠すぎるミクロネシア・ポリネシアに対して、「雨漏り型」の日本、それは併合もされず、無縁にもならずに「自主的」に対応し、改造措置を講じる余裕をもつ。「よそ」から入ってくる文化に対して非常に敏感で好奇心が強いという側面と、それから逆に「うち」の自己同一性というものを頑強に維持するという、日本文化の二重の側面の地政学的要因を、丸山はこのように説明している。(25) なお高度工業国家で日本ほど民族的な等質性を、他の高度資本主義国と相対的に比較して、保持している国はないという類の丸山の発言は、批判されているが、ここではこれ以上立ち入らない。

(3) 丸山は以上のような遍歴を経て、古来日本が外来の普遍主義的世界観をつぎつぎと受容しながらこれをモディファイする契機は何かという問題を考えるようになった。いいかえれば、ある共通する特徴が見られる「外来思想」の『修正』のパターンの追求である。丸山がこの点を明白に出したのは、講義では一九六三年であった。

そしてこの「修正」のパターンを、丸山は一番最初には「原型」（プロトタイプ）という用語で説明したが、ついでそれを地質学的比喩としての「歴史意識の『古層』」（論文、一九七二年）に変え、さらにそれを音楽用語としてのバッソ・オスティナート（執拗低音）に変えていった。その理由については、直接に原文を見られたい。それは結局、「変化するその変化のパターンに何度も繰り返される音型がある」がゆえに、「一定の変らない……あるパターンのゆえに」、日本思想史はめまぐるしく変化する、というふうに説明される(26)。

(4) 丸山は、この日本思想史における「バッソ・オスティナート」を、歴史意識（コスモスの意識）については、古事記を史料として、「ツギツギト、ナリユク、イキホイ」として抽出し、政治意識については、天皇の祖先神にたいする、また国民（臣民）の天皇にたいするまつりごと＝サーヴィスとして抽象し（当初オクスフォードでの一九七五年のセミナーでは、“The Structure of maturigoto” 論文として発表。邦訳され、集第一二巻に収められている）、倫理意識（「清き心、あかき心」？）については、英文原稿があることになっているが、未公開である。

以上は、丸山の古層論の、丸山前出論文をなぞった紹介にすぎないが、ここではこれに止めておく。

3——加藤周一の「土着思想論」

加藤の『日本文学史序説』は、それ自体としても、丸山の思想・考察との対比という点でいっても、「古層論」対「土着思想論」という比較にとどまるものではもともとありえない。前の論点からいえば、私がこの大著を読み通した感想としては、第一に、この『序説』の序に当る「日本文学の特徴について」(その六項の細目には触れないが)は、「言語とその表記」「世界観的背景」などの検討をも含み、まことに興味深い。第二に、その章別構成、とくに第二章　最初の転換期(大陸文化の「日本化」について)、第四章　再び転換期(二重政府と文化)、第六章　第三の転換期(西洋への接触)、第九章　第四の転換期上(近代への道、国学と蘭学……)、第十章　第四の転換期下(吉田松陰と一八三〇年の世代、福沢諭吉と「西洋化」……)の、四つの転換期論はいわゆる日本史全体の時期区分論、あるいはその政治・経済・社会・文化等各側面の時期区分論とつき合せてみる必要があるし、加藤の議論が日本史全体やその文学以外の側面の時期区分論に、一定の貢献をなし、示唆を与えるのではなかろうか。また下巻第十章、第十一章で、一八三〇年の世代——遠山茂樹の名著『明治維新』(一九五一)は維新変革の起点を天保時代、一八三〇年代に置いていたが——、一八六八年の世代(露伴、鏡花、大拙と国男、子規と漱石、鷗外、内村と安部磯雄等)、一八八五年の世代、一九〇〇年の世代という世代論を展開しているが、これも面白いし、有益であろう。

後の論点についていえば、加藤の古代から徳川期、さらに第四の転換期の思想家・文学者、彼らの作品・労作についての読書範囲は広大で、丸山に匹敵するものがあり（丸山がその専門である政治思想以外の文献にそれほど多くは触れていないのに対し、加藤の労作の主要な対象となっているのは、丸山が扱っていない、広義の文学作品、文学者〔集団〕である）、両者の空海論、親鸞論、徂徠、仁斉、宣長論、象山論、福沢論などを比較してみることも必要であろう。

しかしこれらはしばらくおくとしょう。

『序説』における加藤の丸山への言及は二箇所にあるが、当面の問題との関係で、いたく私の関心を引いたのは、丸山の「軍国支配者の精神形態」論文（一九四九）についての加藤のつぎのような解釈である。(27)

（前略）しかもその国家の指導者が彼らの決定について責任をとらぬという、単に個人の道義的な傾向ではなくて、体制そのものに内在する仕組がある。ニュールンベルク裁判における被告との対比において、東京裁判の被告の態度の特徴は、「既成事実への屈服」と「権限への逃避」の二点に要約されるという（「軍国支配者の精神形態」）。前者は、「みんなが望んだから私も」主義である。みんなが望んだことは、「成りゆき」であり、事の「勢い」であり、「作りだされてしまったこと」、いな、さらにはっきりいえばどこからか起って来たもの」（同上）である。東京裁判の被告の言い分によれば、日本軍国主義の指導者たちは、誰一人として太平洋戦争を望んでいなかったにも拘わらず、太平洋戦争を始めたということになる。特徴の後者は、指導者のなかの誰にも、特定の決定について、権限がなかったという主張である。たとえば軍紀を監督する権限は法規上師団長にあって最高司令官にはなかったのだから、当時の中支方面軍司令官は、南京虐殺の責任をとる必要がない！　要するに集団の行動の基準は、成員個人の意識的な決断ではなく、同質的な集団全体がおのずから特定方面へ向かう「勢い」であり、したがってその責任は、いかなる個人にも属せず、集団全体に分散される。

かくして日本型「ファシズム」の特徴の分析は、単に工業化の段階や地政学的条件ばかりでなく、一方では集団に超越する価値の欠如、他方では個人の集団への高度の組込まれという各時代を通じての日本型世界観の特徴へ導かれる。三十年代に興った超国家主義は、日本思想史の例外ではなく、本来そこに内在した問題の極端な誇張にすぎなかった。このような見方は、丸山眞男の仕事の全体を一貫している、ということができる。（後略）

つまり加藤は、丸山の四九年のこの論文の中に、七二年の「つぎつぎとなりゆくいきほい」という日本の歴史意識の古層把握が先取りされているとみているのである。

さて加藤は、『序説』の「あとがき」で、この労作が、「日本の土着世界観が外部からの思想的挑戦に対して各時代に反応してきた反応の系列を、それぞれの時代の社会的条件のもとで、その反応の一形式としての文学を通じて、確めようとしたのである」と述べる。「土着」の意味、「世界観」の意味、また土着の世界観を発見する方法三つと加藤が採った方法については、以下の引用を見られよ。(28)

『日本文学史序説』という「史」すなわち「歴史」の解釈は、単に過去の個別的な事実の年代的順序に従う叙述ではなく、前の事実を踏まえて後の事実の生じる一すじの流れ、またはその意味での発展を、明かにしようとする試みである。文学の発展のすじ道は、全体としては、文学外の条件を考慮しなければ、明かにすることができない。著者はここで、日本の土着世界観が外部からの思想的挑戦に対して各時代に反応してきた反応の系列を、それぞれの時代の社会的条件のもとで、その反応の一形式としての文学を通じて、確めようとしたのである。「土着」とは英語の indigenous（仏語の indigène）で、外部からの影響がなく、その国の土から生れ育ったというほどの意味である。「世界観」（独語の Weltanschauung）は、存在の面のみならず、当為の面（価値観）も含めて、人の自然的および社会的環境に対する見方を包括的にいう。

土着の世界観を発見する方法には三つがある。第一、外部からの影響が及ばなかったと推定される古代文献（の部分）を検討すること、第二、地理的に（離島）、または社会的に（地方の大衆）、外国文化の影響の少ない集団の表現を観察すること、第三、外来の体系の「日本化」の過程を分析し、「日本化」の特定方向から、「日本化」を実現した土着世界観の力の方向を見つけることである。第一と第二の方法は、資料の点で、極度に限られる。『日本文学史序説』の目的の一つは、――しかしそれが全部ではない――、第三の方法により日本人の心の奥底、そこに映った世界の姿、土着世界観の構造を知ろうとすることであった。

右の引用の第三の方法、「外来の体系の『日本化』の過程を分析し、『日本化』の特定方向から、体系の『日本化』を実現した土着世界観の力の方向を見つける」という方法により、「日本人の心の奥底、そこに映った世界の姿、土着世界観の構造を知ろうとすることであった」とする加藤の自作の総括には、丸山の古層論の影響が感じられないであろうか？　この点は、『序説』の「序論」にあたる「日本文学の特徴について」の「世界観的背景」という項目の冒頭のつぎのような表現にあきらかに見てとれる。「日本人の世界観の歴史的な変遷は、多くの外来思想の浸透によってよりも、むしろ土着の世界観の執拗な持続と、そのために繰返された外来の体系の『日本化』によって特徴づけられる。」(29)

加藤のこの労作が『朝日ジャーナル』に連載されはじめるのは、一九七三年一月五日号ということであるから、加藤はそれまでに丸山の「古層」論文を読んでいるし、すでに述べたように、この問題について丸山と対談もしている。したがって、この点で、加藤が丸山の一定の影響をうけたとしても、なんの不思議もない。

しかし同時に、その知的蓄積と能力において丸山のイクイヴァレントである加藤が、だからといって、そのいわば出店ならぬ本店である日本文学史＝日本文学の歴史的総括において、丸山のアイディアをなぞるなどということはもちろん考えられない。私はそのような加藤独自のキイ概念として日本の土着世界観が提起されていると考える。したがって、以下の論究は、この概念の内実と、それを用いることによる加藤の日本文化・日本思想に対する思索の発展ないし進化と、それを活用することによって得られた、加藤のこの労作の「個体性」、独自性の究明に向けられる。

加藤が日本の「土着的世界観」というキイ概念をもっとも体系的に展開しているのは、『序説』の序論にあたる「日本文学の特徴について」「世界観的背景」と「特徴相互の連関について」の項目（ちくま学芸文庫版で、上巻三四～四六頁）においてである。「背景」の冒頭の文章はすでに引用したが（要旨は日本人の世界観の歴史的な特徴は、土着の世界観の執拗な持続と、そのために繰返される外来の体系の「日本化」によって特徴づけられる、というもの）、これを図式化すれば、つぎのようになる。

インパクト
外来思想（世界観）⟷ 土着「世界観」
変形（外来思想の日本化）

こうして日本文学史にその背景としてあらわれる思想（文化）のタイプは、外来思想、「日本化された」外来思想、そして土着思想（それは理論的でも抽象的でも表面的には「体系的」でもないから、世界観にカッコをつけて土着「世界観」とすべきであったろう）の三種であり、それらの複雑な相互作用（interaction）というよりはトランズアクション（transaction デューイ・ベントレイの用語[30]）として日本思想は展開していくことになる。なお、加藤の比較的初期の「雑種文化論」（これについての丸山のコメントは先に紹介した）は、丸山の「古層論」の吸収を媒介として、より立体化され、動態化されて、「土着世界観」概念へと彫琢されていったとみることができる、というのが、私の解釈である。

さて、加藤は外来の世界観の代表的なものとして、大乗仏教とその哲学（七世紀～十六世紀）、儒学、殊に朱子学（十四～五世紀、十七世紀以降）、キリスト教（十六世紀後半と十九世紀末～二十世紀初頭）、マルクス主義（戦間期、知識層）をあげ、これらすべてが包括的体系をもち、抽象的な理論を備え、かつ超越的な存在の原理との関連において普遍的な価値を定義しているという。これを抽象性、理論性、包括性、超越性、普遍的価値としてまとめることができよう。なおこれら四つの外来思想は、超越的存在の原理との関連における普遍的価値の性格の点で、彼岸型（大乗仏教―仏性、キリスト教―神）と此岸型（儒教―天ないし理、マルクス主義―歴史）に分類されうる。これに対して日本土着文化、土着「世界観」は、具象性、非理論性、断片性、非超越性（具体性）、特殊的価値へのコミットメントとして整理されているようであり、かつ日本文化は、中国・朝鮮など東アジア文明と共通の此岸的性格の非超越的世界観（祖先崇拝、シャーマニズム、アミニズム、多神教の複雑な信仰体系等々）をもつとされている[31]（ただし、このように日本文化・土着世界観を超越的世界観との対照において規定すると、たとえば日本以外のアジア諸国（中国を除く）は、ほぼ類似の文化・世界観をもっているであろうから、日本のそれらと区別される特殊性ないしは「個体性」を明確にするためには、文化人類学およびその関連諸科学による比較土着文化論というかたちでのさらなる解明を必要とすることになるだろう）。

日本列島における「非超越的な世界観」は四、五世紀までに成立したであろうと、加藤は推測しているが、外来の世界観（中国思想を含め）は、抽象的・理論的・包括的な性格、超越的な原理と普遍的価値への志向をもつという点で、まさに土着の世界観と対照的であるが故に、決定的な影響を日本文化に与えたというのである[32]。

もちろん、土着世界観が、外来の高度に組織され、知的に洗練された超越的な世界観と出会ったとき、①外来の世界観のそのままの受容、②土着の世界観を足場としての拒絶反応もあったが、③多くの場合には、外来思想の「日本化」がおこった。その「日本化」の方向について、加藤はつぎのように書く[33]。

そこで提示されている「土着世界観」の一つの定義について、注目されたい。

このような土着の世界観が、外来の、はるかに高度に組織され、知的に洗練された超越的世界観と出会ったときに、どういうことがおこったか。第一に、外来の世界観がそのまま受け入れられた場合があり、第二に、土着の世界観を足場としての拒絶反応があった。しかし第三に、多くの場合におこったことは、外来の思想の「日本化」である。外来の思想が高度に体系的な観念形態であった場合には（儒・仏・キリスト教・マルクス主義）、その「日本化」の方向は常に一定していた。抽象的・理論的な面の切り捨て、包括的な体系の解体とその実際的な特殊な領域への還元、超越的な原理の排除、したがってまた彼岸的な体系の此岸的な再解釈、体系の排他性の緩和。たしかに少数の例外もあった。また以上の方向のどの面がめだつかも、場合により異なっていた。しかし外来の世界観の体系が日本の歴史過程のなかで変化したとき、変化には必ず一定の方向があり、逆の方向へ変った例はない。ということは、当然、変化をひきおこした力が、歴史のあらゆる時代を一貫し、遂に今日に到るまで失われなかったことを示唆するだろう。その力の主体を土着の世界観と称ぶこともできる。それは「土着の世界観」の一つの定義である。かくして日本文化の背景には、常に、外来の世界観、土着の世界観、日本化された外来種の世界観があったということができる。

その後の文章で、加藤は、奈良時代における仏教独特の受容—非受容を、万葉集二〇巻について論じ、十三世紀の「鎌倉仏教」の現世否定的傾向＝彼岸性、およびその超越的絶対者（浄土真宗のアミダ、禅宗の大智、日蓮宗の法華経）の役割において、日本思想史上の例外となすが（この点の把握は、丸山も家永も同じ）、その後禅宗などは、美学と実践倫理に分割されて、「日本化」の方向を示し、徳川時代の初頭には、全く世俗化して、現世的な文化現象となっていく、と論じる。

ついで、徳川時代の宋学の歴史が、「非形而上学化」の歴史としてあらかじめ総括される（具体的には第七章　元禄文化で）。そして、非形而上学化、非体系化、抽象的な知的問題から具体的な課題への関心の移動、日常此岸性の強調などが、朱子学の「日本化」の内容であったとされる。

つぎに、すでに簡単に紹介したことであるが、日本文学の世界観的背景として、一方の極端には、外来思想があり、世界観の「流行」を代表して、各時代を鋭く特徴づけ、他方の極端には、土着思想があって、日本の世界観の「不易」の面を示す。その中間に、「日本化」された外来思想のあらゆる段階がある、という。日本文学の歴史と構造の見事なゲシュタルト的把握というべきだろう。国学の思想的意味も、「決してほろびずに日本歴史を一貫し、根本的には変らなかった土着の世界観を、宣長が意識化し、儒仏に対抗する観念形態として基礎づけようとしたことである」とする（詳しくは、第八章　町人の時代の宣長の項、参照）。近代の日本文学史も、その世界観の背景において、前述の三つの流れとして叙述される（上、四二一～四三頁、第十章、第十一章）。紹介はこの辺で止めておこう。

ここで、この労作に代表される加藤の知的営為の、とくに丸山との対照における、個体性、独自性をまとめておきたい。

第一に、加藤は文学史、丸山は日本政治思想史という専門の相違からして、加藤の史的分析の対象が丸山よりはるかに広範囲にわたっていることをあげることができる。いま両者の守備範囲を、交錯する

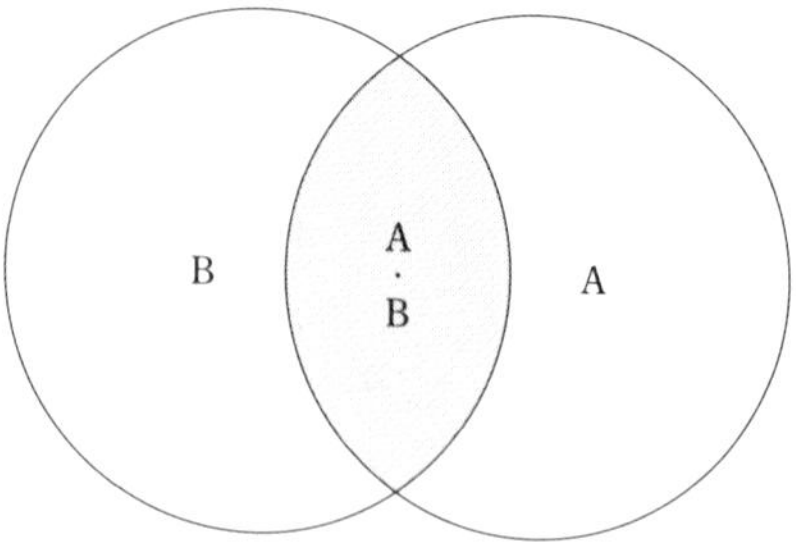

加藤の守備範囲　　丸山の守備範囲

二つの円A・Bであらわすとすれば、交錯部分（アミ部分A・B）は、両者に共通する専門領域である。この両者の場合、この領域は、かなり広い。古いところでは、『十七条憲法』、『記紀』、鎌倉仏教、近世以降では徳川幕府体制下の儒学・国学（仁済・徂徠、白石、安藤昌益、心学、宣長。『序説』では第七章、第八章）、幕末・維新期以降では、諭吉、兆民、内村等。もちろん、両者のこれらの対象に迫る視角、分析方法は異なるとしても、両者の考察の比較対照は可能である。

それにたいして、加藤独自の守備範囲は、注10で言及した加藤論文で示された、加藤独特の日本「文学史」観にも影響されて、丸山独自の守備範囲（古事記、徂徠、諭吉その他についてのより深められた研究）はあるとしても、それよりははるかに広大である。たとえば、『源氏物語』と『今昔物語』（第三章）「能と狂言」（第五章）、本阿弥光悦とその周辺（第五章）、「曽根崎心中」と俳諧（第七章）、忠臣蔵と通俗小説、歌舞伎と木版画、笑いの文学（第九章）、谷崎潤一郎と小説家たち、木下杢太郎と詩人たち（第十一章）など。もちろん、これらの作品と作家についての専門文学研究者等は沢山いるし、日本文学史上の著作も多いのであろうが（丸山が、津田の仕事との比較を試みていることは前述したが）、『序説』に比肩しうる体系性、方法的一貫性をもった戦後の日本文学史が他にあるのであろうか？

第二に、先にもちょっと触れたが、加藤の『序説』は、「日本の土着的世界観」というキイ概念を中心として厳密に堅牢に構築された文学史の通時的共時的枠組――それはくり返しのべたように、本書の事実上の序章　日本文学の特徴についてで、開示されている――にしたがって、しかも『万葉集』の時代から、終章戦後の状況にいたるまで、七、八世紀から二十世紀の中葉にいたるまで千三百年におよぶ「史」として書かれている。それは津田の仕事に続いて、自ら文学者にして文芸評論家でもある著者の文学史の労作として後世に伝えられるであろう。本書が、ちくま学芸文庫の帯によれば、「日本研究のバイブル、英・仏・独・伊・韓・中・ルーマニアの各国語に翻訳された世界的名著」とされているのは、過褒とは思われない。

第三に、人は何のために、加藤のいう意味での文学を書き、そして読むのか、そのような本質的難問はさておき、日本文学史を読むのは、日本文学の歴史を歴史としてより見通しのきくものとし、また作者・作品についてより深い理解とより豊かな鑑賞可能性、俗にいってしまえば、作品を理解し、読むことによる知的、芸術的楽しみを増すためであろう。そして加藤は彼自身作家であり、詩人であった（あるる）のだから、この作品自体も、一つの文学作品として――学術的労作としてももちろん一級品であるが――書かれ、読まれることを期待したのではなかろうか。簡単にいえば、私のような朴念人が読んでも、「血わき肉おどる」ということでないと困るのである。

実は私は今回この本を遅ればせながら通読して、「劇的な興奮を感じ、手に汗をにぎる」ことの連続であった。それらを全部ここで書くことはできないので、例示的に、かつ感興をそそられた部分のページ数とキイとなる短い文章のみ引用する。

「来るべき時代におこり得ることは、このような土着的世界観による外来文化の『日本化』で、土着世界観そのものの内容の『分化』とその表現手段の『洗練』ということになるはずである。」（第一章、上巻一二三頁）

「伊勢物語」は、「男女関係を中心とする伝統的な現世享楽主義の意識化」である。（第二章、上巻一六八頁）

「源氏物語」について。「小説が日常生活の細部の描出に徹底したのは、土着世界観の直接の表現である」、「『源氏物語』は『日本化された』仏教が生みだした作品であった。」（第三章、上巻二四五頁）

「『鎌倉仏教』は、日本の土着世界観の幾世紀もの持続に、深くうち込まれた楔であった。」（二八〇頁）、「土着世界観の著しい特徴の一つ、抽象的な全体の秩序へではなく、具体的な部分の詳細への鋭い関心……」（三三〇頁）、「意味の明瞭でない漢語を連らねて、考えのすじみちをはっきりさせず、しかし漠然として悲壮な雰囲気をかもし出す日本語の散文は、今日なおこの国の少年少女の大いに好むところである。戦前の「日本浪漫派」……戦後の三島由紀夫と極左の学生の檄文……その源を辿れば、遠く『平家物語』に及ぶ……」（三四三頁）（第四章）

『徒然草』について。「兼好は、たったひとりで、日本の土着世界観を内面化しようとしていたのである。徒然草の世界は連歌（後述）にもつうじる。」（三七三頁）、「『能』と『狂言』との対照は、実に世界観の対照であった。」（四〇三頁）（第五章）信長の評価（四一一頁）（第六章）

仁斉の評価（四七九〜四八三頁）。徂徠の方法（四八三〜四九六頁）「徂徠の鋭敏な感受性は芭蕉に劣らない。「老樹西風冷、疎林晩照孤」を和文に移せば、「あかあかと日はつれなくも秋の風」になるであろう」（四九六頁）。芭蕉の俳句の評価、「芭蕉はその発句に、古代歌謡以来の日本語の歌の全体を、つまるところ日本の土着世界観の要点を、要約し、徹底させた……その世界は日常的此岸の現在である。」（五三六頁）（第七章）下巻の注目すべき箇所については、紙幅の都合で、省略する。

むすび

丸山の「古層論」と、おそらくはそのカウンターパートに当ると思われる加藤の日本の「土着世界観」――私の仮説では、それはすでに述べたように、加藤の「雑種文化論」の、丸山の「古層論」も一つのインパクトの源となったと思われる動態化、構造化の企て――の関係・比較の作業は、この辺でしめくくらざるをえない。

丸山の「古層」――執拗低音論は、古事記等、外来思想の影響が相対的には稀薄な文献等の精査をつうじての、歴史意識論、政治意識論、倫理意識論（未公表）の各領域におけるその内容の特定化の方向をとった。これが一つの重要な理論的達成であったことは、認めなければならないであろう。これに対しては、丸山が宣長的方法論によってからめとられているという批判もあるようであるが、その批判の全部が、管見のかぎりで、公表されていないので、ここでは論じるつもりはない。

これに対して加藤の場合は、すでに見たように、彼岸的志向性と此岸的志向性という相違はあるが、包括性、理論性、抽象性、超越性、普遍的価値などの共通の特徴をもつ外来思想と対照的な性格をもつものとして土着的世界観（その構造は此岸的・非超越的・日常的世界の現在にこだわる。そこで絶対的なものがあるとすれば共同体そのもので、その倫理的体系は共同体を中心として、実際的考慮から組み立てられている等）を措定し――したがって丸山のような歴史・政治・倫理の意識の区分は立てない――、その執拗な持続による外来の体系の「日本化」がおこり、その変化には一定の方向がある、そのような変化をひきおこした力を指すとしているのである。このような把握は、丸山の各分野別の具体的内容の措定をともなう意識論より、より包括的であり、それが理論的に有効性をもつことは、『序説』そのものの成功が証明している。いずれにしろ、この両者の関連と分岐のより立入った考察は、今後の課題として残される。

もう一つの問題は、バッソ・オスティナートや「土着的世界観」に、われわれがどのような価値的な主体的態度をとるべきなのであろうか。丸山は、歴史意識の「古層」、そしておそらくサーヴィスとしてのマツリゴトの構造には、個人の自律的主体性や責任の確立と「永久革命としての民主主義」の日本における前進という角度から、否定的な態度、それらを克服の対象と考えていたように思われるが、加藤の場合はどうであろうか。政治家の無責任や悪しき共同体主義を批判し、個人そして民衆の主体性を確立するという点で、加藤が丸山とほぼ同じ立場にたっていることは推定できるが、しかし文学の世界、より一般化していえば、芸術の世界において、作品に体現された土着世界観、土着思想、土着文化にたいして、あるいは「日本化された外来文化」に対して、われわれはどのような態度をとるべきなのであろうか。私は、加藤の、その他の文学論、美術論などはほとんど読んでいないので、加藤がこの辺の問題をどう考えているかは詳しくは知らない。が、『序説』を読むかぎり、加藤が、伝統的な土着世界観を凝縮したような文学作品、あるいは能と狂言、元禄文化等々についても、文化論や芸術論の観点から積極的な評価（批判を含めて）を惜んでいないように見える。この辺の問題をどう考えるか。これも私にとっての残された問題である。

注

（1） 一九九七年度日本政治学会研究会（十月四日）、分科会A丸山思想史学をめぐって、における報告者飯田泰三、加藤節と討論者の一人、渡辺浩との論争。

（2） 管見のかぎりで、この点についての家永の見解は、以下の引用文に見られるように、彼のいう否定の論理によって否定されるべき「伝統的人生観」（内在・連続・肯定の論理）によって示されているといえよう。以下の『田辺元の思想史的研究―戦争と哲学者―』の第四部の以下の一節は、家永のこの点についての見解を、端的に示した文章である、と私は考える。集第七巻、三六八～三六九頁。

　仏教とキリスト教とは、このような一切の出発点となるところの基本的命題を提示することによって、人類に対し不朽の精神的遺産を遺したと言い得よう。しかしながら、人がこの基本的命題を理解するためには、自己の相対性有限性を自覚しなければならない。相対有限の自覚のみが相対有限を否定して絶対無限への転換の道を開く。日常の現象に埋没し、相対有限を自覚するにいたらない場合、あるいは相対有限の自覚が絶対否定を伴わず、同一の相対者有限者の内の比較級的な優勢者有力者を絶対者無限者であるかのごとく不当に絶対視するときには、否定を媒介とする真の絶対者無限者への志向は生じない。「世間《よのなか》は虚仮《むな》し、唯仏のみ是れ真なり」（『天寿国繍帳銘』所引聖徳太子の語）、「煩悩具足の凡夫、火宅無常の世間は、よろづのこととみなもてそらごとたわごとまことあることなきに、たゞ念仏のみぞまことにておはします」（『歎異抄』所引親鸞の語）、「義人なし、一人だになし」（『ロマ書』第三章第一〇節）という絶対否定のみが、相対者有限者をはじめて絶対者無限者と対立せしめるのである。日本思想史について見れば、はじめ連続的世界観と肯定的人生観としかもっていなかった日本人が、外来思想として仏教を受容することにより、観念としての否定の論理が一部知識人の間で理解されながらも、それが広く多くの人々に浸透し、親鸞に典型的に見られるごとき絶対否定の論理を自覚するためには、七世紀より十三世紀にいたる六、七百年の歳月と、平安末の社会的大変動の体験を経なければならなかった。しかも、そのような長期の深刻な体験を媒介に、もはや外来思想を観念的知識として理解するにとどまらない、日本人の血肉と化した否定の論理も、日本人の心理の深層に根強く生きる内在・肯定の伝統的人生観を根源から変革することはできず、十三世紀は日本思想史全体の中では例外的な突出した思想の時代という観を呈し、中世後半期から近世・近代へと、思想界の大勢はふたたび内在・連続・肯定の論理によって占められるにいたる。明治の開国の結果輸入されたプロテスタンティズムが、内村鑑三・柏木義円ら少数の信徒に新しいキリスト教的否定の論理を提唱させたとはいうものの、日本のキリスト教界全般が、カトリックとプロテスタントとを問わず、仏教同様に天皇制国家権力と妥協して神の義を守り得なかったのであるから、内村・柏木らは教界内にあってさえ少数意見者にとどまり、まして思想界を風靡する近代主義的肯定の論理の圧倒的な流行を動かし得る力のあるはずがなかった。一九三〇年代初期の、カール・バルトの危機神学の日本への流入は、否定の論理の復活の契機となり得るものをもっていたはずと思うが、キリスト教「神学」という、教会的閉鎖性の濃厚なことが原因であったのであろうか、これまた西欧新思想の一時的流行として少数の哲学者・神学者の関心をあつめたにすぎなかった。そして、この頃から始まる十五年戦争の進行は、「神」を恐れぬ驕慢な日本主義＝国家絶対主義を狂信的にはびこらせ、権力に柔順な一般キリスト教徒に対してさえ、主なる神か天皇かの踏絵を迫ったほどであり、否定の論理は完全に窒息した。絶対弁証法の理論からすれば当然否定の論理の方向に深化させられねばならなかったはずの田辺哲学が、流行の民族主義の陥穽にはまりこんで国家絶対主義に堕したことは、すでに詳述したとおりである。

（3）　加藤の自伝としては——これは私見では、戦後日本の知識人の自伝の傑作の一つと考えるが、『羊の歌』（岩波新書、一九六八年、私は初版を読んだはずだが、いま手許にあるのは、二〇〇〇年の四三刷）、『続羊の歌』（岩波新書、一九六八年、手許にあるのは、二〇〇〇年の三二刷）。『羊の歌』一一九頁以下の「駒場」のところに、五味智英教授の回想が出てくるが、私も一九四九年か五〇年、新制東大の駒場で、五味教授の万葉集の音吐朗々の名講義を聞いた。同巻の「仏文研究室」と「内科研究室」のあたりを見れば、本郷での加藤は、医学部の学生だっただけでなく、事実上文学部仏文研究室（辰野隆、とくに影響をうけた渡辺一夫助教授、その人柄を好んだ、中島健蔵講師等がいた。渡辺一夫に親炙したという意味で、大江健三郎は、まぎれもなく、加藤の後輩の一人である）の研究生でもあった。この二冊の自伝は、加藤周一著作集⑭（平凡社、初版一九七九）に収められている。この駒場・本郷での生活を通じて、加藤は、一生涯の友人となる中村眞一郎（一九一八～九七）、福永武彦（一九一八～七九）と友人となり、一九四二年、彼らと「マチネ・ポエテイック」を結成。三人の共著『一九四六文学的考察』を、私は文学青年だった友人の明石康に借りて、一九四九年に読んでいる。どれだけ理解したかは別問題だが。羊の歌の後のことについては、「『羊の歌』その後」（著作集第二三巻、一九九七年初出、私は「加藤周一セレクション5」（平凡社、一九九九年）で読んだ。）

（4）その六点は以下の通り。「現代はどういう時代か」（都留重人、丸山眞男）、「歴史意識における〈古層〉」（丸山眞男）「『眼には眼を』に見るアラブ対西欧」（丸山眞男）、「六〇年代の世界を展望する」（埴谷雄高、丸山眞男）、「議会制民主主義を問う」（新井達夫、丸山眞男）、「三木清を語る―日本思想史における位置と役割」（久野収、谷川徹三、日高六郎、丸山眞男）である。初出一覧は、同書、三一四頁。

（5）これについての本格的書評は、ここでは、できないが、御両人が、自家薬籠中のものにしているトピックⅠにおける徂徠、宣長論などについては、ツーカーの対論が成り立っていて面白い（とくに三七頁の丸山の発言は印象的）、Ⅲ「万国公法」をめぐって、では丸山の法学部卒業生としての優位（丸山は、政治学科であったにもかかわらず、法律学の講義――末弘の「民法」、田中耕太郎の「商法」などもよく聞いてかなり高い水準の法学的思考を身につけていた）が目立つ。たとえば「国際私法」の説明のあたりは、丸山の活躍が目立つ。Ⅳ社会・文化に与えた影響では、自然科学の教養の深い加藤と、丸山の福沢理解の鋭さなどがかみ合って面白い。丸山が、トクヴィルが福沢に与えた影響を論じ（一六六頁）、この項のおわりで、加藤は、自然科学では、西洋モデル（たとえば医学）、政治・経済・倫理の領域では和魂と洋才が対立・融合いろいろなかたちで交渉し、芸術教育では、洋画と日本画、洋楽と邦楽の二本建てにおちついた、とのべている。

（6）丸山眞男『日本の思想』（岩波新書、一九六一年）、巻頭の同名論文。

（7）『雑種文化』の主要論文の若干（五本）は、著作集⑦近代日本の文明史的位置（平凡社、一九七九年）に収録されている。この第七巻には、『「追いつき」過程の構造について』、という日独近代史の比較について、ヴンデルバールの一語に尽きる秀作と、後でも触れる『戦争と知識人』（筑摩の『近代日本思想史講座4知識人の生成と役割』

の巻頭論文、一九五九年九月初出）という、今日でも、というより今日こそ、必読の論文が含まれている。

（8）『日本の思想』（岩波新書）、二四三頁。

（9）丸山眞男集、第十一巻、三二四頁。

（10）そのような加藤の労作で特筆すべきは、「日本文学史の方法論への試み」（原文、ドイツ語。初出一九七一年）、著作集③日本文学史の定点（平凡社、一九七八年）五〜二八頁。そこでの文学のかりの定義は、「現実の特殊な相を通じてある普遍的人間的なるものを表現する言語作品というものである。作品は作者の人格の表現であり、文学的散文の文体も、しばしば作者の人格の表現である。」加藤は、日本文学史の世評定まった著作で、文学史上の市民権を認められていない三つのジャンル（文学理論を除く理論的作品、漢文による作品、大衆文学）を文学の学問的対象へと包摂した。最後の点は、思想的バックグラウンドは違うが、鶴見俊輔と共通する。

（11）丸山眞男集第一二巻、一八二頁。これは「中野好夫氏を語る」というエッセイ（一九八五年八月、初出）に出てくる。

（12）この論文は『日本文学史序説』の骨子を、日本社会、文化論として、まとめたと考えることができる論文で、その要点はつぎのように要約できよう。日本の社会・文化を一つのゲシュタルトとして理解するためのパラダイムを構成するのは、次の五点である。①集団間、集団内を含めての競合的な集団主義、集団志向性。それは極端な形式主義（独特の儀式と名目尊重）と、極端な主観主義＝主観的「気持」尊重主義を伴う。②現世主義（this-world-lyness）＝文化の此岸性。③時間の概念に関連して現在を貴ぶ態度（国民的健忘症と未来のことを心配しない）。「今比処」が大事主義＝現在主義。④集団内部の調整装置としての、象徴の体系。（a）極端な形式主義（独特の儀式と名目尊重）、（b）極端な主観主義＝主観的「気持」尊重主義。⑤対外的態度として外に対する閉鎖性（鎖国心理）と、同様に外国文化の受入れやすさ。そして、加藤は、その統一的な全体を日本文化の「プロトタイプ」ないし「アーケタイプ」ということができるのか、どうか？と書いている。ここでも、明らかに丸山の議論が意識されている。

（13）丸山眞男著『近代日本のイデオロギー　膨張主義の起源　序文』、加藤周一セレクション2、日本文学の変化と持続（平凡社、一九九九年八月）、所収。

(14) 朝日新聞、一九九六年九月十九日、夕刊。
(15) もともとは、日本の思想6『歴史思想集』別冊（筑摩書房、一九七二年）。のち『丸山眞男座談7』に収録。加藤周一対話集②に「歴史意識における〈古層〉」と改題して収録。
(16) 一例のみをあげれば、社会学辞典、一九五八年四月、有斐閣、所収の「政治的認識」。丸山眞男集第七巻、三〇〇～三〇四頁。
(17) 戦後、丸山が開講したゼミが、一九四八年、ヘーゲル『歴史哲学講義』（ラッソン版）、一九四九年も同じ。一九五〇年、ルカーチ『歴史と階級意識』、一九五二年、マンハイム『イデオロギーとユートピア』（英訳本）であったことは、丸山がヘーゲル、ルカーチ、マンハイムを自家薬籠中のものにしていたことを示す。
(18) その典型例が、石田英一郎（一九〇三～六八）である。『朝日人物事典』（一九九〇年）の増田義郎の解説によれば、彼は男爵を襲爵していたが、二六年に爵位を返上、三・一五で検挙、起訴され、五年の禁固刑に処せられたが、獄中では転向せず、戦後、東大教養学部の文化人類学講座の設立者となった。唯物史観に批判的になるのは、この頃からのようである（同書、一三七頁）。丸山は、石田と交渉をもったことがあったろうか？
(19) たとえば、石母田正（一九一二～八六）。その『日本の古代国家』を見よ。
(20) この問題にある意味で結着をつけたのが、「スターリン批判の批判―政治の認識論をめぐる若干の問題」（『世界』一九五六年一一月号）――これは、後に「スターリン批判における政治の論理」という題名で、『増補版現代政治の思想と行動』（未来社、一九六四年）に収録された論文であったろう、と私は考える。
(21) 『日本政治思想史研究』一九五二年、「あとがき」五～六頁。
(22) 同右、八頁。
(23) 『日本文化のかくれた形』、九五～九六頁。
(24) 同右、一一九頁。
(25) 同右、一三四頁。
(26) 同右、一四九～一五〇頁。
(27) 加藤『日本文学史序説 下』、五〇九～五一〇頁。

（28）同右、あとがき、五三二～五三三頁。
（29）『序説』上巻、三四～三五頁。
（30）Dewey, J. & Bentley, A. F., Knowing and the known. Beacon Press. 1945. この本とこの概念の解説として、鶴見和子編『デューイ研究』（春秋社、一九五二年、二二六～二二九頁）参照。
（31）『序説』上巻、五七頁。
（32）同右、三六頁。
（33）同右、三八～三九頁。

二　家永三郎の「否定の論理」と丸山眞男の「原型論」

はじめに——家永三郎と丸山眞男

本稿は、家永三郎の「否定の論理」と丸山眞男の「原型論」・「古層論」の関連と比較をおこなうものである。そのさいこの作業を両者の聖徳太子の「憲法十七条」論、および鎌倉仏教論（とくに親鸞評価を中心とした）を素材としておこなうつもりである。

家永（一九一三年九月三日～二〇〇二年一一月二九日）と丸山（一九一四年三月二二日～九六年八月一五日）は生年はほぼ等しく（小学校入学は同期）、また大学卒業年次は、学部は違うが（家永は東大文学部国史学科、丸山は東大法学部政治学科）、一九三七年で同期である。両人は出身学科、したがって学問的背景と基礎的トレーニングは異なるとしても、専門は、日本思想史（丸山の場合は、日本政治思想史）であり、一九一〇年代世代、そして第二次大戦後の日本思想史学を代表する両巨頭として並び称せられている（きた）といってよいであろう[1]。

家永と丸山のあいだには、共通の友人（東京府立一中から一高に進んだ堀切眞一郎）や丸山の一高時代の友人堀米庸三（一九一三年二月二四日〜七五年一二月二二日。北大法文学部教授を経て東大文学部教授〔一九五六―七三〕西欧中世法制史家）のすすめもあって、すでに戦争中から交渉がはじまっていた[2]。第二次大戦後も、雑誌『思想』の編集顧問、私的な思想研究会の同人、憲法問題研究会の同人等として密接な交流関係が続いた（さらに一九五二年度の東大法学部の「東洋政治思想史」の講義において担当者の丸山が病気のため、家永が講師として代講を依頼されている。私はその折の家永の講義を聴講した[3]）。家永、丸山の交流の比較的初期の相互評価の特徴については注2で触れた。

一、二付け加えておくと、家永は『日本政治思想史研究』の書評を『国家学会雑誌』に書いている。また家永は丸山の初期の福沢評価については異議を述べている[4]。

ところで、丸山と加藤との日本の伝統的思想の把握の相互連関を論じた前稿においては、丸山の古層論を一方の柱とした場合、加藤の日本文学史におけるそのカウンターパートは、加藤の主著ともいうべき『日本文学史序記』上下におけるキイタームとしての「土着思想」、「土着（の）世界観」に容易にさぐりあてることができた。しかし、家永と丸山との関係の場合には、両者における日本の伝統思想の特質把握を、それぞれのどういうカテゴリーの対照として設定するかということは、それほど簡単ではなかったし、丸山のプロトタイプ論ないし古層論を軸として、家永側の関連しそうな文献を精査してみたが、丸山・加藤関係におけるような直接の対照・関連を見出すことはほとんどできなかった。それは、両者がそれぞれの日本思想史研究の長い道程の中で、どの時点で、右の問題に取り組むようになったか、

という タイミングの問題ともかかわって、いちじるしい対照があるからである。丸山のほうをさきに示すと、丸山の場合には、後に『日本政治思想史研究』にまとめられる徳川幕藩体制下の儒学・国学の研究が先行し、それとダブルかたちで、福沢研究をはじめとする近代日本政治思想史研究がはじめられ、右記問題への真正面からの接近が見られるのは、著作・論文では、「日本の思想」（初出、一九五七年、岩波講座『現代思想』第十一巻、所収）、「歴史意識の『古層』」（一九七二年）、講義録では、〔第四冊〕日本政治思想史1964の第一章　思考様式の原型〔プロトタイプ〕とそれ以降ということになる。

これとはまったく対照的に、家永の場合は、その著作目録および自伝を見ても明らかなように、十五年戦争下においては『日本思想史に於ける否定の論理の発達』（一九四〇年刊）、『上代仏教思想史研究』（一九四二年刊）、『日本思想史に於ける宗教的自然観の展開』（一九四四年刊）など上代仏教思想史の研究等、さらに『上代倭絵全史』、『中世仏教思想史研究』、『上宮聖徳法王帝説の研究』、『外来文化摂取史論』（一九四二年の初めから執筆準備を開始し、四五年三月に擱筆した大著）――以上四冊はすべて戦後に公刊――に集中しており、家永が、その主たる研究対象を、明治以降の思想史に転換するのは、一九四二年頃、基本的には敗戦後のことである――そして家永の近代思想史研究が単行本としてまとめられた第一冊は『近代精神とその限界』（角川新書、一九五〇年）、二冊目が『日本近代思想史研究』（東京大学出版会、一九五三年）であった。ちなみに、この二冊は、筆者が最初に読んだ家永の労作であった。

前述したところから明らかなように、家永の日本の伝統的思想およびこれに対する「否定の論理」の提起は、比較的初期の仕事（家永の『日本思想史に於ける否定の論理の発達』が、その影響下に形成された問題意識に基づいて執筆されたと自認されている『田辺元の思想史的研究』が初公刊されたのは一九五二年四月ではあるが）に集中的になされている。これに対して、丸山の場合には、一九五七年の「日本の思想」論文、五九年の「開国」論文のあたりから、「発展段階論」から「文化接触」による文化受容への注目という方法論的転回にともなって、日本の思想的伝統への注目——もっとも「日本の思想」における丸山の日本の思想的伝統という概念の多義的意味と、丸山の新書『日本の思想』の解説が、「可能性の思想史」というもう一つの方法を見落とされがちなものとしたという宮村治雄の解説・見解があるが(5)——がなされるという対照があるわけである。このことを念頭に置きながら、本題に入っていくことにしよう。

1——家永三郎の「否定の論理」

さて、丸山の「原型論」「古層論」については、前稿で簡単ながら紹介しているし、また丸山日本思想史の全業績について、これを体系的に総括した研究書は単著としてはまだないが、その一部についての研究書、研究論文は、外国人研究者のものを含めて、かなりの蓄積がある(6)。それと対照して、家永思想史については、家永自身がいくつかの基本的論文を書いているが(7)、その体系的総括もなく、個別研究書、論文も管見のかぎりでそれほど多くないようである。しかし、アメリカの思想史家、ロバート・N・ベラーによる「家永三郎と近代日本における意味の追求」(河合秀和による邦訳がある）というすばらしい論文がある。この論文は、「若き家永と彼の世界（一九一三年—一九三五年）」、「『否定の論理』と日本思想史（一九三四年—一九四五年）」、「近代精神とその限界（一九四二年—一九五二年）」、「歴史の危機に面して（一九五〇年―　）」、結び、という構成になっている。その中には、それほど重要でない家永の経歴についての若干の誤認はあるが、重要な文献はほとんど渉猟されている[8]（その中には、家永が昭和一七年初めから約三年にわたってその準備と執筆に全力をあげ一九四六年〔実際には一九四八年九月〕公刊された『外来文化摂取史論』への言及も含まれている[9]）。家永の一九六〇年頃までの思想史的研究としては、管見のかぎりでは、これを超える研究はその後あらわれていないので、ベラーの研究の注目すべき指摘、考察などについて、最初に触れておく。

ベラーのこの論文がねらいとしたのは、「日本の近代化の底に横たわっている道徳的・哲学的・宗教的な問題点についての彼〔家永〕の深い関心を取り扱う」ことである。第一節　若き家永と彼の世界（一九一三年―一九三五年）では、高校に入学し、マルクス主義の洗礼を浴びて、それまでつぎ込まれてきた国家主義の道徳が何の権威ももたなくなり、崩壊感覚（道徳的危機）に襲われたとき、彼に精神的更生のキッカケを与えたのは田辺元の『科学概論』において紹介されていた新カント派、なかんずくヴィンデルバントとリッケルトを指導者とする西南ドイツ学派の「価値の哲学」であり[10]、それとの接触が「精神生活におけるコペルニクス的転回を招いた」という家永の言が紹介されている。そしてその高校時代、家永は新カント派と京都学派の哲学の他に、マルクス主義やキリスト教に関する書物、さらに聖徳太子の初期の伝記『上宮聖徳法王帝説』と親鸞の『歎異抄』を含む仏教に関する書物も読んでいた。さらに家永は東京帝国大学に入った最初の年（一九三四年）に、新たな精神的危機、今度は宗教的な性質の危機を体験したという。この危機を抜け出すにあたって、高校時代に読んでいた「世間虚仮、唯仏是真」（「よのなかはむなし、ただほとけのみこれまことなり」）という聖徳太子の言葉の意味を、初めて自らの実存とのかかわりにおいて理解し、また親鸞の思想を一層深く知ったことも助けとなったであろう、とベラーは評価する。この高校、大学時代の家永の思想体験とその意味を、ベラーはつぎのように総括している。

「ある意味では、大学時代の危機とその解決は、先の高校時代の危機における問題を、対象を道徳の世界から宗教の世界に移しながら深めていくことであった。このことは、問題が一層分化されたことを意味している。先の危機が彼の思想において社会体制と道徳の分化をもたらしたのにたいして、この二度目の危機は道徳と宗教の分化をもたらした。人間の道徳的性格にたいする関心は、家永にとって依然として非常に重要であり、彼の宗教的経験によってさらに深められている。しかし、宗教の問題に最大の関心が払われていた時期には、社会的・政治的な行動にたいする関心からほとんど完全に後退することとなった。この後退は、内面の急務と時代の外的な圧力の二つによって説明されるべきであろう。大学時代の経験には、注目すべき一層の問題対象の推移がある。つまりそれは、西欧に起源を持つ近代思想（立憲主義、ドイツ観念論）にたいする第一義的な関心から、日本のものである古代（聖徳太子）、中世（親鸞）の思想へと移ったことであった。こうして、意味という窮極的な問題（宗教）に進むのと同時に、彼は彼自身が引き継いでいる歴史的遺産の考察へと進んだのである。そこでは、自分の学問上の専攻分野に古代・中世の日本仏教思想を選ぶことは偶然のことではなかった。それは、彼自身の経験から直接に生じたものであり、いわば彼が「実践的な」と呼ぶような関心の対象であった。このことは、全著作を通じて家永に特徴的なことである。」[11]

前述のような家永の旧制高校・大学時代の思想体験を、丸山の同時期のそれと比較対照できれば、この研究にとってもたいへん有益なのであるが、丸山の高校生活（一高寮での集団生活）について私の知るかぎり丸山は資料もあまり残さず、詳細には語っていないのではないか。[12]

ベラー論文の第二節「否定の論理」と日本思想史（一九三四年―一九四五年）は、この敗戦前の家永の研究がほとんどもっぱら仏教思想史に向けられていることを指摘し、その焦点は、「否定の論理」の発展という問題の周辺に置かれて、彼の日本思想についての全面的解釈が展開されているとされる。その他の研究はすべて、最初の書物の図式に含まれているさまざまな部分を発展させたものとされる。ベラーは、この書物の用語は、「否定の論理」そのものをはじめとして、たしかに京都学派の匂いを漂わせているが、抽象的というよりむしろ常に歴史的である家永の分析の文脈においては、それらの用語は特殊な意味をまとっている、と考える。そして京都学派との関係における家永の立場の特徴、あるいは両者の相違の根拠を明らかにするため、ベラーはこの書物の内容を九項目に要約している。

この要約はまことに正確・適切なものであるが、それへの言及や引用は、後論でおこなうことにする。[13]ベラー論文の「近代精神とその限界（一九四二年―一九五二年）」および「歴史の危機に面して（一九五〇年―　）」および「結び」についての紹介はここでは省略する。

さて以下では、ベラーのみならず、『家永三郎集』第一巻　思想史論の編著である鹿野政直によっても、『否定の論理』は、家永のそれまでの精神史の結晶として書かれたとともに、著者のそののちの仕事への原型＝学風をもかたちづくったと評されている――その原型の意味を鹿野は、㈠主題について、㈡材料について、㈢スタイルについて、㈣研究主体についての四点においてまとめている――。[14]「日本思想史に於ける否定の論理の発達」および丸山の原型論―古層論との対照・関連という点で逸することができないと私が考える、「日本思想史に於ける外来思想の受容の問題」（一九六一年）について、私なりの見方をまとめてみたい。なお「日本思想史に於ける宗教的自然観の展開」も、鹿野によって、「否定の論理」にたいし「自然観」を機軸として日本人の思想の特色を探ろうとしており、表題や構成からいっても、『否定の論理の発達』と姉妹篇をなしている、と評されている。[15] この論文を丸山の原型論との関係でどう扱うことができるのか、いろいろ考えてみたがいい知恵が浮かばない。読者の御教示を得たい。ちなみに、この点に関して、加藤の『日本文学史序説』もあたってみたが、家永がとりあげた個々の思想家、歌人――たとえば、西行、長明、定家、さらに道元、芭蕉などの自然観や「山里の逆説的な救ひの境地」――についての詳しい言及はあるが、加藤は『序説』執筆時点では、家永のこの論文を読んでいる気配はない。いずれにしろ、この論文が、『否定の論理の発達』と姉妹篇をなして、家永のもっとも独創的な日本思想史論をなしていることは疑う余地はないであろう。

さて、私は家永の『否定の論理の発達』を数回、最後はノートを取って読み返したのであるが、この「集」で七八頁の論文を完全に読み理解しえたということは、残念ながらできない。それは一つには本書に博引されている思想書（宗教書を含む）、文芸作品、芸術作品などの史料――とくに漢文で引用されている資料――を私の漢文の学力で読みこなすのはかなり難かしかったからであり、第二には、私は、家永とは違って、仏教にもキリスト教にも「宗教音痴」であって、十分な素養を欠き、また家永が影響を受けた田辺元の哲学には、ほとんど不案内であるからである。さらにもう一つには、この論文のキイ・ワードとしての「否定の論理」の内容の理解がよくよく考えてみれば私にとってはなかなかの難物だということである。前の二つの問題は私の能力限界、知識と関心の限界なので現時点ではどうにもならないが、第三の問題は、すでに注15で若干触れたが、少しつめて議論しなければならない。この論文で、家永が直接に引用している哲学書は二冊であり、[16]そのうちの一冊、田辺元の『哲学通論』（一九三三年。私はこの本の初版本を見ることができず、『田辺元全集』3、筑摩書房、一九六三年所収の版を読んだ）について、家永は後に公刊した『田辺元の思想史的研究—戦争と哲学者—』の序において、「私の処女単行著作である『日本思想史に於ける否定の論理の発達』は、書中の注に田辺元著『哲学通論』を引用してあるとおり、田辺哲学の影響下に形成された問題意識に基づいて執筆されたのであった」と述懐している。[17]また『発達』の緒言においては「本小論を最初に発表の際懇篤なる示教を賜はった田辺元先生……」に対し深甚なる感謝を捧げる次第である、と記されている。[18]

さて、ここで本節の問題である「否定の論理」とは何かについての考察に入ろう。家永は、この論文において「否定の論理」とは何かということについては哲学的ないし宗教学的定義を与えているわけではない。ただ注14の中で指摘したように、家永が日本の古代思想の論理的構造として措定しているのは、「肯定的人生観と連続的世界観」であり、このうち「連続的世界観」とは、あらゆる世界が現実世界と空間的にも性質的にも連続するもの、一切の世界はすべて自分等の住むこの国土の延長としてしか考えることができない世界観である（古代説話においては、高天原も黄泉国も葦原中国と空間的にも性格的にも連続するものと映じたのである）。肯定的人生観とは、太古人は「浄澄」を好んだのみならず、これをもって世界の本質と見たのである。「黒《きたな》き」穢はあっても、祓《はらい》の力は容易に之を一掃して、天の下四方の国に遺る罪なき状態を現出し得たのである。それではこの両者の関係はどうなのか。家永の理解では、「肯定的人生観こそは前の連続的世界観の基礎づけとなってゐたのであり、両者は互に相即し、不離の関係を以て太古思想の基調を形成してゐたのである。而して両者の間を貫く共通の立場こそ、実に否定の論理の欠乏に外ならないのであった。」この説明は、論理循環になっているように思われるが、いかがであろうか。読者が必要としているのは、「否定の論理」とはなにかの説明なのである。そこで止むを得ず、いま私の手許にある事典、百科類を調べてみたが、この点、参考になるように思えたのは、つぎのような記述である。「人間の思想史上に世界宗教〔仏教、キリスト教、イスラム教〕が与えた衝撃は、その『現世否定』の考え方である。現世否定は、現世を逃避して来世をこいねがうという単に消極的な意味ではなく、むしろ徹底的な否定のできる超越的原理を獲得したこと、家族、国家という地上の権威に縛られない思想が出現したことである。(中略)中世、とくに一二、一三世紀にはトマス・アクィナス、アル・ガザーリー、朱子、鎌倉仏教のような思想の体系化、深化が進んだが、一方、制度としての教団が、自ら世俗の権威となる危険を絶えずもっていた」(柳川啓一)[19]。家永の『否定の論理の発達』論文において、右の文章の世界宗教として考えられているのは、いうまでもなく仏教であり、――彼(西洋)に於ける基督教の進出に比較せらるべきものは、我に於ては仏教の移植であった[20]――、「現世を徹底的に否定できる超越的原理」とは、五濁《ごじょく》・悪道のない浄土思想であった。五濁・悪道の現世の否定は、現世と来世、穢土と浄土、此岸と彼岸との断絶によって、伝統的な連続的世界観を打破する。この間の関連を、前掲論文は、「(前略)根本仏教の思想的構造は、釈尊自身が理論的なる用語に於て表現してゐるとゐないとに拘らず、明らかに現実の否定と其の否定を契機として絶対肯定に還帰する弁証法的運動を内に包んでいた[21]」としている。そして聖徳太子の十七条憲法と三経義疏の考察を通して――この点の丸山との比較における詳しい考察は次節に譲る――、太子の思想体系について、「現実の虚仮を悟する否定的自覚、此の自覚に立脚し非連続の彼岸に浄土を望む思想の発生は正に太古思想の及ぶ能はざりし新天地を開拓せるものと云わねばならぬ。(中略)太古の代は去り、ここに上古の代が始まるのであった[22]。」と述べる。

しかしながら、飛鳥寧楽時代を通じ、さらにそれに引きつづく平安初期時代においては、「猶否定の論理をも圧倒する程の強き現実肯定の心情が優勢を占めてゐた」のであり、光仁恒武朝における儒教的道徳主義(仏教政策に於いては小乗的戒律主義)は、最澄の滅後の宗教界の覇権を握った密教の根本精神ともあいまって、現実肯定の時代思潮の形成を一層助長する結果となった。また平安後半期(中古)においても、「現実と彼岸とが即自的に合致せしめられる点に於いて古代精神共通の特質を失ってゐなかったのである(以上第四節[23])。

とはいえ、平安末期における戦乱と、貴族的支配権の顚覆とによって、遂に抜き難かった時代の肯定的精神が根底から覆される日が来た。「要するに貴族階級の社会的危機を通じて否定の論理は初めて具体的に自覚せられることとなり、現世の満足の延長としてではなく現世の否定による来世への志向が今や勃然たる要求をなすに至った[24]」(第五節)。第六節では、このような要求が、平安中期以来、貴族層以外の下級貴族、武士諸階層、ある種の沙門達の中でおこっている様子が観察される。

ついで、第七節においては、源信(九四二～一〇一六)に先鞭をきられ、鎌倉新仏教に引き継がれるこの潮流は親鸞に代表されるが、その特色は、「單なる仏の救のみを説くのではなく、人生の悪を積極的前提とし、その惡に対する赦を説く」点、「絶対否定を通じて絶対肯定に還るの道[25]」を説く点にある。家永の親鸞の教義理解についてのベラーの要約は、引用に値する。

「自ら深い罪業の意識を備えた親鸞においては、逃れ難い人間の悪性の認識は、弁証法的に救済のための積極的な基礎となる。まさしくこのような基盤の上で、親鸞は「善人なおもて往生をとぐ、いわんや悪人をや」と言うことができたのであった。というのは、自らの逃れ難い罪性を認識した罪人は、一切の自力を放擲し、またそのことによって、絶対的な他力を通じて救済を得ることが可能となるからである。親鸞の見解にたいする釈義との関連で、家永はロマ書第三章一〇節の「義人なし、一人だになし」を引用し、カール・バルトのロマ書評釈における所説に言及している[26]。」

しかし室町時代に入ると、絶対的な否定の内に含まれていた肯定はより自由に表現されるようになった（「わび」の理想。「世は定めなきこそいみじけれ」の境地）。以下の家永の考察とベラーの要約は家永の「否定の論理」と丸山の原型論との関係について、ある興味深い示唆を与えていると私は考える。

まず家永の文章。「恰も室町時代は社会的に最も安定を欠いた時代であり、ひとは常なき人心の反覆、騒乱の継起、及び之に伴う身分財産への脅威によって絶えざる不安の内に追ひこまれてゐたのであるが、かかる時世に際してこそこの論理（否定の論理）は最も実践的な意義を有したのであって、この特殊なる心情の体得者たちは身を防ぐかたなき時流の渦中に置きながら、よく之を超越的に克服し、外力によって侵されることなき自由の一天地を保持することが出来たのである。固よりかかる絶対肯定の将来せられた理由を単に絶対否定による弁証法的転換にのみ帰することは余りに一面的であるかも知れない。由来日本的思惟の重要な特質である無礙の親和力は常に対立する二者を融溶和解せしめる力をもって居り、深い苦悩をも情趣の裡に解消し去る場合多く、それによって深刻なる思想が屢々浅薄化される傾向を免れないのであった。この場合もまた太古以来の肯定的心情とこの親和的世界観との復活が鋭い弁証法的対立を破壊したものとも考えられるであろう。(27)」

右の文章のベラーによる要約。

「しかし、室町時代におけるこの絶対的な肯定を、単純に先の鎌倉時代の絶対的な否定のみに帰することはできないであろう。そこには、日本古来の無限に親和的な世界という理念と融合している要素も見られるのである。深い苦悩も情趣の内に解消され、深刻な思想が次第に浅薄にされてしまう。そして、太古以来の肯定的心情と親和的世界観の復活が、鎌倉仏教に存在している弁証法的な矛盾を破壊してしまうのである。この傾向は、禅思想が浄土思想に代わって文化生活の中心を占めたという事実にも関係しているであろう。(28)」

前述の家永の文章とベラーの要約には、丸山が「日本の思想」論文や「古層」論文で展開した、外国から導入された思想の核心が、日本の伝統思想の「原型」ないし「古層」によって変容ないし「破壊」されていくという把握が、丸山論文に先立つ三〇年前に、同一の定式においてではないが、家永の「否定の論理の発達」論文において前述のように先取りされていたと見ていいのではないだろうか。しかも家永は室町時代の後半、近世 Absolutism（信長、秀吉）さらに徳川幕藩体制下の〈世俗的なものに究極価値を賦与する〉近代現実主義、さらに明治以降も、「否定の論理」の拒否は続いてきているから、新しい否定の哲学の生誕のためには、「論理学をその根拠から変ぜなければならな」かったという歴史の見通しを一九三八年という時点で提示していたのである。[29] これをベラーはつぎのように要約している。

「以後三〇〇年、日本思想は否定の論理と絶縁していた。この点では、近代は徳川時代と連続している。啓蒙哲学、また後の新カント派哲学は、外観上の形式的差異にもかかわらず、徳川時代の現実尊重を継続したに過ぎなかった。しかし、今や、一つに（？）西欧からの影響にもよって、新しい否定の哲学を建設する時機が到来している。それは、西田幾多郎が示唆するように、新しい否定の論理学を必要とするであろう。[30]」

一九三八年という時点で、家永は、聖徳太子、親鸞のきり拓いてきた「否定の論理[31]」のルネッサンス、「新しき否定の哲学」の構築を思想的課題として提起していたのであった。[32]

さて、先に触れたことであるが、日本の思想家の中で、家永の精神形成にとって、さらに学問形成、就中、ここでとりあげている家永の最初の単著『否定の論理の発達』にとって、田辺哲学の影響が大きく、その下に形成された問題意識に基づいてそれが執筆されたことは、家永自身が認めており、[33] また『発達』では田辺の『哲学通論』の引用もある。[34] そしてこの文献が引用されている本文は「アポリアが眞に解く能はざる二律背反を構成する時にこそ、初めて其の不可通性が絶対否定的に自己を開通せしめるのである。」というものである。[35]家永は田辺と二一年間にわたって書信を往復しており、一九四三年一〇月八日には、田辺宅を訪問し、二時間にわたって示教を受け、その時の問答を記録し、一九六八年に公表している。[36]さらに家永は、一九七三年には『田辺元の思想史的研究―戦争と哲学者―』を公刊しており（家永三郎集第七巻　思想家論3として一九九八年公刊）、その第一部二　田辺哲学確立の前史（下）―弁証法への移行、科学批判から実践の問題へ―では、家永が田辺の弁証法哲学の影響を受ける少し前の田辺の業績の詳細な紹介と分析がある。[37]田辺の一九三一年刊の『ヘーゲル哲学と弁証法』、一九三二年の岩波書店の『哲学講座』のために出版され、一九三三年公刊された『哲学通論』[38]が、家永の『否定の論理の発達』の「哲学」にどのような影響を与えているかということは、家永研究としては当然なさなければならない学問的課題であるが、本論文の課題はそれとは別のところにあるし、この研究に着手するためには、私の側に、田辺哲学の検討のための相当の準備期間が必要である。ただし、私の前稿「丸山眞男の『古層論』と加藤周一の『土着世界観』」の注2では、[39]家永集第七巻、三六八～三六九頁を引用した。そこには、家永の、仏教とキリスト教との対照において、自己の相対的有限性の自覚＝否定を通じての絶対無限への転換の道を開くゆえんが、より円熟した筆致で説かれている。

この節で残されているいま一つの課題は、一九六一年の家永の「日本思想史に於ける外来思想の受容の問題」（一九六一）[40]の丸山の議論との比較検討である。この論文で、家永は日本における外来思想についてのさまざまな考え方の沿革をたどりつつ、外来思想は、つねに日本の思想界において、表面を変えるだけにすぎず、伝統的な思想が圧倒的に日本人のものの考え方を支配していたという考え方だけで、日本の思想史を処理するなら、無理も生じるし、解釈しきれない問題が、至るところに出てくるという趣旨のことを述べ[41]、そこから歴史の見かたにおける発展段階説（近代の典型は、唯物史観の発展段階説）とそれに対立するものとされる歴史観としての、文化人類学ないし民族学における「文化伝播説」について触れる。そしてこれらは歴史を考える場合には、二つの異なった側面を強調するものとして、どちらも歴史家にとって非常に傾聴に値する考えかただとしている[42]。そして外来思想についての二つの評価と、これら二つの歴史観とを結びつけて、つぎのような結論に導いている。以下の引用の最後の数行にとくに注目されたい。

このように外来思想というものは、単に水が高い所から低い所に流れるように移動する、しぜんとある土地に定着するというものではなく、高い思想であるが故に、低い思想しかない土地で威力を発揮するときまってはいないのであります。そのような思想をうけいれるだけの、主体的な条件が成熟することによって、初めて外来思想というものが、一定の国土において根を下ろすことが出来るものである、こういうことを注意する必要があると思います。その意味において、発展段階説が、やはり、基本的な考えかたとして妥当ではないか、というふうにも考えられるわけであります。

このことは、さらに一歩進めまして、外来思想が、その固有の論理をもって、移植された土地において発展するものではない、しばしば、うけいれられる側の主体的条件によって変容される、日本の metamorphose が行われるということをも意味します。外来思想が無力なものであって、日本の場合、つねに日本の固有の思想が圧倒的に日本人の意識を支配し、外来思想は、わずかにその表面を飾るのみであるという、さきに紹介いたしましたところのひとつの見かたは、この見地を極度に強調したものとみることができます。

わたくしは、そういう考えかたは甚だ一面的であるとは思いますけれども、しかし具体的に見てまいります時に、外来思想が、しばしば日本の伝統的なものの考えかたによって、著しくその本来の姿を変えていることが多い事実は、はっきりと認めなければならないと考えております[43]。

この後、家永は[44]仏教の無常観の例（本来の「無常」ということは日本的な感傷的な無常観とはよほど違うものだ）とか、あるいは明治中期からの西洋思想の例（たとえば木下尚江の思想遍歴）をあげて[45]、「日本人の多くは初めは外来思想を学びながら、やがてだんだんと伝統的思想への復帰を顕著にしていって、ついに日本本来の伝統的思想にたち戻ってしまう、という例はすくなくない」と述べている[46]。

このような家永の考察は、丸山の原型論――伝統思想が外来思想をそのバッソ・オスティナートのゆえに変型させていく――のところまでは踏みこんではいないが、①外来思想が受容の諸条件のあるところで受容され、②日本の固有の伝統思想によってメタモルフォーゼされていくと考えているかぎりで、両者の間には思考のかなりの共通性、そして接点があるように思われる。家永はいまこの点をどう考えているのであろうか？

2――両者の「憲法十七条」論の比較

さて2、3では、家永の「否定の論理」と丸山の「原型論」との関係を二つの歴史的事例――本節では聖徳太子の憲法十七条論――について見ていくが、その点に入るまえに、丸山の一九六三、六四年頃の「原型論」の内容を簡単にしろ見ておきたい。丸山がその東大法学部における日本政治思想史の講義において、「思考様式の原型（プロトタイプ）」を序章において、古代から中世、近世におよぶ通史を構成したのは、一九六四～六七年の四年間の連続講義においてである。ここでは六四年講義の第一章　思考様式の原型から、原型的世界像の部分を対象として、それを簡単に見ておきたい。丸山によれば、「原型とは、社会結合様式および政治的行動様式の原初的形態、ならびに神話・古代説話に現われた思考様式および価値意識（文化）をいう」と定義されている（六四年講義、四一頁）。あらゆる文化の発展は、外からの刺激と介入を通じておこなわれるが、しかし外からの文化刺激は、既存の文化のなかに、最小限度の受け入れ準備ができていなければ定着せず――これはわれわれが先に見た家永の諸論文においても強調されていたことである――、そして外からの文化刺激は、いわば受け入れられた瞬間に変形する。厳密にいえば、あらゆる〈外来文化の受容〉は、原物の歪曲であり誤解である（五〇頁）。

第二節の原型的世界像と価値体系のところで、原型的世界像――長期にわたって重畳する災厄観と罪観念を抽象し（五三～五九頁）、「原型における行動の価値基準」としてつぎの三つを摘出する。①集団的功利主義。善は自己の共同体に益になるもの、悪は自己の共同体に外から害を与えるもののこと。②

心情の純粋性。純粋な心情の発露は美しいものとして評価が高く、行動効果を考慮した行動は〝ズルイ〟とされがちである。

丸山は以上の二規準を、旧約の「十戒」や儒教の「五倫」とかの遵守とそれへの背反という規準と比較して、①はより多くの特殊主義的＝集団的性格をもち、②は、理性的・意思的よりもヨリ多く感情的・情動的次元に位置する。「原型」のかかる性格が、大陸から倫理的規範性の観念が移行してくるときのメタモルフォーゼを考察するさいに重要だとする。

第三の規準は、活動・作用の神化である。アニミズムから多神教への宗教意識の発展においては、超自然的な力の背後に、超自然的な力をもつ実体がタマ（精霊）として予想され、これが人格化あるいは物化されて神観念が生ずる（人格神と物神崇拝）のが一般的プロセスである（さらに多神間の相互連関についての問いから唯一神の観念が生れてくる）。ところが原型的思考では、活動作用そのものを〈本体よりも〉神化する傾向、タマが現象から分離されて呪術的克服ないし礼拝の対象となった後においても、それと並んで他方では、むしろタマのはたらきそのものが神聖視される傾向が強い（実例はこれと続く行文にある。圏点引用者）。

このような活動作用そのものに重点を置く見方が世界像に表現されて、世界像そのものが生成のオプティミズムに貫かれる。この点はつぎの五つの特徴に示される。

(i)自然的生産力による生成と成育が生の本質であり、同時に価値の本源である。土地の豊饒な生産力と人間の旺盛な生殖力の謳歌が祭儀の根幹とされる。

(ii)この基本価値としての生成・成長・生殖を促進する方向・作用活動が一般的に「よい」もの、逆にそれを阻害する方面が「わるい」ものという価値判断が生れる。
(iii)しかし、生成と生殖が死滅より優越することは、自然的・事実的傾向性と考えられ、それがそのまま肯定的価値となる。
(iv)第二の価値基準としての心情の純粋性も、こうした自然的時間の流れにおいて尊重される。
(v)第三の価値基準で述べた「いきほひ」の賛美（六二〜六三頁、参照）も、こうした関連で理解される。心情の純粋性の尊重は自然的時間の流れの尊重と関連し（自然的時間の傾向性が〝いきほひ〟にほかならぬ）、このような考え方とエネルギー活動の神化とが歴史の見方のなかに現われると、歴史の「いきほひ」、つまり時勢、天下の大勢といった観念となる。その思考のなかには、主体的な選択の態度は見出せない。

丸山の第一章思考様式の原型は、第三節として歴史像と政治観についての分析が続くが、ここでは、原型の価値意識と世界像が、歴史的世界にどのように表現され、政治的思考のパターンをどう規定しているかを考察している。丸山は、日本における神話の世界像とそれに規定された歴史観、より端的に時間像として、「現在の時間を同一線上に無限に延長したところに永遠を表象するもの」ととらえて、これをキリスト教的歴史観と対比し、日本の「原型」的思考では、永遠と現在は同一次元にあるとされ、各瞬間に永遠が宿るという考え方はない。このため瞬間を瞬間として享受するのみで、現在を積極的に意味づけ、肯定する契機は薄弱である。加えて、丸山は、原型的思考に現われた歴史観・時間像を、古代インド（輪廻的時間）、ユダヤ＝キリスト教（歴史的時間は神の計画の実現の場、目標をもち、われわれの実行の場では時間と永遠が瞬間において結びつき、十字型に交叉する）、そして古代中国（古代ギリシャ）と対照し、かつ「原型的」思考における時間像（自然的時間の経過そのものが歴史であるという歴史観を導出）が、中国、インド、ヨーロッパからの異質な歴史観を摂取したとき、それが「原型」として、前者をいかに変容・修正したかの具体例が、四点にわたって列挙されている（とくに(d)のマルクス主義歴史観の変容は興味深い(47)）。ついで、このような歴史像が社会行動へいかにアウトプットされたか、また政治行動へいかにアウトプットされたかが分析される（七三〜八一頁）。ここではそれらの詳細に立ち入る紙幅の余裕はない。

さてわれわれはすでに前節において、家永の一九三八年の「否定の論理の発達」論文において、家永が否定の対象として、「肯定的人生観と連続的世界観」をあげていることをみた。この点について、丸山がとくに異論を抱いたとは考えにくいが、他方、家永が三八年の前掲論文においても、またその後においても、丸山が六四年講義でおこなったような、伝統的思想の時間論——「基礎範疇としての永遠と時間」——を本格的に展開したことはなかったように思われる（家永の厖大な諸労作から彼の時間論を再構成することはあるいは可能であるかもしれないが）。そこでこの点の言及は、さしあたりここで打ち切って、本題である両者の聖徳太子の憲法十七条論の比較対照に入ることにしよう。

家永の聖徳太子論としては、多分その最初の論文として一九三八年九〜一〇月発表の「聖徳太子の浄土」があり、これは当該問題の史料三点を用いて、「太子の信仰せられた浄土が西方阿弥陀浄土と思われる点あること、然《しか》考えることが時代の大勢にも契合する所以を論証したものである(48)」。家永がその聖徳太子像をもっともコンパクトにまとめたのは、岩波書店『日本思想大系2　聖徳太子集』（一九七五年）においてであり、その論文「歴史上の人物としての聖徳太子」（四六三〜四七四頁）は、家永三郎集

第二巻　仏教思想史論にⅢの一として収録されている（引用等はこれによる）。また家永の憲法十七条論は、『日本思想体系2』所収の解説「憲法十七条」に示されている（四七五～四八三頁）。

家永の聖徳太子論は、技術的な根本史料とその批判など、素人の私の立ち入ることができない部分は除くとして、その思想とその思想の歴史的意義についての評価は、『日本思想史に於ける否定の論理の発達』の評価を継承していていちじるしく高い。

家永は太子の思想をほぼ三期に分けて考えているが、第三期、つまり、晩年の時期については、つぎのように評価する。かなり長い引用をおこなう。

> 第三期は、推古紀の係年によると、政治的活動の記事のほとんど載っていない晩年の時期である。おそらく太子はこの時期において、仏教の根本思想の理解に到達するとともに、もはや専制権力者としての政策遂行に情熱を注ぎ得なくなったのではなかろうか。（中略）はじめは為政者として政治的・文化的政策の一環として興隆をはかった仏教であったけれど、晩年の太子にとって造寺造仏のごとき外的事業に終始する現世信仰および現世の延長としての浄土往生を祈る仏教の魅力は消えて、「世間虚仮、唯仏是真」という仏教の原点ともいうべきもののみが胸中に刻印されて残ったのではなかったろうか。それは現実肯定・内在的世界観しか有しなかった日本人がはじめて否定を媒介とする世界の弁証法的構造に目を向けた画期的思想の表明であった（家永三郎『日本思想史に於ける否定の論理の発達』、本集第一巻所収）。しかしながら太子がこの原点に立ち、「諸悪莫作、諸善奉行」（「諸《もろもろ》の悪《あしきこと》な作《せ》そ。諸の善《よきわざ》奉行《おこな》へ」）を実践しようとするならば、専制国家最高の支配＝

収奪者としての摂政の地位にあることはもちろん、皇族という特権身分にあることに矛盾を自覚しなければならなかったはずである。太子の作と伝えられ、少なくとも七世紀の著作と認められる維摩経義疏の「国家事業為煩」、法華義疏の「不親近国王王子大臣官長。是驕慢縁」という考え方をとることとなしに「世間虚仮、唯仏是真」の立言はあり得ないからである。推古紀の係年を大略信用するとして、晩年を政治的活動の空白期とみるならば、権力者としての行動をほとんど放擲して孤立した一知識人と化したかのように見える太子も、釈迦が王城を棄てたように斑鳩宮を棄てることも、支配＝収奪者の地位を棄てることもしないままに世を去った。私は太子の思想は太子の生涯の中で完成されることなく、男山背大兄王にいたってはじめて完成されたと考える。

推古の死後、山背が皇位継承者として有利な条件をもちながら、蘇我蝦夷が田村王を推すのを見てあえて争わずして田村の即位を容認したという舒明紀の所伝と、蝦夷の子入鹿が太子の一族を忌み、六四三年軍兵を遣して斑鳩宮を襲撃させたとき、東国に赴き乳部による軍を編成して反撃しようとの献策をしりぞけ、「吾、兵を起して入鹿を伐たば、其の勝たむこと定《うつむな》し。然るに一つの身の故に由りて、百姓を残《やぶ》り害《そこな》はむことを欲《ほ》りせじ。是を以て、吾が一つの身をば、入鹿に賜ふ」と言って、妻子とともに自殺したという皇極紀の所伝は、これを事実とするならば、ひとり君主の地位を放棄するに吝でなかったにとどまらず、生命を捨てて人民の罹災を防止するをあえてしているのであり、人民のために捨身の行を実践したものと言うべく、まさしく父太子の遺誡に示された仏教の本義を色読したものと見なされるのではなかろうか。階級的歴史的制約のために、山背王の捨身は、外的には権力争奪戦の中での消極的自己否定に終ったとはいうものの、その行為の精神的本質は、比較思想論的にあえて言えば、「己が生命《いのち》を救わんと思う者はこれを失い、我がためまた福音のために己が生命を失う者はこれを救わん」（マルコ伝八章）というキリスト教の福音とも実質的に揆を一にするものがある。太子の完成できなかった思想的境地は、皇位ばかりでなく生命までをも人民のために進んで棄てた山背王の死という実践において完成された、と私は考えたいのである。もちろん、このような思想は、太子から山背王という限定された人物間の孤立した思想として、日本思想史上に閃光のように現われてたちまち消えうせたとはいうものの、「世間虚仮、唯仏是真」「諸悪莫作、諸善奉行」の二つの遺語を組み合せて構成される太子の宗教的実践的世界観が、やがて十三世紀の鎌倉新仏教に、十九世紀から二十世紀の内村鑑三・柏木義円・木下尚江らのキリスト者に、いっそう高次の形で再現したのを見るとき、日本における理論的哲学思想史の冒頭に立つ太子の意義は、決して軽視を許さないものがあるのではなかろうか(49)。

実は一九七五年時点の家永のこのような評価は、管見のかぎりでは、最近のものに属する研究の一つ、すなわち、吉村武彦『聖徳太子』（岩波新書、二〇〇二年）においても、「厩戸王子の思想に対する基本的な把え方としては、家永さんの解釈でいいだろう」と肯定されている(50)。

つぎに家永の「憲法十七条」の解説と評価であるが、その特色は、私見によれば、二点ある。一つは、憲法十七条には、儒家・法家・道家等の中国古典からの直接間接の語句の借用のほかに、仏教の思想が、色濃く流れていることが強調されており、それは「日本最初の理論的思想著作として画期的意義を有する」ことが強調されている点である(51)。憲法十七条を流れる内在的精神について、その根底にあるのは仏教思想であることを説いたのは、仏教家の護教的讃迎論はとれぬとしても、実は宣長の学問を近代的な思想史学として再生産した（ヨーロッパ文献学と統合して）村岡典嗣の「憲法十七条の研究」（『日本思想史上の諸問題』創文社、一九五七年所収、七～七一頁。とくに、六三頁参照）がそうであり、家永は（そして後に見るように丸山も）この点では、村岡の見解を引きついでいるといってよい。

もう一つ家永の解釈の注目すべき点は、憲法十七条は、大臣とならぶ最高権力者摂政聖徳太子の専制君主哲学の表示であり、かつその内容は、どこまでも、朝廷の臣僚に示した政治的規範であって、個人的修徳や魂の救済を論じた著作ではなく、仏教もここでは為政者の公的行為を規正する政治道徳として援用された色彩が濃いことの指摘である。当時氏姓階級が土地人民を世襲的に支配収奪し、オオキミは増加しつつあるがなお僅少の直轄地民を除けば氏姓階級の上に立つのみで人民とは間接の支配被支配関係しかもたない状態下で、皇室による人民の直接支配、氏姓階級の固有の世襲的支配権のオオキミの任命する官職への転化、という方向が、具体的な政治理想として強く主張されている。

六世紀のいまだオオキミが諸豪族の統合者にすぎなかった時期には、皇室の諸豪族支配の正当化がなされれば足りたから、人民の登場する場面は必要がなかった。これに対し、人民の直接支配を志向する憲法十七条では、豪族の官僚化と並行して、人民支配の原理が大きくクローズアップされ、君主即国家にとどまらぬ、人民を含む「天下」の観念が導入せられるのを必須とする（第五条、第十二条、第十六条等）。そこには新しい「国家」の概念を見出し得、（その愛民思想はおよそ民主主義と異質であるが）政治が支配層内部の支配関係にとどまらぬ、全人民を対象とする支配の作用までも包含するという語の本来の意義において体系的に表現されたのは、憲法十七条を以って嚆矢とすべきであって、ここにその

日本思想史に占める第一の意義があるとしている点である。(52)

つぎにこれらの点についての丸山の評価に移ろう。丸山の聖徳太子理解と憲法十七条観は、さしあたり、講義録〔第四冊〕第四章　王法と仏法の第一節　十七条憲法における統治の倫理（一四八～一六四頁）に見ることができる。この章の初期仏教思想の参考書の冒頭に家永の『上代仏教思想史研究』（一九四二）畝傍書房、および『中世仏教思想史研究』（一九四七）法蔵館があげられていることに注目しておきたい。(53)丸山は（自らの聖徳太子像を直接には語っていないが）その十七条憲法理解は、基本的に家永のそれと一致する、と私は考える。第一に、丸山はそれを「聖徳太子という卓越した思想家の手になる一個の『抽象的』な、それ自体として完結し、独立した作品であり、古代日本の持った最初の一般的政治学説《ドクトリン》と呼ぶに値する」（講義録、一四八頁）と述べる。

第二に丸山はこの点も家永と一致するが、十七条憲法において儒教を中核とする諸々の大陸思想に有機的統一を与えている思想的根底は、ここでは太子によって理解された世界宗教としての仏教であり、それはその後の日本仏教史を貫く特色をなす「習合」（シンクレティズム）の伝統からの顕著な例外をなす、「日本思想史上にもっとも早く現われた狭義の思想的作品であ」り、その基底の精神は、自然と人間世界を超越した聖なるものとしての『絶対者の自覚』ということである（同右、一四九～一五〇頁。圏点、原文）。「ここにはじめて、日本の国家は、したがってその統治者は絶対者にたいして、相対的なるものとして、普遍者にたいして特殊的・個別的なるものとして明確に自己を限定し、そうした自己限定のうえに立ってあらためて、そうした絶対的普遍者から、統治権と統治機能の義認を仰ぐことを学んだのである。」（一五〇頁）その後の文章で、丸山は、「超越的絶対者としての〝聖〟なるものの自覚が、儒教的規範主義からのさらに質的な飛躍を意味する」理由を詳細に説明している（一五一～一五四頁）[54]。

またそれに続く頁においては十七条憲法の、「超越的に聖なる絶対者の自覚を直接的に表現する第二条。あるいは有名な第一条「和《やわらぎ》を以て貴しと為せ」の思想の分析。和の強調を第十条（念《こころのいかり》を絶ち、瞋《おもてのいかり》を棄て、心の違《たが》ふを怒らざれにはじまる条）と関係づけて、そこに流れている普遍主義的論理の析出をおこなっている。そしてこの第十条の最後の一節「我独り得たりと雖も、衆に従ひて同じく挙《おこな》へ」を、和のイデーの宗教的次元までの深化――普遍的罪意識を媒介としてエゴが相対化され、エゴが相対的なるがゆえに、他のエゴに対する寛容（tolerance）が導出される――の表現を見ており、さらにそれを第十七条の「衆議による眞理への接近という理念」に接続するという解釈（丸山によれば第十七条は直接的典拠がなく、作者＝聖徳のオリジナルな理念とされる）を提示している。丸山の十七条憲法の解釈は、その他にも第五条、第十二条、第十六条のそれを含めて、まことに深く、興味深い。そして、以下のような憲法評価のまとめと、晩年の聖徳の脱政治化の指摘は、家永のさきの評価と基本的に一致する。

〈要するに十七条憲法においては、第一に、地上の権威が普遍的真理・規範に従属すべきであるという意識、第二に、自然的・直接的人間関係と公的な組織とを区別する意識、第三に、政策の決定および施行過程における普遍的な正義の理念の強調、という点において、「原型」から飛躍的に高度な政治理念へと到達した。もちろんそれは当時の政治的現実からは遊離した理念であった。聖徳太子は摂政にもかかわらず、内政面においては必ずしも強力な位置にはなく、冠位十二階の制定、隋帝国との外交に成果をあげてはいたが、日増しに強大になる蘇我馬子の勢力の前に手をこまねいていた。氏姓国家の矛盾と腐敗が手の施しようもなく深刻化していく時代、晩年の太子は政治的諦観へ退いていったと考えられる。〉晩年の聖徳太子における脱政治化。(55)

3——両者の鎌倉仏教論—親鸞評価を中心に—の比較

まず家永の鎌倉仏教評価のうち、親鸞（一一七三—一二六二）については、代表的なもの五点を執筆順にあげ、道元（一二〇〇—五三）、日蓮（一二二二—八二）については、代表的な文献一点ずつをあげ、親鸞評価との関連で見ておこう。家永の親鸞論の主要なものは、以下の通り。(56)

① 「親鸞の宗教の成立に関する思想史的考察」（一九四七年一月）
② 「親鸞の生涯」（一九四九年一一月）
③ 「親鸞の宗教の社会的基礎」（一九五〇年八月）
④ 「親鸞の念仏」（一九五三年一月）
⑤ 「歴史上の人物としての親鸞」（一九七五年九月）

代表的な道元、日蓮研究は以下の通り。

「道元の宗教の歴史的性格」（一九四四年七月）
「日蓮の宗教の成立に関する思想史的考察」（一九四四年二月）

親鸞研究の①は、親鸞の宗教の核心をなす五つの思想（悪人正機説とそれと関連する在家往生の思想、化土往生説、信心為本説、大信大行説、久遠弥陀説）――それらがその師法然（一一三三―一二一二）の教学に於てはまだ存在しなかった新要素の主たるものである――を摘出し、それがいかなる淵源に由来するかを追及した専門論文であり、その結論は、以下のようなある意味では、常識的なものである。

今その結果知られた処のことを一言に要約して云ふならば、「所謂新仏教の随一として数へられる親鸞の宗教も畢竟平安期の往生信仰のおのづからなる展開に最後の帰結を与へたものに過ぎないこと、従つてその母胎となつた法然についても勿論親鸞以上に前代の伝統と切り離し難い密接の関係にある、と云ふ事実がいよ〳〵明に確かめられたのである。こゝに於てか鎌倉新仏教に対する従来の考へ方には種々再考を要することが生じて来るのではなからうか。法然や親鸞の信仰は確に平安仏教に見られない新しい要素にみちてゐた。それは平安と鎌倉との時代を分つたあの大きな歴史的変動を俟つて始めて齎されたる国民的体験の結晶と云ふべく、その限り彼等の宗教が新仏教の名に値することは疑を挿む余地をもたない。けれども又、その「新」なる一面を過重視する余り前代の信仰の順当なる展開と云ふ一層基本的な歴史的聯関を見失ふことは厳に警戒しなければならないであらう。（後略）[57]」

親鸞研究の②は、「学問的に確認された限りにおける」という限定のついた親鸞の生涯についての研究であるが、一　世系（上、出自）、二　法系、三　世系（下、妻子）、四　教団、五　著作、六　為人、七　往生、附　後世の親鸞解釈（評価されているもの、木下尚江『法然と親鸞』（明治四四年）、清澤満之（明治三六年死）、田辺元『懺悔道としての哲学』（昭和二一年など）とコンパクトな整理がなされている。

親鸞研究の③論文は、服部之総の「親鸞ノート」（一九五〇）における親鸞の社会的基盤を『領家・地頭・君主』に対立する意味での『百姓』層に求める見解に対して、親鸞の特殊状況下の発言をもって全般を論ずる論理的誤診を犯しているのではないかと疑問を呈し、親鸞の悪人正因説は、彼の個人的体験に加えて、悪人の自覚と往生信仰との結びつきは、武士階級の宗教生活の展開過程のうちに成長したのであったから、むしろそれは、武士階級を社会的基盤として形成されたものであることを認めねばならぬ（もちろん彼の宗教の形成過程は、武士階級以外のものが加わっていることを否定する趣旨ではない。末法思想を執持していた彼が貴族・武士・農民のいずれの階級とも交渉をもたざるをえなかったであろう）と主張するものである。[58]

第四論文「親鸞の念仏」。この論文の副題は「親鸞の宗教の歴史的限界」であるが、私見ではこの論文が、家永の親鸞研究の中で、もっとも独創的で、研究史上もっとも重要な論文の一つである。ここで著者は、源信の念仏は「観念の念仏」であり、法然の念仏は「口称の念仏」であり、「親鸞の巳證は信の念仏を樹立したにあった」とのべる。この念仏の展開過程は、浄土教の内面化・易行化の経路を意味し、宗教としての本質的なものに肉迫して行く過程として、重要な意義があるが、しかしその発展過程にも、論理的に重大な歪曲、不徹底があったことを正確に看取する必要があるという。法然が観念の念仏を捨てて口称を専らとすべきことと説いたのは、観念の貴族的性質に耐え得られない庶民の要求に応えるためであった。しかし口称の念仏が、『日課念仏六万遍』というようなものでは、生業の営みに忙殺される民衆の福音としては適当なものとはいえなかった。そこで親鸞は「往生浄土のみちは信心をさきとす」とし、「決定の信心をもて一念」すれば足りるとなす信心為本の立場に到達し、進んでその信心を衆生の自発によるものではなく、如来の廻向に基づくもの、「如来よりたまはりたる信心」としたことは、浄土教の思想的展開に大きな飛躍を加えるものであった。「けれども、それだけで問題は解決しなかった。他力廻向の信心によって、正定聚の位に定まることが、末法濁世の穢悪の群生のためにこよなき福音であるにもせよ、その信心は具体的にどのような方法で衆生に廻向され、不信の徒の心中に『金剛の信念』を生起せしめるのか、その過程は、少しも明かにされていない。(59)」津田左右吉が、親鸞の思想の難点としてこの点を衝き、(60)親鸞自身も、自筆の著述では、「一念の信がどうして起るか」の疑問を回避して理論的に一応割り切ったところだけ見せているが、折にふれてわき上がってくる疑問を抑えることができなかったにちがいない。(61)歎異抄第九章に見える唯園との問答（岩波文庫版では五四〜五六頁）は、親鸞のそうした思想的苦悶を示している。親鸞においては、自己の煩悩を直視し、自己の罪深きことを直視するのが大悲大願を信じ得るための唯一の活路であるという意味で、むしろ「念罪」の教の名にふさわしい立場が成立しているとみることができる。(62)けれども親鸞はその実践の体験を通じてそこまで到達しながら、「これを教義の形で組織し、説教の形で同行に開示するに当って、その方向を直進して行くことができなかった。」彼は念仏よりも「念罪」こそ末代凡夫相応の行であることを感知しながら、「悪人正因説をその教義組織に組み入れることとしないで、かえって信心のために役立たなかった念仏行を活かすために、これをも如来よりの廻施とする大行説を案出して、行と信とを並列するの挙に出でた(63)」。つまり、親鸞の思想の歴史的限界とは、——「すべて信心をもたらすものは、われわれの日常の罪ふかき生活以外にない……これほど確かなる救ひの道をよそにして、念仏と云ふ因襲的行儀のみに信仰を託さうとしたこと」、もっと端的には「念仏行への執着」、これが親鸞のような宗教的天才といえどもなお乗り越えることのできない伝統の制約であり、「致命的欹陥」であった。[64]「親鸞はどこまでも十三世紀の人物であり、封建前期荘園社会の鉄の枠〔ウェーバー想起―田口〕の中にうごめく中世人に過ぎなかった。如何に獨創的でも、それは仏教という根本の制約を破らない範囲の中だけの獨創にとどまる。体験は彼れに経典に自由な解釈の餘地のあることを教えたが、経典そのものから自由になることまでは考え及ばなかったのである。[65]」結語は以下のごとし。「親鸞は念仏の教を媒介としてその偉大な宗教を樹立したのであるが、同時に念仏は親鸞にとって『躓きの石』でもあった。親鸞の思想を正しくとらえようとするかぎり、何人もまづ思ひをここに致さなければならないであらう。[66]」家永のこの親鸞の限界批判を「陳腐」と見る研究者もいる（いた）かもしれない。しかし私の見るところでは、それは『否定の論理の発達』いらいの家永の多年の親鸞研究――彼を日本思想史上の聖徳太子につぐ否定の論理の天才的提起者として高い評価を与えてきた――の歴史的かつ論理内在的批判として学問的に高く評価すべきものである。

論文⑤の「歴史上の人物としての親鸞」は、第四論文から十数年後に、その間の学界および家永自身の研究の進展をも吸収して執筆した（旧論文の補正をも含む）家永の親鸞研究の決定版であり、その第三節の日本思想史上における親鸞の思想の意義は、『否定の論理の発達』の評価を再確認するとともに、そのおわりの部分で、加藤周一「親鸞―一三世紀思想の一面―」（『日本文化研究』8）の「彼の体系には業報の強調があって、自由意志の要素が欠けていた。（中略）宗教的な現世否定の論理があっても、人間的な世界への倫理の内面化が行われなかったのは、その意味で当然であろう。（中略）これは一三世紀以降、日本思想史上に、再び超越的な思想のあらわれることがなかったという事実の、いちばん深い理由だろうと思われる。」という批判を、肯定的に引いていることは興味深い(67)。

さて、家永の「道元の宗教の歴史的性格」と「日蓮の宗教の成立に関する思想史的考察」の二本は、親鸞①文献と三部作をなす研究であるが、道元論、日蓮論をそれぞれ紹介・コメントする紙幅の余裕もないので、日蓮論の末尾の文章を引用することによって、しめくくりたいと思う。

かくして我々は所謂鎌倉の新仏教に凡そ三の異つた立場のあることを最後に結論として提示しておきたい。その第一は念仏宗である。それは平安時代の浄土信仰が末期の社会的変動を通じて認識せられた人間的危機の克服を果すため著しく徹底且純化された形をとり、天台真言から完全に独立した新信仰を築き上げたもの、つまり何処迄も旧仏教とは異る道筋を辿る一系の思想が時代的国民的体験を通過することによつて新時代の要求に即した形態に達したものと規定することが出来る。第二に日蓮や高弁、貞慶等の宗教であつて、旧仏教の継承者たる立場に立ちながら著しく新時代的要素を加へたもの。唯その新時代的要素が念仏宗からの影響と云ふ間接的作用に俟ち、しかも旧仏教的要素が濃厚に残つてゐて全体として頗る雑駁又は煩多な内容をもつ処に特色がある。第三は禅宗であつて、殆ど前代の宗教的伝統と関係なく、「入宋伝法」と云ふ形で外から唐突に我が宗教界に挿入されたもの、そこには第一者が直接に、第二者が第一者を介して間接に立宗の動機とした例の国民的体験と何等思想的聯関なく、従つて我が仏教界に全く新しい一系を附加したものと云ふべきであろう。鎌倉の新仏教に関する如何なる見解も必ずやこの三の基本的立場の識別の上に樹立せられなければならない[68]。

さて、鎌倉仏教に関して、丸山サイドの労作としてとりあげるのは、講義録〔第四冊〕日本政治思想史1964の第五章　鎌倉仏教における宗教行動の変革である。そこにおける丸山の見解を、すでに見た家永の議論との関連で検討し、かつ本稿の全体としてのテーマである家永の「否定の論理」と丸山の「原型論」との対照という点についても、なんらかの見通しをえたいということである。

丸山においても、家永におけると同じように、親鸞・道元・日蓮などに代表される鎌倉新仏教の思想的著作は、日本思想史の上で他に類比を見ないほど独創的なものであっただけでなく、そこに流れる体験の深さ、情操の豊かさ、論理の透徹さは彼らをして優に世界の第一級の思想家に位せしめるに足りる。むしろそれがいずれも十三世紀初頭の産物であったことは驚異というに近い（一三一頁）と高く評価している。またこの三人の思想家について、親鸞については、宗教的Gemuet〔情操〕の豊かさ、内面性を純粋化した人格信仰、道元については哲学的論理の透徹さ、修業の純粋化した実践信仰、日蓮については、予言者的実践の強烈さ、経典を純粋化した経典信仰という対照（一三一〜一三二頁）を行っていて、この点について、家永との基本的違いはないと思われる（用いられている概念と用語の違いはおく）[69]。つぎに、丸山の「絶対他力信仰による非呪術化――親鸞」の分析であるが、親鸞の学説の、(i)悪人正機説→比岸的価値の完全な顚倒、(ii)恩恵的利他主義の否定。「絶対者の前にただ一人で直面する。仏を仰ぐことでなく、自己の煩悩罪業を内省すること、それが絶望的に深まったときに、はじめて救われていることのよろこびが自覚される。(iii)まさにその自覚からして、万人救済への連帯意識が生れる。万人の往生へ。(iv)在家仏教の思想的深化、(v)まず信仰であって、まず業績ではない(内面化)。念仏行さえも信仰に従属する。(vi)しかもその信念の発起それ自体が、主観の側からの行動ではなく、絶対者によって普遍的・客観的に確定された救済の本願によって光被された結果(如来の廻向)である(大行大信説)。(vii)雑信・余行の否定=呪術的祈禱行為からの徹底した解放〔Entzauberung〕。(viii)権力と世俗道徳からの自律という整理は(二三九〜二四四頁)、さきに引用した家永の整理と基本的に異なるところはない。

丸山の親鸞論の特色は、親鸞思想の社会的意味連関の指摘、とくに後述の第二の含意にかかわる後半部分の指摘は、家永も浄土真宗の教団的発展がいかに親鸞の思想から遠ざかっていたかは再三強調してはいるが、政治学者丸山ならではの独自の解釈といってよいのではないか。また、第三の指摘の最後の節は、ウェーバーの宗教社会学に通暁していた丸山ならではの、鋭い、重要な示唆であろう。まずその第一の含意は、以下のごとし。

「親鸞の思想の社会的 implication〔意味連関〕〔として言えば、彼の〕第一の関心は万人の彼岸における救済にあるのであるから、政治権力にたいする批判の重点は、直接的に権力にたいする闘争にあるのではない。むしろルッテル〔=ルター〕の受動的服従と通ずる(non-political な態度で、anti-political ではない)。しかしそこには重要な意味がある。第一に、信仰にたいする俗権の弾圧を拒否する原則(内面性を侵すべからず)はいつも貫かれている。威武も屈する能わずという精神の自立。〔政治的〕闘争によって俗権と同じ次元に自分をおくことを避ける。現実の勝敗によって精神が、物理的権力には物理的に屈しても精神はまげない（勝ち負け思想〔からの離脱〕）。〈しかし実際には、本願寺教団はのちに原型的思考方法と融合し、物理的力で負けてしまうと、精神的にも屈服する結果になってしまう。〉」

「第二に、親鸞の提示した信仰共同体としての同朋団の思想は、政治的価値と別の価値次元に依拠した、自発的小集団 voluntary association の思想である。国家と社会の二元性はこの思想の上にのみ確保される。これがなければ、社会と文化は政治体系のなかに姿を没してしまう。〈政治的価値に依拠した小集団は国家の相似形となる。〉このことがどんなに大きな思想的意味をもつかは、戦国時代以後の日本史のなかで明らかになる。」（二五〇頁）

後述のように浄土真宗の教団的発展がいかに親鸞の思想から遠ざかってゆく過程であったとはいえ、〈その自発的小集団が膨大な本願寺教団に発展したこと自体、親鸞の本来の考え方からすれば変質と堕落であったにもかかわらず、俗権と教権の二元性の立場を貫き、最後まで俗権に抵抗した教団は他になく、〉少くも室町末期から戦国にかけての、ヨーロッパの近世初期の農民戦争にも比較できるような大規模な農民一揆を組織化できたのが、浄土真宗だけであったということは〈ヨリ小規模少数の法華一揆を除く〉、下層農民に依拠した自発的集団というその初期のパターンが内包する巨大な社会的・政治的可能性を暗示している。」

「第三に、世間内的な「聖」化の実践論理（世俗内的超越）。

阿弥陀仏が人格神的な絶対者であり、同時に救済者であるという性格を帯び、とくに衆生の平等な救済という還相の面が強調されたことによって、自己ひとりの救済から出発する絶対他力の信仰は、不可避的に、無限の仏御報謝のための他者への働きかけ、しかもhorizontal〔水平的〕な性格をもった実践行動への不断・無限のDrang〔衝迫〕となって現われる。〈本願寺教団の頂点に立った蓮如が「自分は門徒にもたれかかっている」とくりかえし強調し、またその精神を末寺に指示したのは、こうした伝統から来ている。〉他者への伝道自体が、自力でなく弥陀のはからいだから、これでよしという自己満足はありえない。

「他力の信をえんひとは　仏恩報ぜんためにとて　如来二種の廻向を　十方にひとしくひろむべし。」（「正像末浄土和讃」）

→自己の罪悪感に不断に媒介されるから、上からの慈善でなく、horizontalな伝道となる。

在家主義がEntzauberung〔脱呪術化〕〈反呪術主義〉によって随伴されるときは、自他の生活態度を合理的に改造してゆく力となる。〈〔そこからは〕situationalな行動様式は生じず、その代り生活の方法的統一性を生み出す力となる。〉（〈マックス・ウェーバーのいうような意味で〉比較的にプロテスタンティズムの開放的連帯意識の形成と、世俗内職業倫理の確立の論理に接近する。〉」（二五一～二五二頁）

丸山の道元論（二五二～二六〇頁）、日蓮論（二六〇～二七〇頁）については、ここでは紙幅の都合で省略せざるをえないが、道元論では、道元と親鸞がまったく反対の立場に立ちながら、基底にひそむ根本的動機づけとそこから打ち出される宗教的行動に着目すると、驚くほど両者の間には逆方向からの一致が見出されるという考察（二五五〜二六〇頁）は、重要であるし、日蓮論においては、鎌倉新仏教に共通する宗教態度が五点にわたって摘出され（二六五〜二六七頁）、「日蓮の普遍主義が親鸞や道元に比べると、論理的徹底性を欠いていたところから、かえって伝統的な鎮護国家論よりなお日本至上主義的な側面を持った」という指摘も重要だが、以上二点は家永の考察と径庭はないといってよかろう。

ところで丸山の鎌倉仏教についての考察にかかわる章（第五章）で、もっとも丸山のオリジナリティが発揮されているのは、私見によれば、四　屈折と妥協の諸相の節である。まず、原型の制約〈再抬頭〉は宗派による強弱はあるが、次のような側面に見られる、と整理されている。

①呪術的傾向の再浸透。

②これと関連する神仏習合、祖霊・地霊信仰との抱合、教義上のシンクレティズム傾向。

③教団組織の particularistic な性格の再現（濃化）。この点で開祖の精神とほとんど対蹠的な発展を遂げた浄土真宗（「法脈」の「血脈」への統合）。

④王権（俗権）との再癒着。

⑤聖価値の審美的価値への埋没。それは同時に遁世・閑居の伝統にもつながる。五山文学、和歌、連歌、能楽と謡曲、花道、水墨画、庭園芸術、茶道。(70)

ところで、宗教的信仰が人間の全生活態度を積極的に規定していくという点から見て、日本仏教がなにゆえに「原型」からの質的飛躍を歴史的に持続させるだけの力をもちえず、屈折と妥協の跡をとどめねばならなかったか。そこには、仏教そのものの一般的性格という面からと、日本的な特殊性という面からと、の二つの側面からの考察が必要であろう、という。そして前の問題については、仏教を、たとえばキリスト教と比べて、両者の宗教行動における一般的な相違が、それぞれの世間的生活態度、したがって政治行動のパターンの一般的なちがいをいかに生み出したかという問題が考えられる（二七六～二七九頁）。

丸山は「仏教哲学はキリスト教神学とは異って絶対者としての唯一人格神と人間との関係（religio＝結び）を中心として構成せられた（神中心ないし人間中心の）救済宗教ではなく、根本的に『空』の直観をめざす汎神論ないし汎心論である」（以下2節略。二七九頁）とのべている。(71)

しかしやはり、根本的な宗教思想のちがいが社会行動の面においても現われないではいないのであって、その意味でマックス・ウェーバーが、キリスト教と仏教とを同じく現世拒否の救済宗教として、儒教と対比させて同列におきながらも、前者を生活態度から見て（禁欲的清教主義〔ピューリタニズム〕において典型的に表現されるような）俗世を不断に合理化する方向への実践に動機づけるタイプとして、後者を俗世逃避（隠遁）へ動機づけるタイプとして分ったのは、巨視的考察としては誤りではなかったし、歴史的傾向性としてもその通りであった。

これは人格神宗教・対・汎神論宗教という神観（絶対者観）の相違から発するだけでなく、さらに仏教がバラモン教の発展であるのに対して、キリスト教が古代ユダヤ教の発展であり、「義の神」としてのエホバの本来的性格がキリストを媒介として、愛の神としての側面が加えられた〈裁きの神と恩寵の神〉、というところからも来ている。神が人間に対する峻厳な倫理的義務を課し、その背反に対して、永劫にして最終的な審判を下すこと、しかもその義務遂行のチャンスは、人間がこの世に生れて死ぬまでの間のたた一度かぎりしか与えられないというところから来る〔キリスト教的な〕人格的責任の考え方は、霊魂の不滅を説かず、かえって、輪廻転生の宿命的循環を基底とし、その宿命を宿命と観じて老生不死の一切の煩悩への執着を絶つことを〃解脱〃とする仏教からは、純粋に思想内在的には出てこない。そのかわりに、とくに大乗以後の仏教では、衆生とは人間のみならず一切の有情、さらに山川草木にまで及ぶ観念であるから、救済の対象ははるかに包括的・無限定的である。〈これにたいしてキリスト教は人間中心主義であり、救済の対象は人間に限定される。〉反面からいえばまさにその汎神論的包括性こそが衆生の恩と報恩の観念自体を、人間の歴史的実践の場から無限に拡散させてしまうのである。

いかなる絶対者を追求する普遍宗教も、人間の世間的な営為と交錯することによって、世間的な価値との通路の断絶か、さもなくば世俗への限界のない妥協かという二律背反に直面してきた〔政治的に見れば、聖なる権威と俗権との関係づけの問題〕。けれども仏教は右のような本来的性格に規定されて〈上に述べた根本教理からして、とくにこの二者択一性がつよい。すなわち〉、純粋化すれば世間的なるものへの浸透力を失い（これと断絶し）、さもなければ世間的価値と権威との境界を無限に曖昧にし、いずれにしても伝統的生活態度を変革させてゆく力には乏しいことは争えない。もちろんこれは一般的傾向性の問題である。〈この矛盾は、根本的には仏教の問題だけではない。〉

そうして日本仏教の場合には、「原型」的生活様式と生活感情の持続性という要因に規定された

ことによって、生活態度との連関性という問題はさらに特殊の着色を帯びることになる。（以下略）」（二七九～二八一頁）

ここで「原型」的生活様式ないし生活感情の特殊性といわれているのは、簡単にいえば、そこで通用している倫理が集合倫理＝共同体倫理であるため（「仁義」「義理」から「国家」への義務まで）、即自的な家族・世間や集団への精神的もたれかかりを自分の内面において断つこと自体が、「原型」的意識では倫理無視と受けとめられる。つまり、直接的人間関係を絶つことが人間への愛の基礎だというキリスト教の倫理（神への愛を基本とする隣人愛から普遍的人類愛へ）とは逆なのである。

簡単なむすび

われわれはさきに家永の「日本人の思想としての仏教とキリスト教」（初出、一九八三年一二月）に言及し、そこで家永が、仏教とキリスト教と近代社会思想、とくに日本人にとっての仏教とキリスト教の統一可能性について、田辺元、清澤満之、滝沢克己の所説を引用しつつ論じていた。それに対して、前節の末尾におけるキリスト教と仏教の対比を念頭においての丸山の議論は、家永のそれに対して直接に肯定も否定も与えるものではないが、両者の議論には微妙なニュアンスのちがいが感じられる。

本書のテーマである家永の「否定の論理」と丸山の「原型」の議論は、時期的にいえば、前者がはるかに先行し、丸山も家永の議論の重要性を認めていたように思われるが、論理的にいえば、後になって提起された丸山の「原型」論に対して、家永の「否定の論理」が一定の解答をあらかじめ準備していたという連関になる。またこの二つの議論の関連をさぐる意味で、思想史上の考察の対象とした聖徳太子の憲法十七条と鎌倉仏教、とくに親鸞研究という点でいえば、家永にとっては、それは『否定の論理』、『上代仏教思想史研究』、『中世仏教思想史研究』など、十五年戦争の時期から戦後の比較的早い時期（一九三七年頃から一九五三年頃までに）に集中的にものされた卓抜した労作群であるのに対して、丸山がこれらのテーマについて講義その他の出版物で自らの見解を表明しだすのは、一九五〇年末から六〇年代の初頭を経て七二年くらいまで[72]、講義では六三年度六四年度（出版は丸山死後二年の九八年九月）であって、これらの歴史的研究でも家永がはるかに先行していた。丸山が、右の問題を論じるに当って、家永の労作が重要な先行業績として参照されていたであろうことは、すでに見たところである。

さて第二節第三節の両者の研究の比較を通じて、私は家永の業績については、第三節で論じた家永の親鸞の宗教の歴史的限界論に大きな研究史上の意義を認め（丸山はこの論点について直接には触れていないようである）、また丸山の六四年度講義第五章については、ともに現世拒否の救済宗教としての仏教とキリスト教の対照論、および仏教の宗教論としての本質論ともかかわっての、日本の鎌倉時代の新仏教思想の「原型」への屈伏ないしそれを突破する能力の欠如論に注目した。私はこの問題についての家永の現時点での見解を可能なら知りたいと思う。しかし、それはともあれ、「原型」と「否定の論理」のせめぎ合い、それにどう結着をつけるかは、いまなお進行中の、私を含めた日本の学問上・実践上の「同朋」ないし「同行」の共通の課題であり、現今における日本の思想（史）的課題でもある。私たちは、丸山眞男と家永三郎という二十世紀の二人の傑出した日本思想史家、思想家の問題提起と遺志を継承して、人格の内面的自律性の確立と普遍主義的な価値意識の樹立のために努力しなければならない。

注

(1)『家永三郎集』の編集委員の一人で、第一巻 思想史論の解題を書いている鹿野政直は、家永と丸山の思想史の対蹠性と同質性をつぎのように見ている。「著者(家永)は今日、日本思想史を通観しうる稀有の研究者であるが、すでにこの作品(『日本思想史に於ける否定の論理の発達』)で、太古から近代へと視野を繰りひろげている。本巻(第一巻)所収の「日本思想史に於ける宗教的自然観の展開」や「日本思想史における外来思想の受容の問題」にも、同様の問題の立てかたと視野がある。その結果としてこれらの作品は、歴史的変遷を跡づけながらも、それらを貫通する思想の日本的特色を剔抉するという性格を色濃くもつに至った(注―略)。すなわち時代にたいして、それぞれもう一つの日本文化論を提出しているのである。同時にそれらの作品で著者は、さまざまの人物を繰りだしつつも、考察を彼ら個人に収斂させることなく、彼らをとおしてその背後の「国民思想」「国民精神」をみようとする方法を確立していた。

そうしてその思想史は、必然的に倫理思想史としての特色を帯びた。同世代として屹立する二人の思想家=思想史家、丸山眞男と家永三郎は、前者が政治思想史から出発したがゆえに倫理思想と切り結ばざるをえなくなったように、後者は倫理思想から出発したがゆえに政治思想を問わざるをえなくなったという、対蹠性と同質性をたぶん帯びている。」(家永三郎集第一巻、岩波書店、一九九七年、三四三～三四四頁)

(2) この間の事情および両者の交流についての家永側からの言及は、「思想家としての丸山眞男」「丸山眞男氏を偲ぶ会での書面による弔辞」、「丸山眞男君の逝去を悼む」(家永三郎『憲法・裁判・人間』名著刊行会、一九九七年二月、一八三～一九〇、一九一～一九二、一九三～一九六頁)参照。他に家永三郎『戦争責任』(岩波書店、一九八五年)には、二箇所にわたって、丸山の戦争責任についての発言の肯定的紹介がある。一つは一九五六(昭和三一)年度思想の科学研究会での、戦争責任についての丸山眞男の発言の詳細な紹介であり(三〇～三一頁)、二つは『思想』一九五六年三月号の「思想の言葉」に示された丸山の日本共産党の政治的責任をも問う発言であり、家永は「少しでも『戦争の惨禍』の招来をくいとめるために当時にあって最大限可能な戦略戦術が考察され実行されたかどうかきびしく自己批判する責任は（日本共産党に）残るのではなかろうか」と丸山寄りの見解を述べている（三〇一～三〇五頁）。

交流についての丸山サイドからの言及としては、「がんばれ、家永君」（丸山眞男集第十一巻、七五～七七頁）また丸山の『日本政治思想史研究』英語版への著者序文、四の注(i)には、「（前略）なお、非人格的に思想の範疇の発展を日本史のなかで辿る試みは、家永三郎の戦時中の労作にもあった（彼の「日本思想史に於ける否定の論理の発達」（一九四〇年）及び「日本に於ける宗教的自然観の展開」（一九四四年など））という言及がある。

なお、家永には、津田および羽仁五郎と、丸山の『日本政治思想史研究』の第一、第二論文との影響関係について、つぎのような記述（家永『津田左右吉の思想史的研究』（岩波書店、一九七二年、一一六～一一七頁）がある。

「実証的認識において、津田と羽仁とに共通する基本的な判断は、徳川時代の思想界に封建思想の矛盾・解体と近代的思想の萌芽とを見ようとするところにある、と私は考える。その点では、『国家学会雑誌』第五四巻第二号（昭和一五年二月号）以下に連載された丸山眞男の論文「近世儒教の発展における徂徠学の特質並にその国学との関聯」および同誌第五五巻第七号（同一六年七月号）以下に連載された同人の論文「近世日本政治思想における『自然』と『作為』」もまた、ほぼ同一の観点に立つ近世思想史研究の成果である。第五編に述べるように、津田が昭和一四年に東京帝国大学法学部に出講した際、丸山は同学部助手としてその講義を聴いているし、論文中に津田の『平民文学の時代』が参照されてもいる。戦後これらが単行本『日本政治思想史研究』にまとめられたとき付せられた「あとがき」を見ても、丸山のこの一連の研究に当り、「とくに津田左右吉・村岡典嗣・永田広志・羽仁五郎の諸氏の研究」から「学んだところ多大」であったと記されており、津田の丸山への影響は明白であるが、羽仁が津田を批判的に発展させたのと比べれば、丸山の津田との関連は比較的に希薄であり、むしろ「あとがき」にあげられているボルケナウ、ウェーバー等の西洋社会学者の思想史研究の方法（特にボルケナウの）をもっぱら学んでいるように感ぜられる。」

（3）　この講義は、一九五二年度後期（一一月一日開講、一二月一三日まで、五三年に入って一月一七日再開、二月一三日終了。各週二コマ、二八回の講義であった）におこなわれ、内容は、序論、本論第一章　石器時代人の政治思想、第二章　氏姓階級の政治思想（ここで付論、天皇・皇室に関する観念の変遷史―大化改新・律令制度から明治時代まで―が講じられた）、第三章　律令貴族の政治思想（仏教思想も）、第四章　摂関制貴族の政治思想、第五章　僧侶の政治思想（平安初期から鎌倉仏教、さらにその後江戸時代、明治以降まで）。第六章　武士の政治思想、第七章　封建社会の政治思想、第八章　近代国家思想の成立。序論、本論第一章を除き、各時代の主要な階級、知識層の政治思想を歴史的に追うと同時に、天皇・皇室観および仏教史については通史的な講義を加えていた。第七章、第八章は各一コマずつであった。裏側からいえば、講義の中心は第二章から第六章までであったといえる。

（4）『国家学会雑誌』第六七巻第九・一〇号（昭和二九年八月刊）八四〜八八頁。批判の要旨はつぎのごとし。

とは云ふものの、評者とて本書に對してなんらの云ひ分もない、と云ふわけではない。評者は、徳川時代に於ける近代思想の源流を徂徠學とか國學とかいつた類の高度の理論的思想にのみ求める態度にはいささか不滿を感ずる。もつと庶民の日常的感情的意識の方面に散見する反封建的な物の考へ方を重視してほしかつたと思ふ。朱子學に於いて「人欲」が倫理外に放逐され、人欲の二大領域としての戀愛及び蓄財の倫理化が行はれてゐないからとて、直に町人の意識に「いかなる本來の規範意識もない」ときめつけてしまふことは、著者自らいつのまにか朱子學的規範意識に感染してしまつたのではないかとの錯覺さへ生ぜしめる。町人の戀愛肯定蓄財肯定は、それ自體積極的な一の規範意識の表現と見るべきではなからうか。町人の生活意識のうちに積極的な獨自の反封建倫理を認めるときには、古學や國學の役割を、單に朱子學理念の「解體」といふ消極的角度からのみ見てゐられなくなるのではなからうか。何となれば、それらは朱子學の論理の自己分解といふよりも、むしろ町人的非封建倫理の體系的理論化としての積極的意義をもつものだからである。少なくとも宣長や、また本書では全然觸れられてゐない増穂殘口の思想の如き、さうした角度から見なければ理解し難いであらう。この様な理由で、町人文藝がもつと史料として活用されてゐたら、との望蜀の念を禁じ得ない。

なお、同趣旨の批判は、『法学新版』第八九巻第一一・一二合併号所載「人形浄瑠璃の政治思想史的考察」（『刀差す身の情なさ』中央大学出版部、一九八五年所収）にも見られる。「丸山眞男君の逝去を悼む」（前掲『憲法・裁判・人間』一九九七年、一九五頁）。

また家永の丸山の福沢諭吉評価についての異論については、つぎを見られたい。

「次に福沢諭吉の評価である。「福沢諭吉の哲学」や「『文明論之概略』を読む」が卓抜な福沢論であることは私も高く評価するものであるが、それはむしろ丸山哲学を福沢を借りて表現したような一面があって（『現代日本思想体系2福沢諭吉』の拙稿解説中で婉曲に述べておいた）、福沢の全集（何回も出ている）を通読すると、福沢には国内での弱者切り捨て論と朝鮮・中国への積極的侵略論、そのための軍拡論が強い印象となって残らないではいられない。前者では、一九五〇年刊行の拙著『近代精神とその限界』所収「福沢諭吉の階級意識」にはっきりと書いておいた。後者は活字化してはいないが、近年最新版の福沢の『全集』を通読したときその感を強くした。丸山君の福沢論支持者たちの見解が聞きたい。」（『歴史学研究月報』一九九六年一一月号）（家永、前掲『憲法・裁判・人間』一九六頁）

（5）宮村治雄『丸山眞男『日本の思想』精読』（岩波現代文庫、二〇〇一年）おわりに—「伝統」への戦略的視座（二一五〜二二一頁）参照。また次注で言及する松沢論文、参照。

（6）前掲、宮村治雄の『精読』。飯田泰三『批判精神の航跡』のⅣ 丸山眞男（筑摩書房、一九九七年）。間宮陽介『丸山眞男 日本近代における公と私』（筑摩書房、一九九九年）。冨田宏治『丸山眞男—「近代主義」の射程』（関西学院大学出版会、二〇〇一年）、など。

以上に加えて、最近待望久しかった丸山眞男の思想史についての初の本格的な評論集、大隈和雄・平石直昭編『思想史家丸山眞男論』（ぺりかん社、二〇〇二年）が公刊された。これは一九九九年一〇月三一日の日本思想史学会大会に際して開かれた（東京女子大学において）シンポジウム「丸山思想史学の地平」をもとに、各報告者が新資料をも加えてリライトした諸論文から成り、Ⅰ〈日本思想史〉の全体像を中心に、水林彪「原型（古層）論と古代政治思想論」、末木文美士「〈原型＝古層〉から世界宗教へ」、澤井啓一「丸山眞男と近世／日本／思想史研究」、Ⅱ〈方法〉の問題を中心に、安丸良夫「丸山思想史学と思惟様式論」、川崎修「丸山眞男における自我の問題の一断面」、松沢弘陽「丸山眞男における近・現代批判と伝統の問題」という二部六論文により構成され、平石による「あとがき」に当日の討論の内容が的確に紹介されている。

六論文のすべてが、丸山の原型〈古層〉論に関説しているが、とくに水林、末木論文がそうであり、水林は丸山の政治の「古層」の抽出方法に批判を加えている。それはともかくとして、私が丸山思想史学についての、もっとも周到な研究として感銘を受けたのは松沢の論文であり、松沢は、一九五〇年代末以降の時期に丸山の日本思想史研究を推進した動機を問うており、この問いは、丸山の学問と思想を貫く二つの主題、一つは近・現代批判、今一つはマイナスの伝統を批判して真の伝統を創出するという企てであって、両者が内面的に関連していたことを明らかにしている。結論に近い部分から引用すれば、「一九五〇年代末以降の彼の思想史的研究は、一方における、超越的普遍的思想の形成を阻む『原型』の批判と、他方における、それに切り込む超越的・普遍的原理に開かれた、わずかな『可能性』の探究との両面作戦となった」（三六五頁）。丸山の思想的研究を貫くのは、「歴史の中に、歴史を超える理念が投影する意味を、伝統の問題として、どこまでも学問的方法に従ってとらえようとする、丸山の学問生活の初期から一貫する企てである」（三六八頁）。

（7）家永の思想史学ないし歴史学の方法論に関する論集としては、『日本思想史学の方法』（名著刊行会、一九九三年）があり、家永の東京教育大学在職中の講義の一節を当時の聴講生菊池克美氏のノート等を用いて再現した序編、家永史学の基本構想（(1)事実／(2)時間／(3)歴史像の主体的構成／(4)史料と実証／(5)結び）および本編の最初の三つの論稿、すなわち「日本思想史学の課題　(上)日本思想史学の対象　(下)思想史的認識構成の原理、思想史学の方法、思想史学の立場（これは『日本道徳思想史』の冒頭の方法論として執筆した論文を、三編の独立論文として雑誌に発表されたものである、と序で説明されている）」によって、その基本骨格が明示されている。家永思想史学研究のための基本文献である。

（8）マリウス・B・ジャンセン編、細谷千博編訳『日本における近代化の問題』（岩波書店、一九六八年所収のベラー論文。第四部　新しい価値観と古い価値観の第七章　家永三郎と近代日本における意味の追求、論文。本論文の瑕疵は以下の二点である。二七二頁八行目冒頭、第一高等学校→東京高等学校。二七六〜二七七頁、「一時、新潟高等学校で教鞭を取ったが、やがて東京教育大学の教授になった。」やがて以下不正確。家永は一九四四年東京高師教授となり、四九年東京教育大学教授となった。

（9）『日本における近代化の問題』三二一〜三二二頁（注55）。家永はこの書物の初版（昭和二一年新春）緒言で、「その間（昭和十七年初めから廿年の三月までの本書の準備・執筆期間。太平洋戦争と凡その期間を等しくする期間）理性を失へるが如くつのり行く排外思想の嵐の音を戸外に聞きつつ執筆したこの論文には、引用文の末に至るまで、当時に於ける著者の抑え難き感情が宿ってゐるのである。」と述べ、その「覆刻版の刊行に当って」（一九七三年一一月一日記）〔合同出版、一九七四年〕では、「思想面ではそれ程恥しいものとは思わぬけれど、学問的には、私の数多い著作中で最大の失敗作となってしまった。近世から近代への移行という、日本史上最も重要な歴史的発展段階の変化を全く無視し、外来文化摂取の主体的条件の検討を完全に脱落させ、『近代西洋文化』という摂取対象の連続性のみに目を奪われ、のっぺらぼうに江戸時代から明治までを一括して叙述してしまっているから」だ、と自己批判している〔四一一～四一二頁〕。しかしこの本への没頭が家永の太平洋戦争中の狂気のような日本主義の横行に対するプロテストと実存的均衡を支え、後学のわれわれに実に豊かな半ば整理された資料の宝庫を残したという意義を逸することはできないだろう。

（10）田辺元『科学概論』〔岩波書店、大正七年刊〕、とくに一九七～二〇九頁。

（11）ジャンセン編、前掲書、二七六頁。

（12）丸山の年譜その他を見るかぎり、丸山の家庭環境〔父幹治は新聞記者、父の友人に如是閑がおり、幼少の頃から親炙する。四歳違いの兄鉄雄は京大経済学部学生、滝川教授休職処分撤回の学生運動に参加している〕の影響もあって、日本政治の情報には通じていたし、また関心も持ち続けたようである。丸山は一高文乙に入学し、高校時代にヴィンデルバントやリッケルトの原典を読んでいるが、その読み方は家永の読み方とはまったく違っていたのではないだろうか。

年譜には、丸山が大学時代に、ローザの組織論、ヒルファーディングの金融資本論などの読書会でマルクス主義文献を多分原典で読んでおり、彼の一高時代の友人にはマルクス経済学について卓抜した理解能力をもった人々も数名いたようであるから、丸山はすでに高校時代にマルクス主義の基本文献、さらに「日本資本主義発達史講座」〔三二―三三年刊〕〔熟読したのは一九三四年八月〕を読んでいたことはほぼ確実である。したがって、丸山の、マックス・ウェーバーの科学方法論ともつながる新カント派西南学派のリッケルト等の原典による読書は、新カント派対マルクス主義の科学方法論の対抗という知的関心に発するものであったのではなかろうか？　丸山の体験した高校時代における最大の事件は、一九三三年四月、本郷仏教青年会館での唯物論研究会創立記念講演会〔予定弁士、如是閑〕を聴きにいって、本富士署に検挙・勾留され、特高刑事の取調べをうけた事件であろう〔この事件の体験を通じて丸山は天皇制権力の暴力性と前近代性を肌身を通じて体験した)。その後、敗戦時まで「思想犯被疑者」として遇される。

大学進学にあたって、丸山はドイツ文学専攻を志望していたが、教師と父の助言、忠告により、東大法学部政治学科へ進学し、そこで南原繁と出会い、南原の「政治学史」講義を聴き、また南原の演習「ヘーゲル『歴史哲学序説』」に参加する。一九三六年九月『緑会雑誌』の懸賞論文、政治学部門「政治学に於ける国家の問題」(出題・詮衡南原)に応募し第二席Aに入選、助手採用が内定し、南原に日本の伝統的思想の研究を勧められ、翌四月には法学部助手に就任(正式には任官)している。丸山の大学学生生活における読書経験がどのようなものであったかは、前記緑会論文の参照文献にその一端がうかがわれるが、ドイツ(語)のウェーバー、マンハイム、ヘラー等の文献が熟読され、またイギリスのバーカー、ラスキ等の文献も用いられ、日本語文献は、一、二の論文の引用のみである。家永とは違って、日本古典の文献の引用など、もちろんまったくない。これは論文のテーマにかかわるだけではなく、丸山が南原の「命」によって日本政治思想史の研究を決意し、「儒教の古典から江戸時代の儒学者、国学者に至る著作を読みはじめるのは、助手になってからのことであり、それから三年後には、「近世儒教の発展における徂徠学の特質並にその国学との関聯」が『国家学会雑誌』に連載されることになる。

(13) ジャンセン編、前掲書、二七七~二八三頁。ベラーは、この要約のあとで、これに続く、①『上代仏教思想史研究』、②『中世仏教思想史研究』、③「日本思想史に於ける宗教的自然観の展開」、④「思想家としての夏目漱石、竝に其の史的位置」について検討し、この時期に家永が創出した「強い説得力を持った一つの宗教的立場」について説明している(二九四~二九六頁)。

(14) 『家永三郎集第一巻』解題(鹿野政直)、三四三~三四六頁。なお鹿野は、この「解題」で、(この論文における)「キリスト教との対比で日本思想史上、仏教思想ことに聖徳太子と親鸞に『否定の論理』の二大達成をみるという骨太い構想は、このような思想遍歴のなかで発想された。楽観的な肯定から絶対否定へ、さらにそれをくぐり抜けての絶対肯定へという弁証法は、歴史のダイナミズムをあざやかに体感させる。とともに随処に、著者の、人間の有限性と罪業への苦悩の表情や『悪』への強烈な関心と、それゆえにそれを乗り越えて絶対性・超越性に到達しようとするひたむきさを見ることができる。ことに親鸞を論じた箇所で、筆は最高潮に達している。それは、著者にとって実践的な課題なのであった。とともに、著者の、思想史家＝思想家という真面目をも示していた。」そして鹿野に先立って、ベラーは、その点をつぎのように指摘していた。「（前略）こうして、意味という窮極的な問題（宗教）に進むのと同時に、彼は彼自身が引き継いでいる歴史的遺産の考察へと進んだのである。そこでは、自分の学問上の専攻分野に古代・中世の日本仏教思想を選ぶことは偶然のことではなかった。それは、彼自身の経験から直接に生じたものであり、いわば彼が『実践的な』と呼ぶような関心の対象であった。このことは、全著作を通じて家永に特徴的なことである。」この文章の最後にベラーは注19をつけ、「家永の初期の経験に含まれている多くの要素は、戦後の日本の青年について、Robert Jay Lifton が彼の論文 "Youth and History: individual change in Postwar Japan" (Deadalus, Winter 1962, pp. 172-197) で描き出した要素のいくつかと無関係ではない」と書いている（ジャンセン編『日本における近代化の問題』二七六、三一七頁）。私は残念ながらリフトン（イエール大学精神医学教授）のこの『ディーダラス』論文は読んでいないが、リフトンは加藤周一およびM・ライシュとともに『日本人の死生観』上下（岩波新書、一九七七年）の共著者である（訳者は矢島翠）。この本の終章は、三人の著者による共同執筆であるが、そこでのまとめ（日本における「エリート」の文化と大衆の文化との共通面およびそれらが強く依存する四つの要因を指摘した後）で、彼らが、その行動の一般的な準拠の枠組みとして、徳川時代の世俗的な文化から受けついだものとして、集団志向性を中心とする現世主義、集団的価値の強調と集団に超越する価値への消極的な態度との密接な関連、第三に「日常的に、また具体的にあたえられる現実の経験を重んじる傾向は、当然、時間軸の上で、現在を重んじる傾向（現在の継起としての時間）」（この後で丸山の日本人の歴史意識の特徴づけ（つぎつぎとなりゆくいきほひ）が紹介されている）、第四に、日本における大衆的世界観のもう一つの特徴としての、一種の調和的宇宙観（物理的自然ばかりでなく、すべての生物を含み、死者の魂〔日本語のカミ〕さえも包摂する）が指摘される。このまとめは、一九八一年六月の加藤周一の講演「日本社会・文化の基本的特徴」における(1)競争的な集団主義、(2)現実主義、文化の此岸性、(3)時間の概念における現在主義、(4)集団内部の調整装置としての象徴の体系の極端な形成主義および主観主義、(5)外に対する閉鎖的態度という特徴づけに展開されていったようであるが、このような加藤やリフトンの特徴づけは、家永の日本の古代思想の論理的構造としての「肯定的人生観と連続的世界観」というそれとつながるであろう。つまり、この際には、家永の日本古代観と加藤の「日本文化のアーキタイプス」論がつながっており、丸山の「古層論」もからまっているといってよい。この鹿野やベラーの家永史学の理解をさらに一歩おしすすめた考察として、故黒羽清隆氏によって一九六五年九月に公表され、家永三郎集月報1に転載された「家永史学の今日によびかけるもの」という一文がある。この論文は、「家永訴訟」が家永史学のあゆみの自然な一帰結であること、「家永史学が『初心』における私を賭けた学問である以上、また『初心』における私を生かすための方法としてのその文献主義・実証主義をつくりあげてきた以上、そしてその『初心』のイデオロギー的特質が人間性の自律尊厳をはげしく希望する民主主義の原理である以上、その家永史学の重要な労作のひとつである高校教科書『新日本史』への文部省検定は、その民主主義の原理そのものに対する侵害であり、言葉の真の意味において人身攻撃なのです。……このたびの『家永訴訟』は、家永史学の内的作業そのものとしてみるべきものといえます。」黒羽論文の、家永史学についての深い理解は、「家永史学の特質は、現実としては主体性の学としての思想史学としてみられ、……告白の学としての思想史学とよびたい……、家永氏における思想史学とはほとんど生きるための方法論だったといえる」。家永史学の「本質的な首尾一貫としては、『初心』を実証主義的文献操作で客観化して生かし、すぐれて主体的に、いわば『私』の論理の史学的処理としてその学問を展開させようとする姿勢の一貫ということにつきます」に表現されている。

(15)『家永三郎集第一巻』解題、三四六~三四七頁。『宗教的自然観の展開』についてのベラーの要約は詳細なものであり（前掲書、二八七~二九一頁）、この時点で家永が理解したかぎりでの弁証法とその主題への適用ないし例証のコンパクトな整理となっている。家永は、まず、意識の原始的な未分離状態としてのアニミズムと、大陸からの影響を受けて自然が人間生活と異なる何ものか、人が審美的かつ意識的に対話しうる何ものかと見られるようになってはじめて展開する宗教的自然観とを区別する。この観念の発達にともなって、「自然は、一瞬の慰籍から次第に絶対的な救済者になる（時代的には社会の崩壊が深まる鎌倉時代）。こうして鎌倉時代には西行と鴨長明とにおいて見られるような「山里」の理想が発達してくる。しかし苦悩からの逃避の世界と考えられた「山里」にも、それなりの苦悩、つまり孤独の苦しみがある。その矛盾を矛盾として受け入れようとする一見逆説的な、実は一段と高い心境によって、その矛盾は打開される。そして西行や長明とは異って、定家らの『新古今集』の歌人は、その詩歌において、救済者として同じ機能をもつ「象徴の自然」を発展させ、それが室町文化の中に入り込む（生花、造庭、水墨画等の随伴芸術を備えた茶室を考えよ）。山里の伝統は、後代、芭蕉にその体現者を見出す。そしてそれが荷風や漱石に見られるように、近代日本の中に生き永らえていく。結論的にいえば、日本の宗教史は「神道」「仏教」「キリスト教」の範疇によって十分におおいつくされるものではなく、宗教的自然観を閑却した日本宗教史は、すべて歪められたものになるであろう。

しかし、「自然はたしかに日本人の精神的苦悩に大きな救ひを与へて来た。しかしこの救ひは果して絶対の救ひであつたか。山里の境涯は果して一切の人間的無明を除き尽すだけの能力をそなへてゐたであらうか。ここに於て我々はこの日本的なる独特の宗教的境地にも遂に一の越ゆべからざる限界のあることを考へねばならないのである。」（『集』第一巻、一四八頁）

家永は、日本にも存在していた山里の伝統を批判する長い伝統、とくに浄土観にそって、山里は真の「彼岸」ではなくこの無常の世界の一部であり、従ってそれに染まらざるをえないという批判を引いている。「問ひつめてここに至れば今や全く新しい一条の道が開かれる。山里も結局憂世の一であるならば、さうして其処も亦絶対の安住の地でないならば、何を求めてわざ〳〵と山の奥に人を避け世を厭ふ必要があらうか。むしろ救ひは濁世の痛苦から逃避することによつてではなく、これを真正面から直視し、その只中に身を委せることに於てもとめられるべきであると云ふ新しい心境が開かれるのであつた」（『集』同右、一五〇頁）〈ここで家永は、『否定の論理』の主題に立ち返る。人はあるがままの濁世に入り込む。そして罪から逃れずに、かえってそれを救いの契機として利用する〉。たしかに親鸞にとっては、人間の有限性は救済のための積極的な前提条件であり、彼が「念罪」（罪を心に銘記すること）について語った所以はここにあった。このような救済の方法は、西行や長明のそれとは全く異なっていた。

しかしこの論文は、宗教的自然観を逃避的であるとして純粋に此岸的な観点から批判した人々を、徳川時代か近代かを問わず、攻撃することによって結ばれている。彼の主張によれば、このような経験は永遠に日本人にとって有意味であろうとされている。

（16）他の一冊は、西田幾多郎「形而上学序論」（『哲学の根本問題』九〇頁）である。『集第一巻』七五〜七六頁、七八頁。

(17)『家永三郎集』第七巻 思想家論3、七頁。
(18)『家永三郎集』第一巻 思想史論、五頁。
(19)日本大百科全書11(小学館、一九八六年)四六一頁〔宗教の項〕。
(20)『家永三郎集』第一巻、一九頁。
(21)同右、一九頁。
(22)同右、二一頁。
(23)同右、二六~三七頁。引用は、二七および三四頁。
(24)同右、四二頁。
(25)同右、六五頁。
(26)『日本における近代化の問題』二八一頁。
(27)『家永三郎集』第一巻、七一~七二頁。圏点は引用者のもの。
(28)『日本における近代化の問題』二八二頁。圏点は引用者のもの。
(29)『家永三郎集』第一巻、七五~七六頁。
(30)『日本における近代化の問題』二八三頁。
(31)家永がこの論文において、日本における「否定の論理」の基本線を、聖徳太子—親鸞の線においていることについては、前掲書、六九頁の注48、参照。
(32)家永の『否定の論理の発達』のいま一つの注目すべき独創性は、『集』第一巻、七〇頁、の注51の西洋的思想形態に対する東洋的思想形態の特殊性についてのつぎのような指摘である。つまり日本人が初めて基督教の思想に接した日、国民の最も不審とした処は永久に救済し難き原罪、地獄、悪魔等の観念であり、上帝の慈悲をもって何故之を救い得なかったかという疑問を発せずにはいられなかったというのである。歴史家としての家永の真面目は、かかる質疑に対する宣教師側の煩わしき「難問」という態度、又排耶蘇論の重要な論拠を、ともに、資料をもって示していることである。前者については太政官訳フラッセ『日本西教史』再版本上巻九一頁(『耶蘇会士日本通信豊後篇』上巻、四九~五五頁参照)、後者については、(破堤宇子『日本古典全集』本一六頁。顕偽録、同九~一一頁）。家永の、日本思想史における仏教とキリスト教の果たしたあるいは果たしうる役割についての、また両宗教の原点における統一可能性――それはすでに『否定の論理』において事実上肯定されていたのだが――についての独創的論文として、「日本人の思想としての仏教とキリスト教」（初出、一九八三年一二月「淳正学報」二号、家永三郎集、第三巻、二二五～二四九頁）がある。
(33)『家永三郎集』第一巻、緒言、五頁。
(34) 同右、四四、五一頁。
(35) この一文は、田辺元全集3、所収の「哲学通論」の第二章第八節　辯證法には見当らない。類似の表現が、全集3の五一七～五一八頁に見ることができる。たとえば、「ただ矛盾に徹し、相背反する二肢を相互否定的に転じて絶対否定の肯定に達する辯證法のみ、二律背反を解きてアポリアに路を通ずることが出来る」（五一六頁）。
(36)『家永三郎集』第七巻、解題（松永昌三）四八一頁。
(37) 同右、二一～四六頁。
(38) この両論文は、一九二四年刊の「カントの目的論」とともに、田辺元全集3（筑摩書房版、一九六三年）に収められている。
(39) 立命館大学『政策科学』九巻二号、六七頁。
(40)『家永三郎集』第一巻、三三〇～三五七頁。
(41) 同右、三二五～三二六頁。
(42) 同右、三二六～三二七頁。
(43) 同右、三三二頁。
(44) 同右、三三三頁。
(45) 同右、三三三～三三六頁。
(46) 同右、三三六頁。
(47) 丸山眞男講義録〔第四冊〕日本政治思想史一九六四（東京大学出版会、一九九八年）七二～七三頁。
(48) 家永三郎『上代仏教思想史研究―新訂版―』（法蔵館、一九九六年）第一部。

(49) 『家永三郎集』第二巻「歴史上の人物としての聖徳太子」、二九〇～二九二頁。

(50) 吉村武彦『聖徳太子』（岩波新書、二〇〇二年）一二四～一二五頁。なお、吉村が同じ頁で、家永とともに肯定的に引用している正木晴彦「太子仏教に見られる否定媒介の論理とその展開」を、私は残念ながら未読である。

(51) 『日本思想大系2　聖徳太子集』（岩波書店、一九七五年）所収、家永三郎「憲法十七条」四七七頁。圏点引用者。

(52) 同右、四七九～四八一頁。

(53) 丸山、前掲講義録、一四七頁。

(54) 同右、一五六頁の注、つまり、聖徳太子の隋帝国への国書に現われた（「東の天皇、敬みて西の皇帝に白す」という文言の）国家的プライドは、太子の論理からすれば、まさにあらゆる国家を超越した普遍的真理へコミットすればこそ、巨大な文化的先進国も、その東辺の小島国も、真理の前に平等だという立場が当然出てくるのである。見えざる絶対的権威への畏敬は、一切の見える権威の相対化と相即している。丸山は、それは、福沢が『学問のすゝめ』で、「理のためにはアフリカの黒奴にも恐れ入り、道のためにはイギリス・アメリカの軍艦をも恐れず」という態度となって現われる場合と基本的に連なっている、とコメントしている。すばらしい洞察だ。ついでに私の余談を一つつけ加えれば、今日の日本外交は、あらゆる国家を超越した普遍的価値へのコミットメント、文明の道理・普遍性への信仰をはたしてもっているのであろうか？

(55) 同右、一六三頁。

(56) ①は『中世仏教思想史研究―増補版―』（法藏館、一九六〇年三版）、一～四三頁。『家永三郎集』第二巻、一七三～二一〇頁。②は『中世仏教思想史研究』一八三～二〇〇頁。③は、同右、二〇一～二〇九頁。④は同右、二三三～二四六頁。⑤は『家永三郎集』第二巻、二九三～三一七頁。

(57) 『家永三郎集』第二巻、二〇七頁。

(58) 『中世仏教思想史研究』二〇八～二〇九頁。

(59) 同右、二三五～二三六頁。

(60) 同右、二三六頁。津田『文学に現はれたる国民思想の研究第一巻』（戦後版）五八四頁。

(61) 同右、二三六頁。

(62) 同右、二三八頁。これに続く文章で、家永はキリスト教徒で社会主義者であった、そして親鸞の信仰をしるべとして新生の道を求めた木下尚江が、「我身の罪障の自覚」に親鸞の真精神を的確に把握していたことを強調している。

(63) 同右、二三九頁。

(64) 同右、二四二～二四三頁、二四五頁。

(65) 同右、二四三頁。

(66) 同右、二四六頁。

(67) 『家永三郎集』第二巻、三一五～三一六頁。加藤の『日本文学史序説』上(ちくま学芸文庫)における鎌倉仏教論および親鸞評価も参考にされたい。第四章　再び転換期、二八八～二九五頁。なお、佐藤弘夫は、『岩波哲学・思想事典』(一九九八年)の親鸞の解説(八四八頁)で、親鸞の思想の特色として、①彼における自己と同時代の人々についての徹底した〈悪人〉観。彼のこのような自覚は、弥陀の本願の偉大さの強調と、絶対他力の信仰の深化をもたらした。②親鸞が、法然とは対照的に、阿弥陀仏の本願を信ずる〈信の一念〉を重んじたことをあげている。以上の二点については、佐藤の考え方は、家永のそれと基本的には同一である。しかし、佐藤が、それに続けて、「その否定の論理が、当時の庶民の日常生活の全面的な肯定へと転換しうるものであったことは見過せない。末法の破成の悪人は、その姿のままで仏の救いにあずかることができるとする親鸞の主張は、それまで罪深きもの、できればそこから足を洗うべきものとみなされてきた民衆の生産活動を、まるごと肯定するものであった。かかる論理は、特定の職業に対する卑賤視を拒否するものであるがゆえに、後に真宗門徒が積極的に商業活動に乗り出していく際の思想的バックボーンとなっていくのである」と結論している。この点を、家永は、さらに丸山は、どう考えるであろうか？　一つの問題点として提示しておく。なお、佐藤が、〔文献〕としてあげているのは、岩波の「日本思想体系」110「親鸞」――この解説の一つが、家永の「歴史上の人物としての親鸞」である(先述)――、笠原一男『親鸞と東国農民』山川出版社、一九五七年、古田武彦『親鸞思想』富山房、一九七五年――この本の序は家永が書いている――の三点であるが、笠原、古田の著書には、前述の佐藤の説を裏書きする記述はないように思われる。

(68)『中世仏教思想史研究』増補版、一〇八～一〇九頁。『家永三郎集』第二巻、二六三頁。
(69)この講義録第五章五の（鎌倉仏教における宗教行動の）問題整理で、丸山は適用対象をよりひろげて、本格的救済者信仰、宇宙的真理信仰、経典信仰という分類を行っている。
(70)この辺の問題については、加藤周一『日本文学史序説』上（ちくま学芸文庫、一九九九年）第五章　能と狂言の時代、とくに三五八～四〇三頁、参照。
(71)丸山のこのような（キリスト教の）神の理解は、おそらくはその師南原繁に教えられたものであろう。南原繁著作集第三巻（自由と国家の理念）七二頁。私にこのことを気づかせてくれた労作は、本田逸夫「南原繁のナチズム批判」（宮田光雄・柳生圀近編『ナチ・ドイツの政治思想』創文社、二〇〇二年）四三〇～四三一頁。この論文は主題に関する注目すべき労作であるに止まらず、南原の学説に対するその弟子、丸山眞男、福田歓一、宮田光雄の師説への批判と克服についての指摘にかんしても重要文献である（この点、より詳しくは、本田の前稿「南原繁思想史論の批判と継承」（政治研究、第四九号、二〇〇二年三月）も参照）。本田のこの論文は、家永についても「戦前における新カント派の哲学及び宗教（仏教とキリスト教）との出会いを通じて、存在＝歴史の規範化に基く国家主義道徳から解放されたことを語っている」ことを紹介している。
(72)それらの論稿は、単行本でいえば、一九四六年から七七年まで執筆の日本思想史の論稿を収めた『忠誠と反逆―転形期日本の精神史的位相―』（ちくま学芸文庫、一九九八年）に収められている。

［追記］　家永三郎先生は、二〇〇二年一一月二九日夜なくなられた。この論文を先生にご覧いただく機会が永遠に失われてしまったことを遺憾とするが、いまは先生の御冥福を祈るのみである。

三　丸山眞男をめぐる最近の研究について

はしがき

一九九六年、丸山眞男教授（以下敬称略）没後満七年の夏を迎えた。この間丸山の仕事は、丸山眞男集全一六巻別巻一が、九五年九月から九七年三月までに刊行され、その講義録全七冊が二〇〇〇年一一月までに出版され、丸山眞男座談全九巻が九八年一二月までに公刊された。また丸山の公刊を予想していない覚書や感想を集成した『自己内対話』（みすず書房、一九九八年）も上梓された。また近く丸山の書簡集が全五巻の予定（みすず書房）で出されるとのことである。さらに丸山眞男手帖の会から『丸山眞男手帖』が九七年四月に第一号が刊行され、すでに二七号（〇三年一〇月）に達しているが、そこには丸山の未公刊の論文、座談記録、会員の研究等が満載されており、丸山研究にとっての貴重な資料源となっている。

他方、丸山の没年の少し前くらいから、厖大な量の丸山の思想と業績に関する論文、座談会、書籍などが発表・公刊され続けている。そして私自身も、「戦後日本政治と丸山眞男」、「丸山眞男プロス・アンド・コンス」および「戦後政治学と丸山眞男」という三本の論文・報告を書いた（これらは拙書『戦後日本政治学史』（東京大学出版会、二〇〇一年）、第三章　戦後政治学と丸山眞男・辻清明の第一節、第二節、第三節として収録されている）。それに加えて、丸山研究であると同時に、戦後日本思想史研究の一環として、「丸山眞男の「古層論」と加藤周一の「土着世界観」」（立命館大学政策科学会『政策科学』九巻二号〔通巻二〇号〕〇二年一月。本書Ⅰの一）および「家永三郎の「否定の論理」と丸山眞男の「原型論」」（『政策科学』一〇巻二号〔通巻二二号〕〇三年一月。本書Ⅰの二）を公表している。

本稿は、右の五つの私の丸山研究およびそれに関連する諸論稿を前提としつつ、最近――厳密には規定しがたいが、ほぼ二一世紀に入ってから――の、丸山研究の中で、学問的に注目すべきもの数点を論評し、加えて戦前、戦後の日本思想史、日本政治学史研究の一環として、丸山とその師南原繁との関係（さらには南原、丸山と、丸山の弟弟子に当る福田歓一、あるいは実質的に南原に師事した宮田光雄などとの学問的交渉と継承）を問題とする最近の一連の研究にも、ごく簡単に言及しておきたい。

なお、本稿は、〇四年三月に立命館大学政策科学部を定年退職する山口定教授の退任記念論文集への寄稿である。山口教授と私は、東大法学部（政治コース）では私の方が三年先輩であるが、日本政治学会での長いおつき合い、さらに一九九四年から七年間は新設の前記政策科学部における同僚として御交誼をいただいてきた。山口教授は、その学生時代の指導教授篠原一氏の歴史政治学の構想の影響を受けながら、「現代ヨーロッパ政治史、とくにワイマール共和国やファシズム研究の分野で、経験的な歴史研究と政治学の諸理論を組み合した比較政治史研究を発展させた。また同様の方法で、ネオ・コーポラティズム論などによる先進資本主義国家の政治体制の比較や現代日本の政治過程の研究の発展を推進した。『現代ファシズム論の諸潮流』（七六年）、『政治体制』（八九年）など著書多数。比較ファシズム研究の体系書『ファシズム』（七九年）は、日本でのファシズム研究の新しい段階を画した」（高橋進）と紹介されている。(1) 私なりの若干の補足をしておくと、「現代政治学叢書」3として公刊された『政治体制』（東京大学出版会）は、このシリーズの中でもっとも広く読まれた書物の一冊であり、今日においても政治学徒の必読文献の一つとみなされている。二〇〇〇年には経済学者の神野直彦との共編著で、『二〇二五年　日本の構想』（岩波書店）が公刊されており、さらに二〇〇三年三月には、立命館大学における三年にわたる「人文・社会科学における『公共』概念の総合的研究」の研究代表者として、『新しい公共性　そのフロンティア』という四〇〇ページの大冊を筆頭編集者として公刊している（有斐閣）。

こうしていまや山口の専攻範囲には、ドイツ現代史、政治過程・政治体制に、さらに政策研究が加わり、政治学分野に限らず、政治学・経済学その他の人文・社会科学諸領域にまたがる指導的研究者の一人としての活動を続けている。山口は、当然のことながら、丸山の政治理論には早くから関心を抱いてきたが、その代表的な丸山の業績の評価と批判としては、最終的には、小林正弥編『丸山眞男論』（東京大学出版会、二〇〇三年）の第三章として収録された「丸山眞男と歴史の見方」がある。この書物そしてこの山口論文は、最近の代表的な丸山評価・批判の一つとして、後にとりあげられるが、そのおりに、山口の丸山の歴史観、とくにファシズム理論の内在的理解の的確さと、丸山理論の時代的制約（戦後の研究の進展をも念頭に置き）を含めてのその理解の限界の指摘を摘記し、そして丸山から何が継承されるべきで、何が乗り越えられるべきなのかが、典型的に明示されていることを指摘したい。

さて、私の丸山の政治思想そして政治学についての歴史的、政治学的評価は、前記の五つの関連論文およびそのうちの三論文を収めた拙著『戦後日本政治学史』（第一章第一節も見よ）において明らかにしているし、また私が丸山の思想的意義に対する最近の批判的潮流として、もっとも重視して反駁を試みているのが、ここ十年ぐらいに丸山批判の主潮流となっているかに見えるポスト・コロニアル派による丸山の「国民主義」批判である。このポスト・コロニアル派というのは、菅孝行が『丸山眞男 9・11以後の論じ方・論じられ方[2]』という論文で、「欧米の帝国の支配とその普遍主義を超えようとする潮流に与していると認定すべき人びと」、丸山に即していえば、「丸山の戦時下の政治思想が、植民地住民やマイノリティーや女性や銃後の人々すべてを侵略戦争に自発的に参加させるための精緻にくみ上げられた国民主義思想であった、という読み込み」を行っている一団の論者、より具体的には、中野敏男、姜尚中、酒井直樹等のグループのことを指す。このポスト・コロニアル派形成の背景としては、山之内靖等によって組織された一九九二年から九四年までの三年間、第二次大戦期の日本および現代日本についての国際的共同研究（山之内、酒井等日本の研究者のみならず、コシュマン等アメリカの研究者、さらにドイツの研究者をも含む。その研究成果として、山之内・コシュマン・成田編『総力戦と現代化』一九九五年、ナオキ・サカイ／ブレッド・ド・バリ／伊豫谷編『ナショナリティの脱構築』一九九六年（ともに柏書房刊））があげられよう。また前記三論者の論考を含む丸山眞男批判が特集として組まれたのは、『現代思想』一九九四年一月号特集 丸山眞男（青土社）であり、またこのグループの多くの丸山批判を含む論集に、『丸山眞男を読む』（情況出版、一九九七年。もっともそこには菅孝行の、「時代の子」丸山眞男の宿命という論文も含まれている）がある。

さて以下の本論において私がとりあげようとする丸山論は、つぎのようなものである。①いまや基本的に首肯しうる丸山眞男の思想研究の古典となったと私の考える笹倉秀夫『丸山眞男の思想世界』（みすず書房、二〇〇三年）および間宮陽介『丸山眞男　日本近代における公と私』（筑摩書房、一九九九年）。さらに丸山眞男の「反動の概念」（一九五七年）についての一一四ページに及ぶ長大書評であり、丸山の政治思想についての独創的な分析と丸山の実存に深く迫りつつ、自らの思想を展開した故北沢恒彦のブリリアントな労作（『隠された地図』クレイン、発売所平原社、二〇〇二年）の三点を扱う。

②丸山の専門である日本思想史研究について、一九九九年度の日本思想史学会大会に際して開かれた、シンポジウム「丸山思想史学の地平」をもとに編集された大隅和雄・平石直昭編『思想史家丸山眞男論』（ぺりかん社、二〇〇二年）がある。また公共哲学叢書②、小林正弥編『丸山眞男論』（東京大学出版会、二〇〇三年）も注目される。さらにもっとも最近の丸山論を含む思想史的研究としては、樋口辰雄『近代への責任思考のパトス―福澤・丸山・ヴェーバー・トクヴィル―』（御茶の水書房、二〇〇三年）をとりあげることにしたい。

③南原繁と丸山眞男、さらに福田歓一、宮田光雄の思想的関連を分析した諸労作。管見の限りでは、加藤節『政治と知識人―同時代史的考察―』（岩波書店、一九九九年）の第二部　歴史と政治学との邂逅の一　南原繁と丸山眞男―交錯と分岐。二　デモクラシーの政治哲学―福田歓一著『近代政治原理成立序説』を読む―がある。また鷲見誠一編『転換期の政治思想』（創元社、二〇〇二年）に、加藤の「近代日本と批判主義政治学―南原繁・丸山眞男・福田歓一を中心として―」がある。また本田逸夫には、

「南原繁のナチズム批判―『国家と宗教』第四章を中心に―」（宮田光雄・柳父圀近編『ナチ・ドイツの政治思想』〔創元社、二〇〇二年〕所収）および「南原繁思想史論の批判と継承―主にナチズム論との関連から観た―」（『政治研究』〔九州大学政治研究会〕第四九号、二〇〇二年三月）の連作がある。これらの諸労作については、私としてさらに研究が必要なので、簡単な紹介にとどめざるをえない。

最後に、簡単なむすびを述べて本稿を閉じることにする。

1

最初に法哲学者笹倉秀夫の『丸山眞男の思想世界』をとりあげる。笹倉のこの大著（四六九＋xvii頁）は、その序文冒頭で「本書は、丸山眞男の思想を一つの全体像に再構成するとともに思考の運動を解析し、そうした作業を踏まえて、丸山がその厖大な作品をつうじておこなった問題提起を受け止めること。とりわけ若い読者に、ものの見方・考え方を訓練する場を提供することをねらいとする」と宣言している。本書は、著者のこれまでの三つの丸山研究、第一部　丸山における〈生と形式〉は、ほぼ同題の九八年の論文、第二部　丸山における〈政治主体〉の構造は、八八年の『丸山眞男論ノート』、第三部　丸山における〈複合的な思考〉はほぼ同題の九六年の雑誌論文を原型として、これらに大幅に手を加えつつまとめあげたものである。丸山の「哲学」と「思想世界」、その思想と思考が、丸山の実存の深みにまで立ち入って、構造的に分析され再構成されている。この点でこの作品を凌駕する研究は、管見のかぎりでその後あらわれていない。なお著者はこの作品をおそらくは二十年近くかけて構築していくにあたって、今では丸山の著作集、講義録、座談、「自己内対話」に収録されている諸作品、諸発言にかぎらず、それらに収録されていない短い発言、小文等にも博捜の手を伸ばしており、さらには丸山の「思想世界」にかかわる重要なあるいは微妙な問題点について丸山自身に直接にヒアリングをおこない、論じ合う機会をもっていることを特記しておかなければならない。

この丸山の思想と学についての大著の内容の要約を作成することは、ここでの限定された紙幅ではもちろん不可能である。そこで本書の各部が何をどういう枠組で考察しているかについては、著者の言明を直接引用するに止め、本稿の読者には、本書それ自体にあたられることを要望したい。まず第一部の課題は、丸山の思想と学を〈生と形式〉の問題枠組に関連させて考察したものである（二一〇頁）。第二部は、丸山の思想と思考を、政治主体のあり方という一つの視点からその全体的連関において再構成することを目指したものである（五頁）。第三部の課題は「丸山眞男の作品に見られる思考の一つである〈複合的な思考〉の特性を確認し（丸山の思想家論と歴史像とに見られる思考、研究態度に見られる思考。根本思想にかかわる思想）、それを踏まえてその今日的意義について考えることである」（三九二〜三九三頁）。

以下では、比較的最近の丸山の思想と学術についての議論、とくに批判などを想起しながら、二、三の論点についてのみ、本書の考察を紹介し、私見を加えることにしたい。

本書の中で、丸山の実存に深く切りこんでいるのは、第一部　丸山における〈生と形式〉である。この点については、本部の結語を引用しておきたい。

「丸山は、一方でドストエフスキー、ベートーヴェン、ワーグナー、フルトヴェングラーらの「ディオニュソス的」なるものに敏感に反応しつつ、しかし他方で福沢の醒めたものの見方（プラグマティズム）、ベートーヴェン、フルトヴェングラーらの、「秩序」、伝統的な「型」などの重視に見られる「アポロ的」な思考を駆使したのでもあるが、第一部の課題は、そうした丸山を全体としてどうとらえるかの問題にかかわるものであった。自分の内なる「生」の力動性に対して強い自覚をもっていた丸山は、政治を考えるさいにその自覚を生かしたが、かれは同時にその対極にある「形式」をも自分に引き寄せたのであって、かれは両者の間でダイナミックに思考したのである。」（八〇頁）

本書を構成するもっとも大部な作品である、第二部　丸山における〈政治主体〉の構造（八〇～三九〇頁）においてとりあげられるべき論点も多いが、ここでは丸山の一九三六年の論文「政治学における国家の概念」の結語の解釈をとりあげる。

「我々の求めるものは個人か国家かの Entweder-Order の上に立つ個人主義的国家観でもなければ、個人が等族のなかに埋没してしまふ中世的団体主義でもなく、況や両者の奇怪な折衷たるファシズム国家観ではありえない。個人は国家を媒介としてのみ具体的定立をえつつ、しかも絶えず国家に対して否定的独立を保持するごとき関係に立たねばならぬ。しかもさうした関係は市民社会の制約を受けてゐる国家構造からは到底生じえないのである。そこに弁証法的な全体主義を今日の全体主義から区別する必要が生じてくる。」（「政治学に於ける国家の概念」、『戦中と戦後の間』みすず書房、一九七六年、三二頁。『丸山眞男集』第一巻）

この点について丸山批判者の代表的人物の一人である山之内靖の読み方については、私は「丸山眞男プロス・アンド・コンス」という論文で詳細な批判をおこなっている。この要点をくり返せば、山之内は丸山の三六年論文の筋道が、(a)ファシズムは「市民社会本来的な傾向の究極にまで発展した」（丸山）ものだという命題に求められるべきだと判断し、そしてそれを(b)丸山は「市民社会こそがその歴史的転回によってファシズムへと変質する必然性を内包している、と断定している」というふうに山之内は読むべきだと主張しているが、この点については私はすでに詳しく批判している。[3] これに対して、笹倉は、その著作第二部の「はじめに」において、このむすびを引用し、後年の丸山の思想と思考をも貫く重要な問題枠組の一つがすでにこの時点で鮮明に示されていると述べて、つぎのような解釈を提示している。一方で、「個人は国家を媒介としてのみ具体的定立をえる」という関係は、具体的には、人々が自分たちで国家の政治に主体的に参加することによって可能になる。つまり、それは内容的には民主主義に結びつく。この原理は、人間を社会を形成し社会によって形づくられていく主体だとすることを前提に置く。それでは個人は他方で「しかも絶えず国家に対して否定的独立を保持するごとき関係に立たねばならぬ」というもう一つの論点についてはどうか。笹倉は「ここでは各人は、そうした価値（社会的・政治的集団に還元できない独自価値）の担い手として、また究極的には一人ひとりが独自の存在として、自立性・尊厳性をもっているとされる。これは、社会的・精神的および政治的な自由主義リベラリズムの原理に結びつく」。そうして、「こうした点に注目しながら丸山の諸作品を読み、それらの中で……呈示されている、かれにおける自立的で主体的な政治主体像の構造を明らかにすること、その作業をつうじて丸山の政治的思惟の内容および方法の一端をとらえ、またそこから学んでいくこと、これが本第二部の中心的課題である」[4] とする。

私は、笹倉のこのような理解が、山之内のそれなどとくらべて、はるかに妥当な理解であろうと考える。ただ、笹倉は、先の引用の次の「しかもさうした関係は市民社会の制約を受けてゐる国家構造からは到底生じえないのである」という文章、およびこれに続く「そこに弁証法的な全体主義を今日の全体主義から区別する必要が生じてくる」という両文章についての、つっこんだ考察をしていない。「市民社会の制約を受けている国家構造」とはなにか。今日の全体主義から区別されるべき「弁証法的な全体主義」とはなにか。この点について、私を納得せしめるような解釈を提示した研究は、これまでなかった。ここでの「市民社会」がヘーゲル―マルクス的な Bürgerliche Gesellschaft の訳語と考えてもよいであろう。当時のマルクス主義理解において、『資本論』第一巻のマルクス自身による仏訳が、この言葉を、ブルジョワ社会の意味と civil society (société civile) の両義に訳し分けているというようなことは、当時の日本のマルクス主義者や丸山を含めてその影響を受けた知識層には知られていなかったであろう。そして丸山がここでの「市民社会」の意味をヘーゲル的に解しているよりも、当時のマルクス主義的理解、端的にはブルジョワ社会、資本主義社会として理解していた可能性が強いであろう。そうすると、「市民社会の制約を受けている国家構造」とは、ブルジョワ社会的、そのかぎりでの階級的制約を受けている国家構造(ブルジョワ国家)からは「このような関係」は生じえないということになる。そこでつぎの難問は、今日の全体主義から区別される「弁証法的な全体主義」として、若き丸山は、なにをイメージしていたのであろうか。私は先の論文では、これを「人権と市民権の保障を獲得した自立独立の諸個人からなる同市民が自発的に形成(作為)する脱資本制的国民国家」、「市民社会」の止揚の上に立つ「ルソー的な自由な市民の自由な政治共同体の探究」というふうに理解した。しかし私は自らの解釈に確信をもっているわけではない(5)。ただ丸山が三六年時点に現実に唯一存在した「ソ連国家」をそのようなものとしてイメージしたとは、状況証拠からではあるが到底考えられない。「弁証法的な全体主義」は、旧制高校時代から大学にかけて、すぐれたマルキシストの友人たちからの影響も受けていた丸山の、三六年次元における政治的ウトピーの一表現だったのであろうか（弁証法的なという形容詞を付されているとしても、そのような全体主義がなお肯定的な概念として受け取められているのはなぜか、この点の探索も必要であろう）。

笹倉のこの労作のもっとも大きな部分を占める第二部には、とりあげるべき論点は多々あるであろうが、ここでは笹倉による、丸山の福沢解釈をとりあげる。というのは、丸山の旧被指導生の一人が、「丸山諭吉」をめぐるいくつかの考察、というエッセイを書いた(6)。その「丸山諭吉」というキャッチ・ワードが転用されて、丸山の福沢研究の「安易な研究方法」も「戦後責任」に寄与したとする『福沢諭吉と丸山眞男—『丸山諭吉』神話を解体する—(7)』と題する四八〇ページの大著が公刊され、それにいくつかの批判的限定つきで、大きな共感と感謝の念をささげる笹倉の同業者の法哲学者の文章などもあるからである(8)。

ところで、この法哲学者さえも指摘するように、この「著者（安川）は、福沢研究以外の丸山の仕事に対しては、いかなる批判的言及もしていない」のである(9)。丸山の膨大な思想史研究の、重要であるとしてもその一部にすぎない福沢研究についての自らの解釈が丸山と違うということから、丸山の学問の戦後責任を問うなどということは、社会科学以前の論理上の初歩的誤謬である。第二に、この論者は、膨大な量の福沢研究の蓄積の中で、丸山の研究がどのような特色をもつ研究であるかについての関心や問題意識をほとんどもっていない。松沢弘陽が丸山著『福沢諭吉の哲学』の解説で指摘しているように、丸山の福沢研究は「福沢における方法の問題に集中」していた。[10] この点について、丸山自身が、「(丸山のアプローチは) 福沢の……果した政治的役割とか、彼の時代における具体的な個々の時事問題に対する福沢の個々の回答もしくは結論とか、にあるのではなくて、そうした数多い福沢の言論的活動の底流に一貫して流れている、彼の認識・判断の方法——その意味での福沢の「哲学」——を抽出し、その意味を分析しようとすることに特徴がある」と語っており、「私の研究は日本においても、そうした特殊な観点の稀少価値ゆえに、注目を浴びた」とも自己評価している。[11] このような丸山の福沢研究の方法が、自らの研究の方法・視角と異なるからといってこれを全面的に否定的に評価し、丸山の福沢研究においてもいわばもっとも強い「福沢の哲学」理解に対して、自らのそれを対置することのない「批判」、自らの「政治的意欲、希望が混入するような安易で安直な」批判は、学問的には、まったく意味がない。

ここで本題にかえって、笹倉の、丸山の、福沢評、そして福沢と丸山の思想的分岐についての評価を、その本の、第二部第三章　中間考察—「アンチノミーの自覚」のⅢ　具体例のA　福沢諭吉を中心に見ることにしよう。笹倉は、「アンチノミーの自覚」に基づく「内面的緊張」を重視する思考パターン——その思想の論理を〈主体的緊張の弁証法〉および「バランス感覚」の思考方法と名づけている——が、丸山の作品群に広く見られ、それがかれの思想の根幹に深くかかわっていることを指摘し、その具体例のAとして福沢をとりあげている。そこでは、丸山が福沢から学んだ福沢の「あまのじゃくの根性」の見事な分析があるが、[12] 同時に福沢と丸山との間には、質的な断絶があることを指摘している。それは福沢が「ルネッサンス精神・人間主義の体現者であり、それを超えるものをもたない」のに対し、丸山は、プロテスタンティズムや親鸞の教えにもつながる絶対的な超越神の前に自我の自足性をもいったん否定する人間観を根底にもっていたことであろう。この点で丸山は最終的には福沢から離れる。[13]日本近代思想史の文脈でいえば、丸山は、福沢の「物事をいつもプルーラルにみる均衡感覚」や「プラグマティックな考え方と歴史意識」から無限に学びつつ、他方で、「我ここに立つ」という「ルーテル」的な自己意識に定礎された「節操と気概」の内村的精神からも学ばなければならないとするのである。ルネッサンス的精神と宗教改革的精神との、この二つの精神の結合を目指すのが、丸山の「プルーラル」な思考の立場なのである。[14]だからわれわれは、「丸山諭吉」などというキャッチワードに悪のりして、丸山を思想的・政治的に一方向的に解釈し、道義的に誹謗してはならないのである。

つぎに間宮陽介『丸山眞男　日本近代における公と私』をとりあげる。間宮のこの仕事については、私は「丸山眞男　プロス・アンド・コンス」という前出の論文で、「私が最近になって読んで一番感心した」本としてあげており、「丸山の内面史の基礎資料たりうる『自己内対話―三冊のノートから―』が縦横に活用されており、かつ経済学者である著者が、丸山の『日本政治思想史研究』でとりあげられている仁斎、徂徠、宣長等の仕事にも自らも可及的に当たって、丸山のいわば哲学と理論的営為の核心に迫っている点に、ある種の感銘を受けた」と書いた。[15]本稿を準備するに当って、私は八月と一〇月の二回にわたってこの本の再読・三読をおこなったが、この本が先に検討した笹倉本ほど浩瀚な書物ではないけれども、笹倉本と並ぶ丸山研究の白眉であるとの印象をさらに深めた。この本は、第一章　思索と思想、第二章　公と私の分岐、第三章　時間・歴史・社会、第四章　政治的思考（プラス丸山の年譜と短いあとがき）から構成されており、本来ならば、それぞれの論文の紹介、問題点の指摘等をおこなうべきであるが、紙幅がそれを許さない。そこでここでは私が間宮の研究によってとくに強く印象づけられた二、三の問題についてのみ触れておきたい。

第一点は、第一章と第四章で触れていることであるが、丸山の『自己内対話』の「理論と現実の弁証法的統一が実践である」（昭和二三年の覚書、『自己内対話』二二頁）という命題が、デカルト的な内外問題の問題状況に対して丸山が与えた解答であり、したがってまたそれは、丸山の思想・哲学・学問を貫く基本線となるという把握である。引用は第四章よりおこなう。

「個人の内と外との統一、社会における公と私との統一、この二重の統一の問題は丸山の哲学、思想史、政治学、政治思想についての考察を縦に貫く基本的な問題であった。戦前から戦後、そして二つの安保を経て、一九九六年に亡くなるまで、彼の全仕事に驚くほどの一貫性と、そして（その多領域にまたがる活動にもかかわらず）驚くほどの凝集性がみられるのも、おそらく彼の問題意識のこの求心性に拠っている。そして彼は二つの基本問題、二重の統一の問題に対する解答の鍵を「活動（行為）」に見出したのである。〔以下略〕」[16]

「活動は人間の内部世界と外部世界を統一するだけだが、自由な活動が創出する『出来事』は公と私を統一する。このような形で公と私が統一された空間こそが、アーレントのいう政治空間（公共空間）であった。」[17]

第二に、この点とも関連して、丸山の『自己内対話』におけるもう一つのキイワードである「他者感覚」についても、この本の末尾でつぎのような解説を与えている。それは「日常生活のなかに遍在する普遍的原理を表現した」もので、「特殊性ではなく日常性のなかで、一人一人の人間がウチとソトを隔てる壁をつき破って独一個の人間として立つとき、そこに主体性とともに普遍性も現われる。丸山が終生説いてやまなかったのはこのことである」[18]。別のところでは、「他者を他者＝他在として認識するには自己を自閉の殻から解放しなければならない、というのがその積極的な主張である」[19]。

第三に、「理論と現実の弁証法的統一が実践である」という丸山の命題は、アメリカのプラグマティズムの創始者の一人パース（C.S. Peirce, 1839–1914）や、イギリスの哲学者コリングウッド（R.G. Collingwood, 1889–1943）の、活動を人間存在の本質とみなし、主体と客体はそれ自体として実存するのではなく、活動という形のなかで同値関係をとる（パース）、客体を離れて主体（精神）はなく、主体を離れた客体も仮構である。実存するのは両者を統合した活動である（コリングウッド）との同質性を主張し、コリングウッドの「精神の自知としての歴史」と丸山の「いかなる歴史的認識も一つの自己認識である」という言明の同一性を指摘している[20]。その他にも間宮は、丸山とアーレントの政治的概念の類似性を指摘している[21]。このような比較政治思想史的考察は、日本政治思想史の専門家からはなかなか出にくいものであり、間宮の考察の視野の広さを立証している。

第四に、主として第三章にかかわることであるが、間宮の、丸山の、日本人の時間意識の思想史的考察についての論及は、体系的でもあり示唆に富む[22]。まず、丸山の「古層」論文で論じた問題の生成史（当初の問題意識）とその端緒を明確にしていることである。間宮の、丸山の「古層」概念の理解は正確であると私は考えるが、丸山が「古層」論を論じる原初的モチーフが、「戦前、丸山が経験した知識人のなし崩し的な転向」、よりロング・レンジに考えれば、日本の少なくとも一五世紀に渡来したキリスト教にはじまり、最近では六〇年安保、七〇年安保を担った者たちのナショナリストへの転向にいたる「転向文化への徹底した違和感」であったことが、的確に指摘されている。そして丸山は、この転向文化を思想史的に二つの方向から考察した。一つが「忠誠と反逆」（初出、一九六〇）となって結実した、日本人と信条の関係をめぐる思想史。いま一つが「歴史意識の「古層」」（初出、一九七二）によって一つの解答が与えられた日本人の時間意識である。この両者についての間宮の読解を詳細に跡づける余裕はない。前者については、「近代国家の形成に伴う封建的忠誠の解体と忠誠の国家的集中およびそれに付随して生じる反逆の集中は、自我（個人）次元での原理への忠誠（信条）と原理的忠誠をテコとする反逆＝抵抗の精神とを減退させたというのが、その骨子である」と要約される[23]。後者については、その主旋律は、「外来文化の日本的変容という旋律であ」り、その執拗低音、「つぎつぎになりゆくいきほひ」という歴史意識は、外来思想を変換する作用素としてだけでなく、さらに日本人の精神態度――その基底にあるとみなされているのが「いま中心主義」、「現在中心主義」である――を形づくる一要因としても考察されている。そして、「いま」中心主義の時間・歴史意識は、人間性から、そして社会から、時間を疎外しているだけではなく、丸山が「古層」論文の劈頭で引用している宣長『古事記伝』の一節に示唆されているように、規範の外在化＝私的領域の非政治化をもたらすものであった[24]。間宮の前述二論文の読み方は、たとえば政治理論家川崎修の解説[25]などとくらべて、それに十分匹敵するばかりではなく、その論文における丸山の日本社会の「等質性」の理解においては、まさっているように、私には読める。

第五に、間宮のこの本の第一章で総括的になされ、二～四章でもおこなわれている、さまざまなタイプの丸山批判論――吉本隆明の「丸山眞男論」にはじまるさまざまな批判――、丸山を啓蒙主義者、近代主義者、保守主義者、最近ではいわゆるポスト・モダン派による、丸山の日本社会の等質性発言を前後の文脈から切り離し、丸山を等質的国民国家の唱道者と断じる批判（アジアの被抑圧民族の側に立つ視点がない）等を、「丸山の思考の連鎖を追跡する労をとらず、結論部だけをつまみ食い的にピックアップし、それればかりかその結論を自分自身の問題の文脈に移植して、その欠陥をあげつらっている」[26]ものが多い。「他者（丸山）をその他在においてみるという態度に著しく欠けている」と批判している。とくに吉本の丸山批判については、「彼は自分がこしらえた丸山のワラ人形を相手に相撲をとっていることには気がついていない」と痛烈である。[27]望蜀の感としては、吉本、色川大吉等にたいする痛烈な批判が、ポスト・モダニスト派、「国民主義の脱構築」派にも加えられれば、なおよかったであろう。

本節でもう一つとりあげたい注目すべき論稿は、故北沢恒彦（一九三四〜九九年一一月二二日自死）の「書評・丸山眞男「反動の概念」」である。この論文の初出は、『思想の科学』一九九一年七月号〜一一月号である。論文の附記には、この書評は、「文体研究会」（小笠原信、塩沢由典、鶴見俊輔、横山貞子そして私の五人）での報告と討論を基にしている、と書かれている。著者の北沢のことについては、「思想の科学」研究会、とくに京都の研究会同人には周知のことであろうが、私が北沢のことを知ったのは、前掲書評を中心とする北沢の著書『隠された地図』[28]のことを知人に紹介され、その本を譲りうけて読んだのが最初である。本稿の読者の多数も未知であろうと推定される。そこで、著者北沢について、前掲著書に附された「北沢恒彦の著作をめぐる年譜」（黒川創執筆）によって、できるだけ簡単にまとめておく。北沢は、一九三四年生まれ、家庭環境は複雑だったようである。一九五〇年京都府立鴨沂高校入学、五一年頃から日本共産党指導下の反戦運動、「武装闘争」に参加。逮捕、起訴、保釈を経験。五四年共産党から追放される。五五年四月〜六〇年三月同志社法学部在学。フランス語独習。六二〜九五年京都市役所職員、中小企業指導業務に多年従事。八六～八八大阪市大大学院経済学研究科入学・修士修了。九五年京都精華大学非常勤講師。一九六〇年頃より鶴見等と接触し、サークル活動をともにおこない、「思想の科学」同人となる。京都べ平連にも参加。丸山とは六〇年に東大大学院受験の面接のとき初対面、六八年一〇月一三日「丸山眞男氏を囲む会」出席（多分於東京）。八四年一〇月、鶴見、塩沢とともに学士会館で、丸山へのインタヴュー（これは、『丸山眞男　自由について　七つの問答』として、二〇〇五年七月、編集グループ（SURE）によって公刊された）。このあとも丸山と文通、丸山の没年まで続く。

つぎに、丸山の「反動の概念」という論文と、それについての北沢の書評のあらましに触れておく。丸山論文は、一九五六～五七年にかけて岩波書店から公刊された講座『現代思想』全一二巻の第三巻反動の思想のI反動の一般的考察の三本の論文の巻頭論文であり、総頁二九頁の紙幅的には小さい論文である。(29) これに対して北沢の書評は、一九八〇年代のはじめ頃から準備され（準備の開始は多分さらにさかのぼるであろう）、前述のように九一年後半に五回『思想の科学』に連載された、総頁一二八の名実ともの大書評、大力作評論である。この論文の構成や意義等にはこれから論及するが、その前にこの書評について、私の望蜀の感を述べておきたい（著者が故人となったいまとなっては、詮無いことだが）。一つは『現代思想』Vに丸山が多分中心的に執筆したのであろう、二頁の「はしがき」に注目すべきであったろうこと、また「執筆者相互の実質的な見解を統一あるいは調整することを意識的に避けるかわりに問題の所在と主題の相互関連については、〈たびたびの会合や通信によってできうる限り共通の基盤をもとうと努力した〉」（はしがき）その成果が、その時点においても、今日の目から見ても超一流の一五名の社会科学者、哲学者、歴史家、自然科学者によって（その中で当時一番若かったのが、多分一九二八年生まれの宮田光雄と藤田省三であったろう）いかに分ちもたれたかを問題とすべきであったのかもしれない（その他の批判点については、後に譲る）。

つぎに北沢の書評論文の要約であるが、ノートを取って二度ほど読んだのだが、短いスペースでの要約はなかなかむずかしかった。そこで那須耕介による見事な要約の骨子をまず紹介し、ついで私の評価と感想を記す。那須の要約によれば、丸山は、反動という言葉が蔑称として濫用されたあげく、本来の衝迫力をにぶらせてしまうことへの警戒感のなかから、その論をくみたてているが、その柱は二つの反動論、一つはバンジャマン・コンスタンの『政治的反動論』（一七九七）、他は「反動」をはじめて歴史概念として用いたマルクスの考察である。コンスタンは、政治的反動を、「人」に向けられたもの（対人反動）と「理念的な色彩のつよいもの（理念的復古運動）」に二分し、各々への対処にきちんとした区別をすることをもとめた（そして彼の論全体に市民的自由の原則が貫かれている）。これに対し、繊細な歴史感覚を下地にもつマルクスの反動論は、歴史上のやっかいな問題にとりくむことを可能にした反面、その繊細さを後退させていき、革命運動や革命政府が「進歩の担い手」の座を長く独占することによって、その行く手をはばむ諸現象を、まとめて「進歩の敵＝反動」とみなす習慣がつくられていく嚆矢となった。丸山は、この状況をのりこえるためには、社会内の矛盾をあかるみにひきだす「抵抗」に独立の価値をみとめるべきだと提案している。北沢は、この丸山論文から丸山の提起したユニークな論点として、つぎの三つをとりだす。

①「反動の概念」が、一九五六年秋のハンガリー事件の衝撃のなかで急遽まとめあげられたため、丸

山の「地金」をかいま見せる特異な論文となっていること。

②丸山「反動の概念」が、進歩主義・マルクス主義に対する外からの批判ではなく、あらゆる思想の理念の可能性と限界をためす、きびしい自己検証のこころみとして書かれていること。

③ここで丸山がえらびとった学者としての倫理的な姿勢が、そのダイナミックな文体とあいまって、「大衆の土壌」と、深いしっかりとした通路でつながっていること。この点の指摘は、吉本等の丸山批判を考えると、とくに重要な洞察だ。[30]

那須の解説では、丸山の目にはハンガリー事件の本質とは、思想そのものの危機だったのであり、「書評」の大半は、丸山論文がこの根本動機とまっすぐむすびついていることの解明についやされ、そのキイ概念として、「類と個の峻別」、「次元の識別」(「視野の複数性」への感度)そして「抵抗の次元の剔決」が示され、その道筋がたどられる(以下、那須の要約の紹介は省略)。

以上の要約を前提としながら、北沢書評への私自身の評価を記しておく。

①この書評論文は、丸山の「反動の概念」という論文のみならず、丸山の全仕事とのものすごい知的格闘の成果である。丸山のこの論文を徹底的に読破し、そこに描かれている世界を、丸山の使った資料や書籍のみならず、丸山が使わなかった歴史的等々の素材にまで拡張して解明している。そして、丸山が学問的礼節を守りつつ、マルクスを批判したのと同じ精神で、北沢も丸山のこの作品を分析し、解剖している。まず素材の面。北沢は、丸山がこの論文で主要な対象としたコンスタンの論文を自らも原文にあたって精読しているだけではなく、その意義と背景を明らかにするため、ミシュレの『フランス革命史』、バルザックの『ゴリオ爺さん』、チュルゴー伝等々をフランス語原文ないし英語原文で読んで、

文字通り活用している。文献的なことでもう一点あげれば、丸山の思想形成に父幹治が与えた影響は丸山自身を含めて、多くの論者が指摘するところであるが、六五頁には幹治の『丁稚制度の研究』(政教社、一九一二年。共著)、一三二頁には『副島種臣伯』の一節(「征韓論争閣議」)が引用され、「マルクスの言い分にトコトンまでついていって、最後のどんでん返しのところでマルクスに包攝できない『抵抗』の精神を西郷に集約させた」浪花節は、丸山が父幹治から学んだものではないか、と述べている(もっとも、もし北沢に誰か助言をする友人がいたなら、丸山の思想形成に影響を与えた、丸山の二人の師、つまり南原繁と長谷川如是閑についても、同様の考察がほしかったところである)。

ついで、北沢の丸山評価も、丸山への礼節を守りつつ秀逸である。北沢が、丸山のマルクスにつく仕方を「トランポリン」の比喩で語っているが(一二八〜一二九頁、参照)、書評論文のおわりのあたりで、天皇の戦争責任を認めるという点で、丸山を日本帝国最後の首相鈴木貫太郎と比較して、「丸山眞男の思想的文体には『講談』も『浪花節』もあるが……(貫太郎に見られるような)こういう穴だらけのおかし味は出てこない。この一点が丸山眞男の思想的文体に寄せる私の批判である」という。見事な批判である。

②北沢の書評は、丸山の反動論文の徹底的な批判的かつ拡大された検討・検証を通じて、丸山の「人と思想」、その業績の全体像とエッセンスに迫り、かなり見事に描き出していると考える。このことは、前項のコメントなどから察することができよう。そしてそれと同時に、北沢は、この徹底した丸山研究を通じて、自ら独自の思想世界を描き出すことにも成功しているといえるのではないか? 北沢は書評論文のV　経験領域・歴史的進行形との接線＝テキストの未来で、彼がこの丸山論文から影響を受けて

きたことを二点指摘し（一三九〜一四八頁）、またVの6方法的確信・存在論的懐疑の節で、チュルゴーの手紙の一節を引いて、丸山眞男がかつて「全共闘」の一部と鋭く対立したのは、相手の言い分に鈍感だったからではない。むしろ、敏感に過ぎたのだ。……考えがあり余ったためだ、とコメントしている（一五七頁）。これも常識的意表をついた面白い見方だ[31]。まとめていえば、北沢の丸山論は、この節でとりあげた笹倉や間宮の研究と十分に匹敵する、それ独自の価値をもっていると思う。また彼の研究には、いろいろな意味で（つまり、彼の生涯も、職業も、その研究仲間と環境の点でも）京都という都市のにおいが濃厚に感じられる。私はその早すぎた死を、心から残念に思う。

2

この節では、最初に小林正弥編『丸山眞男論[32]』をとりあげる。これは公共哲学叢書②と銘打たれていることからわかるように、公共哲学の構築という観点から丸山の今日的意義をトータルに問い直そうとする試みである（後書き）。寄稿者は、小林（序章、終章）、宇野重規（第一章）、関谷昇（第二章）、山口定（第三章）、石田憲（第四章）、平石直昭（第五章）、他に小川有美と山脇直司の短い特論がある。ここでは、小林の序章、終章と、山口の第三章　丸山眞男と歴史の見方、平石の、丸山眞男の「市民社会」論のみをとりあげる。小林の序章「丸山眞男と公共哲学」は、丸山を戦後日本を代表する（革新的）公共哲学者と規定したうえで、丸山批判論の諸類型と誹謗論を六つほどのタイプに分類し、それに反論を試みている。最近の丸山批判の主流となっている、「国民主義者・（福沢＝）丸山」というポスト・モダン左翼の外在的批判、および丸山を「確信せる戦時動員論者」と断定する中野敏男等の誹謗に対する反論は的確である、と私は考える。また丸山の思想ないし業績を内在的に批判する「内在的批判」の代表例としてあげられているのは、山口定論文と平石直昭論文である（後述）。小林の終章　丸山眞男の思想的発展――その主体像の批判的再構成――では、それを初期＝近代主義期（日本ファシズム対主体的作為）、中期＝逆説的公共主義期（戦後ファシズム対市民社会）、後期＝多元的普遍主義期（古層対精神革命）に分ける試案が提起されている。[33]この終章で、私にとってとくに興味深かったのは、第四章　後期＝多元的普遍主義期である。それによれば、丸山の古層論への移行は、初期の「マルクス主義的な歴史認識論」からの決定的離脱を意味すること。丸山の一九六四年度講義録における鎌倉仏教、とくに親鸞や道元の高い評価が注目され、そして日本仏教的宗教改革において古層の突破が惜しくも実現できなかったという未完の課題に対し、丸山はその師南原繁との対談において、「新たな〝宗教改革〟の必要性」という南原の主張に賛成していることが注目されている。[34]

さて、小林は、山口と平石の論稿を、丸山に対する「内在的批判」の代表例としてあげている。まず山口論文から見よう。山口は丸山の歴史の見方に、⑴ファシズム研究、⑵発展段階論から異文化接触論への転換の形をとった丸山の歴史観の変容、⑶丸山の「市民」及び「市民社会論」の三点から接近し、評価と批判をおこなう。第一点については、山口は丸山のファシズム研究における最大の寄与は、「下からのファシズム」と「上からのファシズム」という概念設定によって、ファシズムの比較研究への決定的手掛かりを提供したことにあることを認めつつも、丸山ファシズム論においては、それの「疑似革命」的側面はあまり強調されなかった等の問題点を残していることを批判する。第二の、丸山の歴史の変動の見方、発展段階論から異文化接触論への移行に関しては、丸山が「開国」は「東アジア諸国特有の問題である」とした上で、ヨーロッパ諸国にはそういう「衝撃」はないと言明していることについて、ドイツ近現代史専門家の立場から鋭い異議申し立てをおこなっている。この点の異議申し立ては、とくに価値があると思う。もちろん山口は「これまでいわば背中にズルズルとひきずっていた『伝統』を前に引き据えて、将来に向かっての可能性をそのなかから『自由』に操ってゆける地点」に立たねばならぬという丸山の提言には基本的に賛成しているのであるが(35)。

第三の論点については、山口は——この点はつぎにとりあげる平石の場合もそうであるが——、丸山没後の追悼講演会における石田雄の、丸山が「市民社会」概念を使用しようとしなかったことについての説明に反論し、丸山がポジティブな「市民社会」概念へ事実上接近したことを認めながらも、そこになお残された問題点があることを指摘している（そこでは、われわれがすでに検討した間宮の覚書への言及もなされている(36)）。

他方、平石論文のほうは、丸山には、ヘーゲル的な「市民社会」の用例と並んでいわばギゾー的な用例とでもいえるものがあり、後者は内田（義彦）とは違った意味で積極的な理念として使われていること、それは丸山による福沢諭吉の研究・評価と結び付いており、大衆社会状況に対する処方箋を示唆するものとして理解されていたこと、が立証されている(37)。とくに前述の文章の最後のセンテンスとの関連で、丸山からラスキを少なくとも一つの源泉として、それとギゾーや福沢の読解を結びつけた。そこには「ギゾー→トクヴィル→ラスキ」対「ギゾー→福沢→丸山」という大きな思想史的継承の対応関係を見ることができる、と述べている(38)。見事な指摘である。

つぎに大隈和雄・平石直昭編『思想史家　丸山眞男論』（ぺりかん社、二〇〇二年）を見よう。これは一九九九年度の日本思想史学会の大会シンポジウム「丸山思想史学の地平」（於東京女子大学）での報告をもとに、報告者が大幅な手を加えて一書としたものである。これは、思想史家丸山眞男ないし丸山眞男の思想史学を思想史専門学会が専門家たちを結集してはじめて共同討議をし、その成果を公刊した最初の論集である。このシンポ等の要約は編著の一人平石直昭（一九四五年生れ。東大社研教授）によって、「あとがき」で的確にされている（筆者は学会会員ではないが、このシンポには出席を許された）。報告者と論題は、以下のとおりである。

Ｉ　〈日本思想史〉の全体像を中心に

原型（古層）論と古代政治思想論　水林彪（一九四七年生れ、都立大法教授、日本法制史）

〈原型＝古層〉から世界宗教へ――『丸山眞男講義録〔第四冊〕』を読む　末木文美士（四九年生れ。東大人文社会系研究科教授、仏教学）

丸山眞男と近世／日本／思想史研究　澤井啓一（五〇年生れ。恵泉女学院大学教授。日本・東アジア近世思想史）

II　〈方法〉の問題を中心に

丸山思想史学と思惟様式論　安丸良夫（三四年生れ、一橋大学名誉教授、日本思想史）

丸山眞男における自我の問題の一断面　川崎修（五八年生れ、立教大学法教授、政治学）

丸山眞男における近・現代批判と伝統の問題　松沢弘陽（三〇年生れ。北大名誉教授、前ＩＣＵ教授、日本政治思想史）

以上のような各分野の研究者が、自らの研究テーマとの関連で、また研究者としての立場を固く守って（つまりジャーナリスティックないし評論家風にではなくて）、自由闊達に論じ合っている。丸山思想史学について、わが国での本格的研究の先駆となりうる共同研究といえる。

ところで私は、丸山思想史学についての専門家ではないし、とくに第一部の執筆者の専門分野については、関心はもってはいるが、まったくの素人である。そこで、それらおよび安丸、川崎論文についでは若干の感想を記すにとどめ、最後の松沢論文についてややくわしく言及する。

水林論文は、「原型（古層）論と古代政治思想論」という表題で書かれているが、丸山の「原型論」とはいっても、歴史意識についてはは七六頁で簡単な批判的コメントがあるのみで、国制史の立場からの丸山の古代政治思想（政治構造）の評価が中心となっている。これは、その専門からいって当然であろう。私にとってもっとも興味があったのは、石母田正の丸山古層論の評価と両者の比較論の箇所で、その結びの部分の第二点で、丸山・石母田の提起した問題を「未開と文明」問題として具体化し、深めたいと思うと述べていることは、水林の方法的立場からすれば、当然のことであろう(39)。ただし、水林の「国制史」の規定と国制の比較史的研究の枠組については、子安宣邦が、「中国の異質化の上に『日本一国文明』の成立と、日本近代社会の西欧との同時的成立とを主張しようとする『国民の歴史』(40)のために、比較国制史研究は全面的にその論拠を提供することになる」という痛烈な皮肉を飛ばしている。水林はこれにどう反論するか？

つぎに末木論文。この論者は、〈原型＝古層〉は初めからあるのではなく、それ自体歴史の形で形成されてゆくのではないか、という仮説に立って、丸山の〈原型＝古層〉論の生産的継承を考えている

（九五頁）。この論者はかなりの皮肉屋であって、丸山の〈古層〉が、一九三二～四三年国民精神文化研究所所員として日本精神を鼓吹する理論的指導者であった紀平正美（一八七四～一九四九）の『なるほどの哲学』（一九四一）および『なるほどの論理学』（一九四二）に見える「なるほど」の論理と極めて近いと指摘する（私は紀平のこの両著を見る機会をいまだもちえていないが）[41]。しかし他方、末木の方は、彼が検討の対象としている丸山『講義録〔第四冊〕』の七六頁における特殊性と普遍主義の対照が、T・パーソンズ（一九〇二～七九）の社会学理論、なかんずくパターン変数の議論の影響を受けていることには、思いいたらない[42]（ウェーバーの影響は指摘されているが）。とはいえ、末木論文の結論は、「丸山の論述の終ったところに、実は本当に丸山が提起し、今日我々が直面している問題がある。それに逃れずに直面したとき、はじめて恣意的な隔世史観を乗り超え、「伝統なき伝統」を変革することに一歩近づくことができるのであろう」と結ばれている[43]。

澤井のもともとの学会報告の論旨は、丸山において近世日本思想史という構想そのものが〈不在〉であり、澤井の積極的な提案は、日本の「近世思想史」を「日本思想史」という閉ざされた領域の一部として構想するのではなく、東アジアで展開された新儒教のプラクティス化という過程の一形態として把握するというものである。私には当面この澤井の問題提起になんらかの学問的な見解を表明する能力はない。しかし澤井には、丸山の「古層論」について、その提起が丸山の歴史認識における変化（文化接触による文化変容の重視）とかかわる点の指摘はほとんどないし、また丸山の講義録〔第六冊〕の第三節や〔第七冊〕第二章第四節に示されているような、江戸時代における修正と変容の諸形態の理論的整理におけるパーソンズ的理論枠組の活用についての注目も（末木論文と同じく）まったくない。

第II部の安丸論文については、気づいた点を二点指摘しておく。一、丸山とマンハイムの部分に関連して、マンハイムの『イデオロギーとユートピア』が、かつて彼が傾倒したルカーチの『歴史と階級意識』(一九二三)との批判的対決の成果として出版されたことが見逃されている[44](丸山の東大法学部における東洋政治思想史演習が、四七~四九年度ヘーゲル『歴史哲学講義』の講読・討論。五〇年度がルカーチ『歴史と階級意識』の講読討論、そして翌々年五二年度がマンハイム『イデオロギーとユートピア』(英訳本)の講読・討論であったことは〔私はこの演習には出席していないが〕、丸山がルカーチ―マンハイムの関係を熟知していたことを示していよう)。第二点は、安丸は二〇九頁で、米谷匡史の「巧みな考証」(?)によりつつ、戦後の丸山の思想転換が、四六年三月六日のGHQの指示による新憲法の骨格「憲法改正草案要綱」の発表によるのではないか、「超国家主義の論理と心理」はその日から同月二二日までのあいだに執筆されたと示唆している――そして宮沢俊義の「八月革命説」が東大憲法調査委員会における丸山の発言を借用したものであることは確認されているが――。しかし米谷・安丸は、丸山が一九四五年四月~八月、広島宇品の陸軍船舶司令部情報班で海外情報の収集を任務とし、ポツダム宣言の内容(とくにその一〇項末尾の「言論、宗教及思想の自由並に基本的人権の尊重は確立せらるべし」を熟知していることを忘れている(『丸山眞男戦中備忘録』の公刊は九七年七月である[45])。

つぎの川崎修論文は、川崎がこの論集執筆者の中では、筆者と専門・問題関心がもっとも近く、丸山の「個人析出」の四類型の提示が、ローウェル図式を巧みに応用していることや、丸山の原子化型個人析出とリースマンの「他者志向型」との類似と相違も指摘されている。

最後の松沢論文は――松沢は多年丸山に師事し、『丸山眞男集』の編集の中心人物の一人であった

――、丸山の日本思想史研究を、特に一九五〇年代末以降の時期に推進した動機を問うている。この問いは、丸山の学問と思想を貫く二つの主題、つまり、①近・現代批判、②マイナスの伝統を批判して真の伝統を創出するという、内面的に関連した主題である。この主題について、松沢は、集、座談、講義録等の網羅的で精密な読みをおこない、それらを前記の主題に則して見事に整理している。松沢論文は、丸山の学問と思想についての最高水準の労作の一つであると私は考える。ここでは、この論文のむすびの一節を引いておこう。丸山の思想史研究を貫くのは、「歴史の中に、歴史を超える理念が投影する意味を、伝統の問題として、どこまでも学問的方法に従ってとらえようとする、丸山の学問生活の初期から一貫する企てである。それは丸山自身認めるように難問であり、現代には『反時代的』であろう。しかし、それはそのようなものとして、対決しそして継承すべきものを継承するに足る、一つの豊かな知的遺産といえよう」と。(46)

なお、一、二感想をつけ加えれば、「現代化への脱皮」が、「近代化の確立」との同時的な「二重の課題」としてうち出されているという点(二七六～二七七頁)は、僚友辻清明の行政学・政治学を貫く問題意識でもあったのであり、(47)注25および27の、伝統理解をめぐって丸山の議論と一々呼応する故藤田省三(一九二八～二〇〇三)の論文への言及は、印象的である。(48)

本節の最後に、樋口辰雄『近代への責任思考のパトス―福澤・丸山・ヴェーバー・トクヴィル』所収の第二章～第四章　丸山眞男の学問エートスと「変容」の文化史―「文化接触への道」―、をとりあげて、簡単なコメントをおこなう。樋口は一九四五年生れ、明星大学人文学部教授で、前著に『逆説の歴史社会学―ニーチェとヴェーバーへ―』(尚学社、一九九八年)がある。この前著の表題からも察しられるように、樋口はウェーバー研究者であるが、山之内靖のウェーバーとニーチェ関係の研究の影響を受け、ウェーバーにおけるニーチェ問題に研究の焦点を定め、前掲第二作においても、社会諸科学へのニーチェ・インパクト（第五章、一二七～二九六頁）さらにトクヴィルの「アメリカ」とヴェーバー（第六章、二九七～三四五頁）等が論じられており、この本の二～四章（五一～一二五頁）が、丸山研究である。

この二～四章で設定されている中心的研究課題は、「丸山眞男におけるニーチェ体験・刻印」であり、副次的には、ニーチェを間にはさんでのウェーバー・丸山問題（さらに丸山・大塚関係）の解明である。樋口によれば、「丸山におけるニーチェ・ファクター」等を含め、「丸山の「思想世界」のトータルな理解には、向後半世紀以上要すると思われる」と見透しがのべられている（「はしがき」iii～iv）。この研究課題へのとり組みにあたって著者が手がかりとしているのは、丸山思想史学の研究の後半生を飾る「文化接触」という構想であり（その重要性を丸山が気づくのは五〇年代末であるが、六一年後半から一年半にわたった海外出張がその重要性を再認識させた。そして樋口は集11、一九〇～二〇一頁の丸山の諸世界像に関する解釈を「ヴェーバー宗教社会学の丸山版」と評し（樋口本、九七頁）、六〇年代「東洋政治思想史講義」を丸山的政治「宗教社会学」の展開と呼んでいる。[49]ウェーバー、ニーチェ、丸山のトライアド関係の研究を深化させていく必要性が強く印象づけられる。

3

はしがきでも記したように、近時、丸山眞男とその師南原繁との関係、さらに南原と丸山および丸山の弟弟子にあたる福田歓一、さらに南原と宮田光雄との思想的関連を論じた諸労作が数点発表されている。もはや紙幅も尽きているので、主要なもの数点のみを簡単に紹介し、手短にコメントを付するに止める。

最初に南原の孫弟子にあたる加藤節（一九四四年生れ。成蹊大学法学部教授）の「近代日本と批判主義政治学―南原繁・丸山眞男・福田歓一を中心として―」という論文をとりあげる。加藤は、『南原繁―近代日本と知識人―』（岩波新書、一九九七年）という南原の思想的評伝を書いており、その第一番目の公刊書『政治と人間』（岩波書店、一九九三年）には、「南原繁の政治哲学―「価値並行論」を中心とする予備的考察―」を収録しており、その続篇『政治と知識人　同時代史的考察』（岩波書店、一九九九年）の第二部　歴史と政治学との邂逅の一に「南原繁と丸山眞男―交錯と分岐」を、二に「デモクラシーの政治哲学―福田歓一著『近代政治原理成立史序説』を読む」を収録している。そして鷲見誠一編『転換期の政治思想―二〇世紀からの問い―』（創文社、二〇〇二年）に前記「近代日本と批判主義政治学」を寄稿している。

加藤の「南原繁と丸山眞男―交錯と分岐」は、この師弟性と他者性との二重性を帯びた両者の関係を、方法論における分岐という点とヴィジョン、ヴィジョンにおける交錯、思想における分岐という三つの点から鮮やかに分析している。さらに「近代日本と批判主義政治学」においては、南原、丸山に、南原の弟子であり、丸山の弟弟子にあたる福田歓一を加えて、三者の関係を分析している。加藤が、南原、丸山、福田の政治学を「批判主義政治学」と呼ぶ理由は、それらが、「政治に対する批判精神、権力に対する野党性を豊かに湛えているから」である。加藤はこの三者の関係を、「批判主義」政治学の起点、定着、展開として平易に描いている。私にとっては、この論文の福田歓一にあてられた部分にとくに関心がひかれたが、この紹介は、福田の『近代政治原理成立史序説』を読むという加藤論文とともに、福田の政治哲学と政治学への良き入門論文となっている。[50]

なお、福田が、二〇〇〇年五月、東京女子大学でおこなった「丸山眞男とその時代」という講演は、岩波ブックレット五二二号として公刊されており、丸山の思想形成の歴史的背景、戦時下の学究生活、新憲法制定と講和条約の締結にたいする丸山の役割、そして戦後の曲折のなかでの丸山の学問と社会的活動が、福田のみが知る丸山との交流のエピソードをも交えて語られている（私はこの講演を、上京して直接に聴いてもいる）。

南原、丸山、福田の関係についての前記の研究や講演に、戦前、戦後の日本政治学史に関心をもっている私の関心事を一つつけ加えれば、南原は、その師小野塚喜平次の実証主義的欧州憲政・現代政治の研究とはまったく別のヨーロッパ政治哲学・政治理論（プラトン、カント、フィヒテ等）研究の道を選んだ。[51]そして小野塚の実証主義的現代政治分析の方向は、その弟子である東大法学部のスタッフに限定していえば、吉野作造の欧州、中国、日本政治史研究、行政学講座担当者となった蠟山政道の現代政治・行政の実態および学説研究に引き継がれた（政治学講座を引き継いだ矢部貞治はどうか？）。それに対して、丸山の場合には、少なくとも敗戦直後から一九五〇年代までは、同僚であった辻清明と分担して彼にとってはいわば出店にあたる政治理論や現代日本政治の分析（丸山はほぼ「精神状況」に限定しているが）に取り組んだし、福田の場合も、戦後の東大法学部における政治学研究会の若手研究者の組織化の中心であったということもあって、その専門である政治学史、政治哲学の専門的諸労作のほかに、政治学の原理的諸問題を扱ったいくつかの重要論文をものしている（たとえば、著作集第四巻所収の「権力の諸類型と権力理論」など）。丸山、福田の事例は、第二次大戦後の日本の政治学の特殊事情によるものなのか？　それは、学問（このさいは広義の政治学）における分業、政治哲学、政治学史と経験的な政治理論、そして実証主義的・「科学的」政治現状分析の関係がいかにあるべきかを考える、一つの重要な資料として扱われるべき問題かもしれない。

以上に加えるに、本田逸夫（一九五六年生れ、九州工大工学部助教授）による以下の二つの論稿、「南原繁思想史論の批判と継承―主にナチズム論との関連から観た―」（『政治研究』第二九号、二〇〇二年三月）および「南原繁のナチズム批判―『国家と宗教』第四章を中心に―」（宮田光雄・柳父圀近編『ナチ・ドイツの政治思想』創文社、二〇〇二年）がある。後の論文が南原研究としてはより密度が濃いが、前の論文の方が、本田の南原思想史論についての批判がより直截に語られており、南原思想史論に対する、丸山、福田、そして宮田光雄の批判がより詳細に紹介されている（前の論文の末尾では、それらがより簡潔にまとめられている）。

「その優れた功績の一方で、南原のナチズム批判は問題点も含まれている。それはナチズム自体の分析よりも、むしろ、その前提に在る、南原の認識の枠組、具体的な西欧思想史像や政治哲学的な見解に多く係わっている。

とりわけ、ドイツ「理想主義」対英仏の「実証主義」（ほぼ西欧「近代精神」と等置）という南原の単純な対置図式と密接に関係して、一方では、ルタートゥームやカントらドイツ観念論にも影を落とすドイツの「後進性」、特に政治的未成熟の問題とナチズムとの関連が看過され、他方では、個人主義や国家論を中心とした一面的な西欧近代批判が導かれたようにみえる。つまり、南原は――ナチズムをロマン主義の系譜に属するものとして一旦その思想史的な淵源に迫りながらも――前者の欠陥の故にドイツ・ロマン主義の評価、またこれとナチズムとの関連について踏み込めず、かえってナチスの台頭を招いた責任を西欧「近代精神」に帰した。また、後者＝「実証主義」「近代精神」批判と連なる所の南原の「個人主義」及び機構的国家観に対する批判は、自発的結社の発達と国家の世俗的性質の即事的把握との連関に対する認識の不足と結びついていた。そして、概ね以上の点に関して南原門下の丸山眞男・福田歓一・宮田光雄は師説の批判と克服に向かった、というのが、筆者の考えである(52)。

本田の結論は以下のようなものである。

「丸山・福田・宮田は、以上のような重大な南原批判にもかかわらず、政治宗教という偶像崇拝との師の対決（そして、戦後の「精神革命」の主張）を継承し、これを天皇制の批判、更に広く制度や認識（用具）の物神化（「疑似普遍主義」を含む）ないし惰性化等に対する批判において一層進めたものといえる。換言すれば、彼らの南原批判は「否定をくぐった肯定」（丸山）であった。つまり（自己）批判による自由の追求――この本来完成することのない営みの「古典的」な形式を南原の仕事が確立したということを、批判を通して証ししたのである(53)。」

むすび

以上で今回の丸山眞男の思想と学問についての諸労作の検討はおわりとする。

今回の検討にあたってとりあげることを予定しながら時間と紙幅の制約のために割愛してしまった労作としては、小熊英二の大著『〈民主〉と〈愛国〉―戦後日本のナショナリズムと公共性―』（新曜社、二〇〇二年）がある――この本の人名索引において丸山への言及は最多であり二位は吉本隆明である。また「新しい歴史教科書をつくる会」の元会長で『国民の歴史』の著者である西尾幹二が雑誌『諸君』二〇〇三年九月号で、この本について強烈な悪罵をなげかけていたのが印象的であった。(54)その他にも、本来ここでとりあげるべき本で、紹介・批判を省略してしまった労作が多い。(55)しかしすでに引用した樋口辰雄がいうように、丸山の「思想世界」のトータルな理解には、向後半世紀以上必要とするであろう。私はこれからも、このトータルな理解に少なくとも資することを願って、この種の仕事をすすめていきたいと念じている。

注

（1）朝日新聞社編、現代日本朝日人物事典、一九九〇年、一六八〇頁。
（2）菅孝行『丸山眞男　9・11以後の論じ方・論じられ方』「河合ブックレット」33、二〇〇三年。
（3）田口『戦後日本政治学史』一〇一～一〇四頁。
（4）笹倉秀夫『丸山眞男の思想世界』八二～八三頁。
（5）松沢弘陽は、この「弁証法的な全体主義」を端的に社会主義と理解し、その論拠を、丸山の「如是閑の時代と思想―丸山眞男氏に聞く」一九九〇～九一年、『座』9、二〇〇頁の発言に求めている。大隈・平石編『思想史家丸山眞男』二七四、三六九頁。
（6）飯田泰三『批判精神の航跡』（筑摩書房、一九九七年）Ⅳ　丸山眞男、とくに14「丸山諭吉」をめぐるいくつかの光景。

(7) 著者は、安川寿之輔。出版社高文研、二〇〇三年。
(8) その法哲学者（今井弘道）は、安川のこの本の前著『福沢諭吉のアジア認識』に「共感」し、「励ましの意味」さえ感じながらも、安川の「丸山批判が、丸山の福沢（研究）批判に限定されていて、丸山の「超国家主義」対「健全なナショナリズム」という二項対立的枠組それ自体を批判し、国民主権論そのものの相対化にまで進んでいかないことに、歯がゆさを感じる」と書いた。今井のここで問題になっている論文は、今井弘道「国民的戦争責任論への懐疑と丸山眞男のナショナリズム」同人誌『象』四四号（二〇〇二年秋号）である。今井は『象』四五号、四六号、四七号に丸山批判を連載しており、中村雄二郎、木村敏監修『講座生命、二〇〇二 vol. 6』（河合文化教育研究所、二〇〇二年一〇月）に「三木清の危機意識と自然的制度観の克服―西田哲学と丸山政治学の批判的考察のための一試論―」（二六九〜二〇四頁）も書いている。今井の安川前著に対する評価と批判への、安川の『福沢諭吉と丸山眞男』における反応は、一〇八頁以下。
(9) 『象』四四号、今井論文、九八頁。
(10) 丸山眞男著／松沢弘陽編『福沢諭吉の哲学』（岩波文庫、二〇〇一年）、三二一頁。
(11) 同右、三二三頁（本文では、二七三頁）、三二一頁（本文では二七四頁）。
(12) 笹倉秀夫『丸山眞男の思想世界』二六九〜二八三頁。
(13) 同右、二九三頁。
(14) 同右、二九三頁。
(15) 田口『戦後日本政治学史』一〇〇頁。
(16) 間宮陽介『丸山眞男　日本近代における公と私』、二三七頁。
(17) 同右、二四〇頁。
(18) 同右、二四四頁。
(19) 同右、三八頁。
(20) 同右、五三〜七二頁。
(21) 同右、二三〇〜二三五頁。と同時に間宮は、丸山とアーレントの政治観のちがいも指摘している。二三五〜二三六頁。
(22) 同右、一五六～一七一頁。より端的には、一七六、一七七頁。それ以降も(一九五頁まで)。
(23) 同右、一八七頁。
(24) 同右、一九一～一九五頁。なお丸山の「歴史意識の『古層』」(集10、七頁)の「……こういう仕方が有効かどうかは大方の批判に待つほかないが、少なくともそれを可能にさせる基礎には、われわれの「くに」が領域・民族・言語・水稲生産様式およびそれと結びついた聚落と祭儀の形態などの点で、世界の『文明国』のなかで比較すればまったく例外的といえるほど等質性ホモジュニティを、遅くとも後期古墳時代から千数百年にわたって引き続き保持して来た、というあの重たい歴史的現実が横たわっている」という文章。これをポスト・モダン派などは、丸山が日本人の「国民的」等質性を自画自賛しているというふうに読むものが多いが、間宮は、このような説を退け、「日本人の時間意識を抽出するための帰納法の隙き間を埋めるのが、日本の文化を縦貫している等質性」だ、と丸山がいっているのだ、と反論している。同右、一八九頁。またその章(第三章 時間・歴史・社会)の末尾(一九五頁)で、間宮はつぎのように結論している。「時間の外在化と規範の外在化は人間主体を形成する必要条件ではあっても、決して十分条件ではなかった。外在化したものとこんどはどう主体的に向き合い格闘するかということが人間の主体性を形成する必須の条件であるのに、そうした条件はみたされなかったからである。日本社会の『等質性』は丸山の時間論を可能ならしめる前提であるとともに、日本的時間意識の帰結でもあったのである。」
(25) 丸山眞男『忠誠と反逆』(ちくま学芸文庫)、解説 川崎修(四八五～四九九頁)。
(26) 間宮、前掲、一七～一八頁。
(27) 同右、一八～二六頁。この表現は、一九頁。
(28) 北沢恒彦『隠された地図』(編者編集グループ、発行所クレイン発売所 平原社、二〇〇二年)。この書物には、書評・丸山眞男「反動の概念」のほかに「ミシュレの日記から」(五～二六頁)、「セブンティーンの『武装』」(一七三～一九九頁)が含まれ、那須耕介による「解説―地図を垂直につらぬくもの」(二〇一～二三五頁)、および黒川創による「北沢恒彦の著作をめぐる年譜」(二三七～三〇二頁)が付されている。
(29) この巻のねらいと執筆者およびその執筆テーマを、当時のこの巻の帯によって、参考までに紹介しておこう。一九五七年二月刊のここでの執筆者一五名の半数以上がいまや故人となっている。
第五巻　反動の思想
ファシズム論は今までにも多く出ているが、反動とは何かを真正面から問題にした書物はない。本巻は反動をファシズムをも含めて、より広い反動一般の論理と構造とをあらゆる面から究明し、その概念と実体とを科学的に分析しようとした初めての労作。

反動の概念	丸山眞男
現代ヨーロッパにおける反動の論理	加藤周一
アジアにおける進歩と反動	竹内　好
イタリアにおけるファシズムの成立	山崎　功
ナチズムの意義	宮田光雄
天皇制とファシズム	藤田省三
戦後ファシズムの諸形態	勝部　元
保守の価値意識	小松茂夫
ファシズムの価値意識	久野　収
反動的編成の一般的過程	石田　雄
反動教育	勝田守一
反動化の具体的手口	高橋　徹
社会科学と反動	高島善哉
自然科学における反動	武谷・富山

(30)　吉本隆明『増補改稿版　丸山眞男論』（一橋新聞部刊、一九九三年）。この版の三七～三八頁に、編集部作成の参照文献がのせられている。とくに（この時点での）丸山眞男の論著・思想を論じた論文のリスト（梅本克己、埴谷雄高、遠山茂樹、久野収、柴田高好、村上一郎、小松茂夫等）が含まれる。それは、『吉本隆明　全著作集12』の丸山眞男論（三～九六頁）（勁草書房、一九六九年）等で見ることができる。

(31) この点については、次に触れる小林編『丸山眞男論』で、小林は、北沢とは逆の評価をし、丸山の東大辞任後も、彼らに明確な回答をしなかった点を批判している(一二三四～一二三五頁)。

(32) この本についてのかなり、から口の書評が宮村治雄によって書かれている。『週刊読書人』二〇〇三年五月二日四面。

(33) 小林による丸山の思想的発展の三段階論は、本文そのものを読めば、説得的であるが、ここで紹介したような略式表示では、なかなかその真意が伝わらないおそれがある。また著者は、「個人と国家」のような、原子論的要素と全体論的契機との弁証法的な関係を「新対理法的関係」と呼ぶとしている(二一〇五頁)。しかし、この「新対理法」という訳語から、小林がこの英文表記としているneo-dialecticを思いおこす人はほとんどいないであろう(一二三一～一二三二頁参照)。このさいに、dialecticを「対理法」と訳すという小林の提言を、たとえば、そのことを小林に考えさせたとされる笹倉はどう考えるであろうか?

(34) 『丸山眞男論』一二四二～一二四九頁。丸山の南原との対談は、『座談』5、二一〇頁のものである。『論』では二四八頁。私も小林による丸山のこの点での評価に賛成である。

(35) 『丸山眞男論』山口論文、一三四～一三五頁。

(36) 同右、山口論文、一三五～一四二頁。山口は、間宮の説明に訂正の補正をしたい一点として、「公と私を結びつけるもの」としての「公共性」を担保するものこそ、「市民」であり、「市民社会」の成熟の度合でないか、と主張している(一三九～一四〇頁)。山口の公共性論としては、山口他編『新しい公共性』(有斐閣、二〇〇三年)の序章「新しい公共性を求めて―状況・理念・規準」、参照。

(37) 『丸山眞男論』平石論文、一七六～一九〇頁。

(38) 同右、一八六～一八七頁。

(39) 『思想史家丸山眞男』水林論文、一三～三六頁。石母田の論文とは「歴史家と「日本人論」」(石母田著作集⑧)である。なお、小林正弥は、その編著、二五八頁注43で、「筆者(小林)は、丸山の言う「古層」を文明論的には普遍的な原始的深層構造と日本の古代的深層構造との習合主義〔シンクレティズム〕(習合化作用)として解釈する。(上記の両概念の十分な説明がないと、私〔田口〕には、この文章の意味は不明である。)「この解釈は最近公刊された水林（大隅・平石編著、九～九一頁）に極めて近い。管見のところ、日本法制史の角度から執筆された同論文は、古層論について書かれた中で、最も高度な秀逸論文である」と評価している。しかし、この論文については、つぎに見るように、子安宣邦による、皮肉な批判もある。

(40) 子安宣邦『「アジア」はどう語られてきたか 近代日本のオリエンタリズム』（藤原書店、二〇〇三年）IX「日本一国文明史」の夢想 注7、二七三頁。念のため、注の全文を掲げる。

（7） 水林彪氏は「国制史」をこう規定している。「西欧近代における社会と国家との二元性 Dualismus とか、西欧前近代における社会と国家というような観点からの、社会の全構造を問題とし、その構造的変化を問題にしようとする歴史学」である。そして対象認識は一般に比較を前提とせずにはありえないゆえ、「国制研究は比較国制研究としてしか存在しえない」という（水林「国制の比較史的研究のための枠組みについて」『比較国制史研究序説』所収、柏書房、一九九二年）。この規定にしたがえば、国制史研究とは国家・社会の二元性に立つ西欧近代社会を理念型としながら、当該国家における国家社会の構造的特質と変化とを明らかにする研究だということができる。日本の国制史研究は、西欧近代社会を理念型としてふまえながらも、中国との比較を通じて日本の国家社会の構造的特質と変化とを明らかにしようとする。こうした方法的前提と枠組みをもった国制史研究は、そこから必然的なこととして中国社会を西欧社会（あるいは日本社会）と異質な国家社会として措定し、その異質性を徹底して明らかにすることになる。したがって、中国の異質化の上に「日本一国文明」の成立と、日本近代社会の西欧との同時的成立とを主張しようとする『国民の歴史』のために、比較国制史研究は全面的にその論拠を提供することになる。

(41) 『思想史家 丸山眞男論』末木論文、一〇四～一〇六頁。この紀平の『なるほどの哲学』については、古在由重と丸山眞男の対談で、古在が簡単に触れている。古在由重・丸山眞男『一哲学徒の苦難の道』（岩波現代文庫、二〇〇二年）、二一九～二三〇頁。この末木の指摘には、地下の古在も丸山も目をぱちくりさせて、一緒に哄笑しているのではないか？

(42) 末木には、パーソンズの宗教論の熟読をすすめたい。タルコット・パーソンズ、富永健一他訳『人間の条件 パラダイム 行為理論と人間の条件 第四部』（勁草書房、二〇〇二年）。富永健一による訳者解説「パーソンズの社会学理論―「人間の条件パラダイム」への道」(二一七～二七六頁)を見られたい。

(43)『思想史家　丸山眞男』末木論文、一三七頁。

(44) この点について、簡便には、『社会学文献事典』(弘文堂、一九九八年)の「マンハイム『イデオロギーとユートピア』一九二九年刊」(徳永恂)五四～五五頁、および『岩波哲学・思想事典』(岩波書店、一九九八年)の「マンハイム」の項(徳永恂)、一五三九頁参照。

(45)『丸山眞男　戦中備忘録(自筆―復刻版)』は、日本図書センターより、一九九七年七月に公刊された。これには石田雄の解説「丸山眞男と軍隊体験」がのっている。米谷・安丸と同じ解釈を、法哲学者の今井弘道もしている。今井、「緊急権国家」体制の思想家としての福沢諭吉と丸山眞男―「決断主義」と「八・一五革命」によせて」『象』四七号(二〇〇三年秋)、四一頁。丸山が「超国家主義の論理と心理」で天皇制を本格的に分析対象とするための「天皇制の『呪力からの解放』は、敗戦からなお半年を要するほど「容易ならぬ課題であった』ことは、丸山が一九八九年に回想しているところである(第一五巻、三五頁)。しかし、丸山が船舶司令部での「備忘録」の作成を通じて、ポツダム宣言の内容とその日本政府による受諾を「生々しい記憶」として刻みつけていたこと(備忘録一六五頁のE・H・カー『平和の諸条件』の海賊版の表紙の左上端に貼付された小紙(昭和二十年九月執筆))を見るならば、丸山ほどの知的政治的レヴェルをもった研究者が敗戦後の日本の政治体制の抜本的変革について、ほぼ間違いなく見通しをつけえたであろうことは、疑うことができない、と考えてもよいであろう。一九四五年九月の時点で、明治憲法体制の抜本的変革の見通しを立てていたということと、天皇制の心理的呪縛から解放されるのに、半年かかったということは、別に矛盾するわけではない。

(46)『思想史家　丸山眞男』松沢論文、三六八頁。米原謙によるこの本の書評は、松沢論文については、否定的である。図書新聞、二〇〇二年一〇月五日号一面。

(47) 辻清明『行政学概論上巻』(東京大学出版会、一九六六年)また、田口「辻清明先生の政治学」、『国家学会雑誌』第百六巻第九・十号(平成五年十月発行。この論文は、田口著『戦後日本政治学史』(東京大学出版会、二〇〇一年)の第三章第四節として収録されている(一四一～一五一頁)。

(48)『思想史家　丸山眞男』松沢弘陽論文、三七三頁注25および三七四～三七五頁注27。藤田の論文は「人民主権の

精神的一条件」(一九六四年、『藤田省三著作集7　戦後指標の経路Ⅰ』みすず書房、一九九八年、三八〇～三八三頁)。

(49)樋口辰雄『近代への責任思考のパトス』(御茶の水書房、二〇〇三年)、一〇二～一一六頁。

(50)加藤節「近代日本と批判主義政治学―南原繁・丸山眞男・福田歓一を中心として」、鷲見誠一編『転換期の政治思想』創文社、二〇〇二年、六五～八六頁。

(51)小野塚喜平次については、拙著『日本政治学史の源流―小野塚喜平次の政治学―』(未来社、一九八五年)、参照。

(52)本田逸夫「南原繁のナチズム批判―『国家と宗教』第四章を中心に―」、宮田・柳父編『ナチ・ドイツの政治思想』創文社、二〇〇二年、四三五～四三六頁。

(53)本田、同右、四三八頁。

(54)小熊のこの労作は、〇三年度の毎日新聞出版文化賞および朝日新聞大仏次郎論壇賞を授賞した。彼の紹介としては、『エコノミスト』二〇〇三年一一月一八日、シリーズ人間模様81の永江朗によるものがある(六六～六九頁)。

(55)そのような最近の労作として、私が読んだものとして、①板垣哲夫『丸山眞男の思想史学』(吉川弘文堂、二〇〇三年)がある。著者は一九四七年生れの山形大学人文学部教授。丸山の思想史学の全体の再構成とそれを体系として整合的にとらえようとしたもので、再構成の枠組としては、内在、超越のそれに依拠している。佐藤瑠成『丸山眞男とカール・レーヴィット』(日本経済評論社、二〇〇三年)(著者は一九四七年生れで別府大学教授)。丸山の思想と学問を再検討するにあたって不可欠な、レーヴィットと丸山の比較考察を試みた、わが国では最初の学術的労作である。松本健一『八・一五革命伝説』(河出書房新社、二〇〇三年)は、丸山の「八・一五革命伝説」なるものを、丸山の「錯覚」ではなく、それの自覚的な「仮構」であるという視点から評論したものである。私にとって、この本が興味をひきおこしたのは、丸山の、この元聴講生にたいする知的かつ倫理的なやさしさである(二三一～二三五頁、二三七～二九〇頁参照)。

〔付記〕
半沢孝麿『ヨーロッパ思想史における〈政治〉の位相』(岩波書店、二〇〇三年一〇月)は丸山の前期のヨーロッパ思想史についての歴史認識について、根本的異議を提起している。この点については、拙稿「二〇〇三年読書ノート」のI（同人誌『象』四八号、二〇〇四年春号）参照。

また東大法学部の一九五四年度の丸山眞男先生のゼミの同学の和久利康一氏（旧労働省勤務）が昨一一月『丸山眞男研究＝その人と思想＝』（カテラ出版会、台東区浅草四‐三八‐一、TEL〇三‐五八〇八‐三九八八）を公刊した。序に続いて、〔第一部〕回想の丸山眞男、では、われわれのゼミ（プロメテ会）および和久利の丸山との、在学中および大学卒業後の交流が生き生きと描かれ、〔第二部〕丸山眞男の思想＝その今日的意義を問いつつ＝では、丸山思想史学の体系についての著者の見解と明示した上で、丸山の重要な研究点についての考察をおこなっている。巻末に総括参考文献、あとがき、人名索引が付されている。

四　菅孝行『九・一一以後、丸山眞男をどう読むか』を読む

菅のこの小冊子は、彼が丸山眞男の死（一九九六年八月一五日）後書いた四つの主要論文――そのなかで書き下ろしは、本書の一、丸山眞男をどう論じるか、である――を一書にまとめたものである。なお、本書を編んだ著者の意図は、かなり長い「あとがき」（一一〇～一一五頁）に見てとることができる。また本の末尾には、太田昌国の「解説　先人の仕事を検証することの意味」（一一七～一二五頁）が、付されている。

ところで私は、この本の書評を、それを企画した編集者に依頼されていとも簡単に引き受けてしまったが、本書を二度ほどよく読んでみて、それをどう書いたらいいのか、今になってやや困惑している。いま丸山眞男をどう読むかという点について、逆にどう読むべきではない（曲解すべきではない）かという点について、私は、この本の著者とは、太い筋のところで、またかなり広い範囲にわたって、見解・意見の一致するところが多いからである。私は、半世紀前、一九五四年度の丸山ゼミの参加者の一

人であり、丸山は私の直接の指導教授ではなかったけれども、法学部研究室の時代とそれ以降において教えを受けた先生の一人であったことは、事実である。また丸山の死後、ごく最近にいたるまで、私が、丸山の政治学、丸山をめぐるプロス・アンド・コンス、戦後日本政治と丸山の関係について書いてきた(1)し、またここ数年も「丸山眞男の「古層論」と加藤周一の「土着世界観」」(立命館大学『政策科学』九巻二号、二〇〇二年一月)、「家永三郎の「否定の論理」と丸山眞男の「原型論」」(『政策科学』一〇巻二号、二〇〇三年一月)、「丸山眞男をめぐる最近の研究について」(『政策科学』一一巻三号、二〇〇四年三月)などを公表してきた。これらの論文で、私が丸山を論じてきた視点、評価などは、これから見るように、かなり菅のそれと重なり合う。

そこで以下では、第一に、菅の文章に即して、その点を確認し敷衍すると同時に、第二に、菅がこの小冊子において提起した問題について、最近の議論の展開を跡づけ、紹介することも試みる。さらに、第三には、菅の、この小冊子の四、戦後思想は検証されたか——書評・小熊英二「民主と愛国」について、私なりのコメントを、小熊の丸山論・丸山評価に限定して加えておきたい(私は、先に言及した『政策科学』一一巻三号の論文で、小熊のこの大著についてもコメントする準備をしていたのであるが、紙幅・論文の締切日などの技術的理由でそれを果たせなかった。そこで、菅の評価も参考にしながら、私見をのべることを、関係諸氏に了解していただきたい)。

1——菅の主張の骨子

菅が、その書き下ろしの第一論文で、九・一一以後、という限定を付しているのは、どういう意味であろうか。菅は、「冷戦終結後、九・一一を経て現在に至るこの一〇年余に起き」ている事態ともいっているので、九・一一以後は、必ずしも厳密な意味ではないようである。が、その事態とは、①、丸山が見出した認識と位置のフレームワークとしての西欧の理念（理念としての近代の普遍性）、②、理念によって覆われながら実はそれとは似ても似つかなかった西欧とアメリカを通底する軍事・政治・経済の支配実態（実態としての近代の暴力）、③、両者の均衡を維持する国際的な制度（国連、WTO、IMF・世銀など）の規定力が音を立てて崩れ、再編成に向かっていることであり、世界レヴェルでこれに取って代わるのはブッシュの二つの戦争に代表されるアメリカのなりふりかまわぬ暴力（単独行動主義）である。そこには丸山が近代世界の前提としていたであろう理念としての公共性への関係意識もなければ、それを振りかざしつつなされるであろう実態としての収奪へのいかなる掣肘もない新環境である。

菅は、この点を、九・一一以後とは、①近代二百余年（?）、植民地支配以後の欧米の支配への衝撃的な報復以後であり、②冷戦終焉以後の「グローバリズム」という名のアメリカの勝手放題への衝撃的な報復以後、③九・一一以後、ほぼ時を移さず、ブッシュの計画した戦争以後という三重の意味だと、いいかえている。そして菅は、このグローバル化という名の日本国家のアメリカ化のあらわれとして、九九年八月国会における新ガイドライン関連国内法（周辺事態法等）の制定から、アメリカの支配は、日本では小泉内閣下での、アメリカの軍事行動への自衛隊の本格的参加とテロ対策特措法などによって特徴づけられる、としている（以上、一一～一五頁）。加藤哲郎の来訪者六〇万を超えた「ホーム・ページ」の最近の表現では、いまでは、「イラクのベトナム化」が始まり、日本政府にとっての「自衛隊派兵のシベリア出兵化」の道が進行中ということだ。

菅の世界と日本の現状認識を大筋で受容できるとすれば（私にはできる）、そのような情況の中で、一九三六年の緑会懸賞論文入選論文（「政治学における国家の概念」）にはじまり、九六年八月一五日に死去した丸山眞男の六〇年におよぶ学問（研究）と思想の展開およびその「エッセンス」を、どう理解すべきなのであろうか。ある社会学研究者は、「丸山氏の「思想世界」のトータルな理解には、向後半世紀以上要すると思われる(2)」と書いているが、それはともかく、菅の丸山の学問と思想の理解は、比較的に戦前（丸山眞男集でいえば、第一巻、第二巻）と戦後の比較的早い時期（第三巻～第八巻）にほぼ限定されている。またその理解も書誌学的には必ずしも十分ではなく、間違ってはいないが、十全ではない場合がある。

例示しよう。菅は、九・一一以後、近代政治学やそれを支える政治哲学が普遍的であるとみなしてきた先進国世界の前提（普遍性・公共性への指向性、正義・民主主義・自由等の理念）は、破壊されてしまったが、丸山の学問と思想は、この破壊されてしまった理念・規範によって構成されてきたのであり、丸山以下の日本の近代政治学は、この規範をもっともラディカルに、あるいは愚直に字義通り、主に日本の現実認識に適用することに方法的な活路を見出してきた、と評価する。その一例として、菅は丸山がカール・シュミットから借りた「中性国家」の概念をとりあげ、それは神話としての「近代」（国家）の理念型であり、十全なかたちで実在したわけではなく、いわば、丸山の方法概念であり、丸山の観念としてのみ実在したものだったという。しかし、「中性国家」というスタンダードは、ひとつの抽象として存在しうるし、それを参照系として日本社会を批評することができる。ここまではよい。

しかしその次の、『日本政治思想史研究』の「自然と作為」の構図はまさにそのためのものだった。「自然としての共同体という神話にまどろむ意識に裏付けられた国家論すなわち「国体論」への批判こそが、四〇年代前半の丸山の主題だった。正確には、儒者荻生徂徠の理論を使い、近世的権威における「作為」の構図と類比しながら、近代の「国体論」を批判するという迂回的手続きがそこでは取られている。」（一九頁。その次のパラグラフには、評者には理解不可能な文章が含まれているが、この点への言及は後注にまわす。[3]）ただそのまた次のパラグラフの「社会契約によって生み出されたという虚構にはじまる近代国家が、人間の自由を保障する政治的装置たり得るためには、それを個人の内面の価値から切り離さなくてはならず、国体論的国家装置への逆行を許さないことこそが、戦後日本の最大の課題だと丸山に認識されていた」というクダリは、傍点を付した箇所を留保すれば、戦後日本の丸山の思想的・政治的スタンスとして、当然すぎるほど当然の指摘である。

前の文章の「ここまではよい」以下で何が問題となるのか。第一に、丸山の最初の単著となる『日本政治思想史研究』（初版、一九五二年）は、周知のように、第一章　近世儒教の発展における徂徠学の特質並びにその国学との関連（以下、第一論文）、第二章　近世日本政治思想における「自然」と「作為」（以下、第二論文）、第三章　国民主義の「前期的」形成（以下、第三論文）から構成されている。そして、本書のあとがきで、丸山が述べているように、第一章と第二章はとくに密接に補完しあう関係に立っている。そこで共通するライト・モティーフになっているのは、封建社会における正統的な世界像がどのように内面的に崩壊して行ったかを追跡するという課題である。この課題の解明を通じて私（丸山）は広くは日本社会の、狭くは日本思想の近代化の型（パターン）、それが一方西欧に対し、他方アジア諸国に対してもつ特質、を究明しようと思った、という有名な丸山自身の説明がある。そして本書が、史料に基づいた、徳川思想史に関する客観的な歴史的分析をめざした書であると同時に、丸山が生きていた時代の思想潮流（戦時下の国体論[4]、そしてそれに迎合する京都学派などの近代の超克論[5]）に対する根本的な批判と異議申し立ての書であった、という意味で、菅がこれを近代の「国体論」の迂回的批判であると述べていることは、正鵠を射ている。

そして第三章は、第一章・第二章と関連はしているが、初版あとがきで丸山のいうように、前二章と若干トーンが違っており、その成立にも別の「由来」があった。すなわち、『国家学会雑誌』が昭和一九年に「近代日本の成立」という特輯を組んだのに丸山も参加して（参加させられて）、明治以後のナショナリズム思想の発展と、それが国民主義の理論として形成されながらいかにして国家主義のそれに変貌して行ったかという観点で捉えようという意図の下に執筆したものであって、実は、第一論文、第二論文の執筆と第三論文の執筆の間には、丸山の「福沢諭吉の儒教批判」（東京帝国大学学術大観、昭和一七年四月）と「福沢における秩序と人間」[6]（『三田新聞』五三七号、昭和一八年一一月）という、丸山の最初の二つの福沢研究が介在しているのである。この問題については、平石直昭の卓越した議論を参照されたい。その結論部分だけ引用しておく。

「福沢研究を通じて丸山は、近代日本の原点にまで遡り、そこから現実に近代日本が歩んだ道程を批判する視点を獲得したといえる。……敗戦直後の丸山が、戦後日本の改革を明治維新のやり直しとして捉えていたことも……戦中に福沢研究からえたものを規準として立て頑固にそれに固執しつつ、戦後に立ち向かっていったのである。」（なお平石論文における非常に長い注5は、丸山が戦中に示したナショナリズム論は政府の国体論とは違っていたが、それは国民を戦争に動員するための別の議論であり、その意味で丸山は当時の総力戦体制に寄与したとする中野敏男『大塚久雄と丸山眞男』（青土社、二〇〇一年）などに近づいた議論を展開しているアメリカのJ・V・コシュマンの議論に対する周到な反論・批判である。）

菅のこの小冊子の主張の第三の柱は、戦後、吉本隆明の「丸山眞男論」（『一橋新聞』一九六二～六三年。吉本全著作集12、勁草書房、一九六九年所収）などによって先鞭をつけられた丸山眞男批判の視角がある種の飛躍と変質を遂げるのは、いわゆるポスト・モダン派（中野敏男、姜尚中、酒井直樹ら）、より正確にはポスト・コロニアル派が、丸山の「国民主義」に対する激越なイデオロギー批判へ転換する（「近代主義」批判から）頃からではないかという（『現代思想』の丸山眞男特集、一九九四年一月以来）。もちろん保守派からの丸山批判は、一貫して革新派の戦後民主主義思想に対する攻撃として位置づけられ、九〇年代からの代表的論客として、佐藤誠三郎（故人）、西部邁、佐伯啓思などがあげられている。

さて以上二つのグループのうち、前者にたいする菅の見方、評価はどうか？　菅は、旧植民地住民、エスニシティー、女性に対する近代西欧社会の抑圧性に対する自覚は丸山の著作では明確ではないし、少なくとも明示的な言及はない、ことは認める。しかし菅は、「この欠落を指摘することの必要と、これを鬼の首でも取ったようにこと挙げし、はては丸山を国民主義者を通り越した国家主義者あるいは度し難いセクシスト、植民地主義者、天皇主義者であると烙印を押すこととはまったく別のことだ」と述べている（二二一頁）。そして、ポスト・コロニアル派の丸山批判の代表的議論として、主要には中野敏男（部分的には酒井直樹）の丸山批判に対してかなりの紙幅を使って反論しているが（二二六〜二三八頁）、その反論に私は基本的には賛成である（私のこのグループにたいする批判は、「丸山眞男プロス・アンドコンス」、拙著『戦後日本政治学史』九七〜一二〇頁、を見られたい）。

菅の、佐藤、西部、佐伯、さらに河上倫逸等の丸山批判に対する反駁（四八〜五一頁、七三〜八四頁）も、基本的には当たっていると、私は考える。

菅の第一論文の末尾はつぎのようにしめくくられている。「往路としての特殊への文節の覚醒から、普遍への復路はどこに求められるのか〔この文の意味の理解のためには、一つ前のパラグラフを参照〕。それは、一言で言えば公共性とは何か、いかにしてそれを実現するか、難関はどこにあるか、という〈公共性問題〉である。まさしく公共性問題として展開される丸山の政治空間論、民主主義論の達成が、星霜を超えてどれだけの有効性を持ちうるのか、それを検証するのが、二一世紀の丸山論の中心的課題ということだろう。」（四六頁）

2――〈公共性〉論そして小熊「民主と愛国」

前項のおわりで、「公共性の再構築のために」という、菅の丸山の読み方、論じ方が示された。とこで菅は、その本の四、戦後思想は検証されたか――書評・小熊英二『民主と愛国』で、小熊のこの大著に対する根本的な疑問の一つとして、「公共性」の定義が不明であるために、戦後日本の「公共性」という指標との関連で、戦後思想が何を達成し、何を達成しえなかったのかが、究極のところ全く明らかになっていない、と不満をぶちまけている（第二に、これと関連してナショナリズムの概念があいまいなことが指摘され、第三に、そのことは、六〇年安保闘争を、民主と愛国、ナショナリズムで公共性を目指した闘争とすることへの疑問にもつながるとする。そしてそれらがまた小熊の戦後史の時期区分論（敗戦から五五年ごろまでの第一の戦後、「貧困と改革の時代」。一九五五～六年に開始・本格化する第二の戦後。そして冷戦終結以後九〇年代以降の「第三の戦後」）への疑問につらなるという。同感である）。

さて政治学の世界では、二一世紀に入って（〇一～〇二年に）、佐々木毅・金泰昌を編者として『公共哲学』（全一〇巻）（東京大学出版会）が公刊され、公共哲学叢書②として小林正弥編『丸山眞男論 主体的作為、ファシズム、市民社会』（東京大学出版会、二〇〇三年）も出版された。また立命館大学人文科学研究所研究叢書の一冊として、山口定他編『新しい公共性―そのフロンティア―』（有斐閣、二〇〇三年）――その序章が山口の「新しい公共性を求めて―状況・理念・規準―」である――、また山口定『市民社会論―歴史的遺産と新展開―』（有斐閣、二〇〇四年）――この本の第三部第九章が「新しい公共性」問題と「新しい市民社会」論である――などが続々と公刊されている。

山口の公共性論は、その編著序章と単著第九章の両方に含まれているが、前著において山口は、間宮陽介『丸山眞男―近代日本における公と私―』（一九九九年）が丸山論の中心的なキーワードとして「公共性」の概念を正面から押し出すことによって丸山の存在意義をあらためて強調している、と指摘し、また単著第九章においては、第一節「公共性」論をめぐる大状況、第二節「公共（性）」論の論点と問題状況、第三節「公共性」概念の再構築―「公」と「共」への分解と再結合―、と論じ来って、第四節では、以下の八つの公共性規準、すなわち⑴「社会的有用性」もしくは「社会的必要性」、⑵「社会的共同性」、⑶「公開性」、⑷普遍的人権、⑸国際社会で形成されつつある「文化横断的諸価値」、⑹集合的アイデンティティの特定レベル、⑺新しい公共争点（リスク問題）への開かれたスタンス、⑻手続きにおける民主性、をあげている。丸山公共性論の今日的展開といえる。

他方、小林編の『丸山眞男論』の小林による「序章　丸山眞男と公共哲学―論争的構図―」および「終章　丸山眞男の思想的発展―その全体像の批判的再構成―」は、つぎのように要約されている。丸山の学問的営為は、初期における戦争や日本ファシズムの体験から、生涯にわたって正に「日本」という国民ないし国家の問題を剔抉したことになる。それを克服するために、まず初期には主体的作為論を提示した。中期には戦後ファシズムの危険をも憂慮し、ファシズム一般を生む「現代」の問題に対して、政治的変革のために、市民による実践的公共哲学を提起した。そして、後期にはこれらを実現する文化的変革＝精神革命のために、古層論を展開したことになる。要約すれば、「ファシズム対主体的作為（初期）・市民世界（中期）・精神革命（後期）」ということになる（二五一頁）。参照に値する議論であろう。

最後に小熊の『民主と愛国』の丸山論に簡単に触れておこう。この大著の人名索引を見れば、丸山眞男は圧倒的に第一位である（次のランクは鶴見俊輔、竹内好、吉本隆明あたりか）。菅は、この大労作の第一印象として「戦後」を生きるにはあまりにも遅く生まれた世代の、戦後思想史研究の頂点の水準を示すもの。歴史に後から立ち会った者が陥りがちな、「回顧の次元」からの断定を排除し、同時代の視野に立って、思想的営為を内在的に解明しようとする試み、として高く評価している。ここでその全部の検討はできないから、「第二章　総力戦と民主主義—丸山眞男・大塚久雄—」に厳密に限定して、二、三私のコメントをしておきたい。

①丸山の「近代」にたいする評価が、戦争を境に変化している（七〇頁）。こんなことは単純にはいえない。変化の立証も不十分。②四六年一月、丸山は「近代的思惟」という論考を発表した。こういう立証では、戦時中の「日本政治思想史研究」も福沢研究も、無視され、ふっとんでしまう。③七三頁引用の「近代的思惟」の文章で、「近代」を批判する「世界史の哲学」からの訣別宣言であったことは事実であろうが、それがマルクス主義などの「歴史哲学」への訣別宣言であったなどとは単純にいえないし、いわんや、「かつての丸山自身への自己批判であった」などとは、とうていいえない。立証はまったく不十分だ。④丸山は、自分が単純な「近代主義者」ではないことを示す目的で、みずからの思想的履歴にあたる学生時代の論文を公表したのだと思われる（七四頁）。これはまったくの的はずれの評価だ。⑤『三田新聞』への「福沢における秩序と人間」を寄稿したことの意味（七四頁以下）。とくに七五頁の丸山の集二巻二二〇～二二一頁の引用文の小熊による最後のパラグラフの解釈は、噴飯ものである。この点については、平石の近刊の『思想』論文のつぎの文章、参照。丸山の「秩序と人間」論文は、「当時の国体論的な国家主義に対するプロテストであり、明治初年の福沢思想の原点に復帰することにより、その後の近代日本の思想史を全体として批判的に対象化する試みであった。」

そのあと、小熊の本の七八～九〇頁の間に、私が疑問符をつけた箇所は、一〇箇所にのぼるが、それを詳述することは、紙幅が許さない。小熊に私から要望したいことは、丸山の戦中、戦後にかけての詳細な学問的研究によって、これらの見当違いや奇妙キテレツな思い込みを一日も早く是正することである。鶴見・上野・小熊『戦争が遺したもの』新曜社、二〇〇四年の、鶴見の丸山の初期論文の評価、一七五～一七八頁は的を射ているし、小熊として学ぶべき視点であると思う。(7)

注

（1）拙著『戦後日本政治学史』東大出版会、二〇〇一年、第三章第一節～第三節（七〇～一四一頁）。初出省略。

（2）樋口辰雄『近代への責任思考のパトス』御茶の水書房、二〇〇三年、はしがき。なおこの本の第四章の付論　丸山眞男「福沢諭吉の儒教批判」―平石直昭講師の読書会に参加して―、二二〇～二二五頁参照。

（3）一九頁、第二パラグラフの二行目～五行目。「このように、国体論批判の座標軸が戦中と戦後で変更されている……」ということの意味が、私にはよく理解できない。

（4）『政治学事典』平凡社、一九五四年、国体（石田雄）、国体思想（石田雄）、国体明徴問題（中村哲）、四四九～四五一頁参照。

（5）京都学派による一九四二、四三年の三つの座談会。四三年七月創元社より単行本として刊行。一九七九年に、竹内好による論評を併載した冨山房百科文庫版『近代の超克』出版。

（6）『日本政治思想史』を構成する三論文と丸山の最初の福沢論文、そして「近代の超克」に収められる三座談会の前後関係の年譜（平石直昭氏作成）を紹介しておく。

［関係略年譜］

昭和一五年二月～五月　「徂徠学と国学」論文（『日本政治思想史研究』第一論文）発表
昭和一六年七、九、一二月～一七年八月　「自然と作為」論文（同第二論文）発表
昭和一六年七月　『臣民の道』刊行（文部省教学局）
昭和一六年一二月八日　「太平洋戦争」勃発
昭和一七年一月　座談会「世界史的立場と日本」『中央公論』
昭和一七年四月　座談会「東亜共栄圏の倫理性と歴史性」『中央公論』

昭和一七年四月　「福沢諭吉の儒教批判」
昭和一七年九月　座談会「近代の超克」『文学界』
昭和一八年一月　座談会「総力戦の哲学」『中央公論』
昭和一八年三月　『世界史的立場と日本』刊（上記三座談会を収録）
昭和一八年一一月　「福沢に於ける秩序と人間」『三田新聞』五三七号
昭和一九年三、四月　「前期的国民主義」論文（『日本政治思想史研究』第三論文）発表

（7）一つは、麻生義輝「近世日本哲学史」（一九四二）についての丸山の書評。ここで丸山は、大西祝の言葉を引用して、日本に輸入されたドイツ観念論やヘーゲル譲りの歴史主義の流れが、「科学的精神を希薄化」することになっていると暗に批判し、戦中の京都学派の「世界史の哲学」なんかの動きも批判しているのだ、という鶴見の解釈。第二は「神皇正統記に現はれたる政治観」（一九四二）。北畠のいうには、民衆に平和をもたらすことのできない政治は必ず衰亡する。歴代天皇といえども例外ではない……丸山がこれを戦中に書いた意図は、もう明らかだよね、という鶴見の解釈。また「陸羯南」（一九四七）は、小熊も鶴見も評価し、丸山が戦中の超国家主義や、戦後の安易な「民主主義」礼賛を、大西祝、『神皇正統化』、陸羯南を足場にして批判している。鶴見のこの読みこみは鋭く、丸山は鶴見に自分のことを知ってもらいたいと思って、前の二論文を鶴見に読ませたと鶴見は解している。

五　今井弘道『丸山眞男研究序説』批判

1――福沢と丸山は「緊急権国家」体制の思想家か

『象』誌同人の今井弘道氏（以下敬称略）の『丸山眞男研究序説』（風行社、二〇〇四年）が刊行された。本書の第三章〜第六章は、同誌第四四、四五、四六、四七号に発表されたものである。今井は、『象』四八号にも、おそらく前掲『序説』の続きとして、「丸山眞男の『一君万民主義』と『良心の自由』について―『超国家主義の論理と心理』の批判的一考察―」を書いている。ところで今井単著の『象』連載の一応のしめくくりをなしているのが、四七号論文、「『緊急権国家』体制の思想家としての福沢諭吉と丸山眞男―『決断主義』と『八・一五革命』によせて―」である。私は遺憾ながら以下の諸点についての今井の理解・解釈には、まったく賛成できない。①今井の福沢理解、②福沢―丸山の関係理解、③戦中の丸山と京都学派、とくに田辺元の昭和十年代の「種の論理」との類縁性（もしくは決定的な意味をもつ背景性）という命題、④さらに丸山の一九三六年の「政治学における国家の概念」から戦時中の、後に『日本政治思想史』に収録されることになる三論文、およびその第一論文、第二論文（発表はそれぞれ四〇年二月～五月および四一年七月、九月、一二月、四二年八月）と第三論文（四四年三、四月）の間に執筆される丸山の初期福沢研究（「福沢諭吉の儒教批判」〔四二年四月〕と「福沢における秩序と人間」〔四三年一一月『三田新聞』五三七号〕）――これらの相互連関の分析・把握（というよりは、三論文と初期福沢研究の関係についての分析が、今井においてはほとんど欠如している）、⑤加えて、第二次大戦直後の「超国家主義の論理と心理」（『世界』四九年五月号）等についての今井の解釈、理解には、反対である。

本節は、以上五つのトピックスのうち、主として、①、および三六年論文理解とからむ③⑤を除いた論点について論じ、③⑤は次節に論じる。

『象』四七号、単行本第六章の表題は、「緊急権国家」体制の思想家としての福沢諭吉と丸山眞男、となっている。緊急権国家とは何か。これは、法哲学者であり、憲法学者でもある小林直樹の『国家緊急権』という労作（学陽書房、一九七九年）で用いられた概念であり、その公刊当時においても（一九六三年に三矢作戦計画が暴露された）、イラク復興支援特措法をはじめ反日本国憲法の諸法令が続出している現在の政治＝法状況（鎌田慧編『反憲法法令集』岩波現代文庫、二〇〇三年）においても、その理論的実践的意義の高い――再刊が期待される――労作である。それでは「緊急（権）国家」とは何か。小林は一応の広義の定義として、「国家的危機に対して絶えず緊張した身構えをし、危急に対応するための実力装置を備え、権力（者）がつねに緊急権を発動しうるように用意し、かつ国民をもそれに向けて多かれ少なかれ組織化している国家」を与える。それにふつう共通する態様は、対外・対内の危機に絶えざる緊張感をもつこと、戦争のための強力な軍隊と治安維持のための警察その他の治安機構を、国力の許すかぎり整備すること、多少とも中央集権化された政治＝軍事権力が常時、緊急権を発動して『非常事態』に力をもって対処しうる仕組になっていること等」（同書、九四〜九五頁）をあげる。同書の第II部　日本の歴史・現実・政策の考察は、第四章　大日本帝国の緊急権体制（明治憲法では一四条の戒厳、三一条の非常大権、非常事態以前の非正常な状態における八条の緊急勅令、七〇条の緊急財政処分の規定。戒厳令（明治一五年八月五日）、国家総動員法（昭和一三年）等）、第五章　現代日本の緊急制度問題（有事立法）、第六章　非常事態対処の政策論、より成る。

さて本題にかえれば、今井は福沢と丸山を串刺にして「緊急権国家体制の思想家」（つまりこの体制を一貫的ないし長期的に主張し支持した思想家）であると主張しているのである。丸山を敬愛していた小林が、自らの造語がこのような使われ方をして、びっくりぎょうてんしているのではないか（集第六巻月報「どうし丸山眞男氏のことども」）。しかし今井は、小林の次のような文言を含む一節を引いて、福沢も戦前の丸山もそうだというのである。

大日本帝国は、昭和における狂気じみた日本ファシズムの跳梁の時期にかぎらず、総じて「萬世一系ノ天皇」への無条件の帰一を「臣民」に求める、絶対天皇の統治——「国体」の原理——を誇る中央集権国家であった。それはまた、内においては「国体」イデオロギーにまつろわぬ者に対して、容赦のない弾圧を下す治安国家（ラスウェルのいわゆるprison state）となり、外に向かっては「八紘一宇」を目ざして、絶えず武力をもって版図を拡げようとする軍事国家に自らを仕立てた。同時にそれは、内外における不断の危機に対して、ミリタントな姿勢をとり続けることによって、ほとんど絶えず「非常時」に対面する緊急国家であった。非常事態法を常に出しっ放しという〝緊急国家〟は、今日でこそそう珍しくはないが、大日本帝国は――多くの前近代的性格も持ちながら――この点ではきわめて現代的な特徴を示していたといえる。そこでの緊急権体制がそのようなものであったかを見ておくことは、理論上も実際上も大いに有意義なはずである。（同書、一四三頁）

丸山が「緊急権国家」体制の思想家であったという命題については、おそらくまゆつばものだと考える読者が多いであろうが、福沢についてはどうであろうか。今井は、西洋事情外編（一八六七年）、学問のすすめ」、「文明論之概略」などからの引用をおこなって、このことを立証しようとする。今井の議論のすすめ方の特徴は三つある。第一は、彼が福沢―丸山批判の多分、最初のヒントを与えられた、安川寿之輔の『福沢諭吉のアジア認識』（高文研、二〇〇〇年）および『福沢諭吉と丸山眞男――「丸山諭吉」神話を解体する』（高文研、二〇〇三年）を除いて（安川との間にもちょっとした論争がおこっているようであるが）、福沢研究の専門誌（例えば福澤諭吉年鑑掲載の関連論文等）、日本政治思想史、日本政治史関係の専門研究論文の諸成果を完全に無視していること、[1]第二に、福沢の原文の読み方がずさんで荒っぽく、福沢が国権と訳した原語（英語）が何であったか（最近の研究ではナショナリティであることがつきとめられている。「通俗国権論」の第二章末尾で、福沢自身も認めているところである）などという問題にはまったく無関心であること、一例をあげれば、四七号論文三六頁上段の『学問のすすめ』三編からの引用（福沢全集③四二～四三頁。岩波文庫、二七～二八頁）。ここで福沢は、視点を人一人一人と国（人の集りたるもの、日本国は日本人の集りたるもの）――国家とはいっていない――の両方に向け、両方をつないで、論じている。この文章の結論は、日本国人の、一人一人が「今より学問に志し、気力を慥にして先ず一身の独立を謀り、随って一国の富強を致すことあらば、何ぞ西洋人の力を恐るるに足らん。道理あるものはこれに交わり、道理なきものはこれを打ち払わんのみ。一身独立して一国独立するとはこの事なり」。この文章が、今井のパラフレーズにかかってしまうと、「今の世界の有様」のなかで「迂闊空遠」に陥ることを避けようとすれば、「学問への志」・「一身の独立」・「一国の富強」は、「一国の独立」の確保という当面の緊急の目的のための手段であるべきだ、そのことが、ここに明確に説かれている、ということにされる。「緊急権国家」は、国家権力の制約を目的とする筈の人権や権利を、国家権力のための手段と見る。手段視しえない人権や権利は無視し、その効力を停止させる国家である。だから、それは国民を疎外した国家権力の意味であるとするが、これは、福沢（ひいては丸山）の国権の理解としては、まったくピントはずれの誤解である。なぜ今井はあえてかかる非論理をおかすのか。それは彼が、小林の本からヒントを得た「国家緊急権」「緊急権国家」の概念を活用して、福沢も丸山も「緊急権国家」体制の思想家だという思いこみ、自らの独断をなにがなんでもおし通すためとしか考えられない。『象』四七号論文の三五～三七頁のいくつかの福沢からの引用文の中で、福沢は国、一国とはいっても、独立して「国家」という用語はまったく用いていない。この時期（慶応三年、明治五～九年頃）の福沢が、国ないし天下国家、国民、国権などの用語をいかなる意味で（場合によってはいかなる英蘭語の訳語として）用いているかの書誌学的検討を一切なしに、福沢を「緊急権国家」の思想家であったと決めつける議論は学問的に乱暴であって、まともな歴史家や福沢研究者は、相手にしない暴論である。またこのことを証明するために、今井がやっている福沢の文章の恣意的な省略もひどい。一々例はあげぬ。

以上の一、二の結果として、今井の福沢論には、福沢の思想の展開過程についても、丸山の日本近世―近代思想史における福沢の位置づけについても、また下手な文芸評論家風のいい草になってしまうが、福沢の興味津々たる人間像についても（「福翁自伝」の読者なら皆知っている）、学問的ないし評論的に価値ある洞察は一つも含まれていない（同じことは今井の丸山論についてもいえる）。これとはまことに対照的な、しかも簡潔な福沢の経歴と思想展開の見事な整理として、今井の北大法学部における先輩教授としての松沢弘陽の文章をあげることができる（松沢『日本政治思想』放送大学教育振興会、一九八九年、第一章　明治啓蒙の政治思想　第二節　福沢諭吉―「政治の診察医」―、第三節　福沢諭吉の政治思想―「一身独立して一国独立す」―、二二五～四八頁。なおこの本の第一章史料・参考文献二二五～二二六頁を見よ）。今井が、松沢のこの研究からよく学んで「一見矛盾しながら、『緊急権国家』の観点からは実は整合的な主張（を）」、「福沢の論理からいくらでも拾いだすことができる」というような不毛な試みから脱出することを希望したい。

つぎに『象』四七号論文（単行本では第六章）の後半、表題に即していえば、丸山眞男が「緊急権国家」体制の思想家であるという今井の命題の検討に移ろう。今井は、丸山の『日本政治思想史研究』（一九五二年初版刊行）の第三論文「国民主義の『前期的』形成」（原題「国民主義理論の形成」）で、丸山は、「福沢を正確に《「緊急権国家」体制の思想家》として理解していた――そういう用語法はしていない――が。そしてその福沢に、自分の問題意識をピッタリと重ね合わせていた」とするのである。「つまり、この点をめぐる丸山の議論は、一方で丸山自身の眼前で進行しつつある「危機」――日中戦争から太平洋戦争へ突入していった昭和一〇年代の「危機」――を意識しながら、他方でそこから翻って幕末期の危機を論じるという、いわば二重構造になっていたわけである」と述べる（四一頁。／『序説』二一四頁）。

今井の右の引用文は、たいへんトリッキーである。この文章を素直に読めば、丸山はこの第三論文で、福沢を正確に、緊急権国家体制の思想家として論じ、自らもその立場と同一化していたと考えるであろう。ところが今井の論文には、この二つの命題の立証は、どこにもない。なるほど、この丸山論文には『福翁自伝』からの参照注が一つだけあるが、これは、右のこととはまったく無関係である。つまり、今井は、この丸山論文の議論の仕方が、丸山が福沢を前記のように理解していた証拠としているのであり、具体的例としてあげられているのは、吉田松陰の議論についての丸山の言及であり、そして丸山論文の最後の三行の文章、つまり「依然として去らない国際的重圧のさ中にあつて、『全国人民の脳中に国の思想を抱かしめる』（福沢・通俗国権論）という切実な課題は、いまや新しく明治の思想家の雙肩に懸って来たのである」（傍点、丸山）である。これについての今井の解釈は、つぎのようである。

「『前期的』国民主義」論文はこの福沢の登場が暗示されたところで閉じられて、丸山は出征していく。だが、ここで重要なことは、「外船渡来」の危機の中で、「国家的独立の責任を最後まで担う者は誰か」という問題が問われたのに、松陰がそれに「国民の政治的総動員」という回答を発することはなかったと丸山がいうとき、その言葉は、この「百姓一揆」に「付け込」むという発想を一歩突き抜けたところで成立する――従って、「前期的」国民主義の段階を最終的にブレイク・スルーしたところで成立する――本来の「国民戦争」のヴィジョンを展望するという含意があったということであろう。そのことは、翻っていえば、丸山自身が、眼前の大東亜戦争はいまだ本来の意味での国民戦争になっていないが、その限界は超えられなければならない、と考えていたことを同時に意味している。

ここで、第一章で見た一九五三年の「日本におけるファシズム」の議論を想起してみよう。そこで丸山は、〈国民形成の「前期的」段階〉の未克服のゆえに、戦時中の日本は、合理的な「総力戦体制」の構築に失敗した。それどころか、そのマイナス面は、「総力戦体制」の足を引っぱりさえした。このマイナス面は、「戦争がいわゆる総力戦的段階に進化し、国民生活の全面的組織化を必須とする」局面において、その実現を求める「叫喚的なスローガン」にもかかわらず、「逆比例的に「暴露されて行った」（丸山⑤、七〇頁）と述べて、具体的な事例を挙げていた（第一章五参照）。要するにそのようなことを示すことによって、丸山は、日中戦争／太平洋戦争は、本来の意味での「国民戦争」にはなりえてはいなかった、ということをいっていたのである。それは、丸山によれば明治維新以降の「日本帝国の支配層」が「ナショナリズムの合理化」を怠り、「むしろその非合理的起源の利用に熱中」したことの実に高価な「代償」であった。」（『序説』二二五～二二六頁）

しかし、ここでの議論の要点は、丸山が近代ナショナリズムを対外的独立と対内的解放の両面で捉えており、対外的独立達成のためには、対内的解放がまず必要だと主張していたことにある。つまり「国民戦争」を戦うとしても、そのためにはまず（フランス革命に匹敵するような）旧体制の全面的革命が必要だと暗黙裡に主張していたことが、ポイントなのである。今井・中野等は、この連関を全然見ていない点で理解が浅いし、そうした体制変革を含意することがどれだけ危険な行為であったかも思いめぐらすことができない点で、歴史的な想像力をも全く欠いていると思われる。またそうした旧体制の革命が達成された後でも、なお今井がいうような「国民戦争」を戦う必要があると丸山が考えていたかどうかは、大いに疑問がある。

ここで私は、今井に借問したい。出征する前夜に徹夜でこの論文を仕上げた丸山は、この戦争（太平洋戦争）が「国民戦争」としてたたかわれることを支持していたのか、あるいはそれが「国民の政治的総動員」の結果として「国民戦争」としてたたかわれるということであれば、これを支持したであろうと推測しうる証拠あるいは根拠を示すことができるのだろうか。できるはずがない。そこで今井が持ち出すのが、丸山が『三田新聞』学徒出陣記念号に寄せた「福沢における秩序と人間」の一節（集第二巻、二一九～二二二頁。今井の引用部分は二一九頁の最後の行から次頁一四行まで。四三年一一月二五日号）である。今井は、そこにも「国民戦争」のヴィジョンが透けて見えることは否定しがたい、という。この解釈がピントはずれなことはすでに述べた。

そもそも今井は、この論文（「福沢における秩序と人間」）の『日本政治思想史研究』第一、第二、第三論文（それは第三論文の三、四カ月前に発表された）との関連について十分な認識をもっているように見えない。しかもこの論文が、京都学派の「近代の超克」の三つの座談会を一書とした『世界史的立場と日本』（一九四三年刊）の八カ月後に書かれていること、この点に思いをめぐらさなかったのであろうか。平石直昭は近刊予定（『思想』二〇〇四年八月号）の「戦時下の丸山眞男における日本思想史像の形成―福沢諭吉研究との関連を中心に―」、およびその準備作業の一環をなしたと思われる「福沢諭吉の儒教批判」読書会（二〇〇一年一一月二四日、一二月一日。岩波セミナールーム、報告原稿）において、つぎのように述べている（引用は後者による）。

「福沢においては、この独立自尊は、『一身独立して一国独立す』の命題によって構成的ナショナリズムに連動しており、ここに丸山の「秩序と人間」論文が書かれた。それは当時の国体論的なナショナリズムに対する批判的な立場の提出であり、明治初年の福沢思想の原点に復帰することによって、その後の近代日本の思想史を全体として批判的に対象化する試みだった。福沢は明治の思想家であると同時に今日の思想家でもあるという「秩序」論文の冒頭の命題はこのようにして打ち出されたのである。

『日本政治思想史研究』第三論文は、この福沢の論理を軸として書かれている。この論文の基軸に福沢の近代的ネーション観念があることは、丸山が後期水戸学のような幕藩制下の階層的な秩序に依存した尊皇攘夷論を否定して草莽崛起を叫んだ吉田松陰の一君万民論的な主張を、福沢にあと一歩までせまったものとして評価していることに窺えよう（一九八三年版、三〇七頁）。ここでも福沢を軸として、近世思想史と近代思想史の架橋が試みられていたことがわかる。

以上のべたことをまとめれば、丸山は、一方で徂徠を軸にして徳川思想史の新しい全体像を示すとともに、他方で平行して福沢から学ぶことにより、近代日本の思想史を批判的に展望する視野を切りひらいた。そしてこの両者は、福沢における儒教的思惟全体の批判、市民的独立精神の獲得、構成的ナショナリズムの成立という認識によって媒介されていた。（後略）このようにして、近世・近代を架橋する日本思想史の全体像が構想されたわけである。これが戦後における丸山の日本思想史像の原型をなすといえる。

それは、市民的な独立自尊精神を根底にすえている点で『近代の超克』論と根本的に異なり、構成的ナショナリズムの論理に立つ点で右翼的な「国体論」とも異なる。さらにヨーロッパ文明史との比較における日本文明史全体への批判的視野において、また望ましい発展のために必要な社会改革のプランの示唆においてマルクス主義とも異なっている。」（傍点、引用者）

以上は、戦時下の丸山が近世・近代を中心として「日本思想史」についての全体像をいかに形成していったか、についての、見事な整理である。今井はこれに対抗できるような全体像を提起し得ているのか？

さて、今井の丸山批判は、以上ではおわらない。今井がいうには、丸山の昭和一〇年代の危機を意識しながら、他方でそこから翻って幕末期の危機を論じるという議論のいわば二重構造には、実はもう一つの次元、いわば未来的な次元、戦後民主主義の次元が重なっているという。（『序説』二一五～二一六頁）

今井は、丸山が、四六年二月二六日の臨時閣議で配布されたマッカーサー憲法草案をはじめて眼にした時、国民主権の規定に驚いた。そのような規定が戦後日本の憲法の基礎になりうるとは、予想もできなかったからである、と書き、その根拠もあげている（『序説』同前）。しかし、拙稿「丸山眞男をめぐる最近の研究について」（立命館大学『政策科学』一一巻三号、二〇〇四年三月）注45で指摘しているように、丸山は、四五年八月の原爆投下・敗戦の時点で、広島の陸軍船舶司令部情報班で海外情報の収集を任務とした応召兵として勤務していたが、ガリ版刷りの裏に残した備忘録の作成を通じて、ポツダム宣言の内容とその日本政府による受諾を「生々しい記憶」として刻みつけていたことも事実である。したがって、丸山が敗戦後の日本の政治体制の根本的変革について、民主化必然という見通しをつけていたことは間違いない。そして明治憲法体制（天皇制支配）が、かなり根本的に変更されるということも予測していたであろう。GHQの憲法草案が、人民主権の規定を提示したことは、丸山にとって近代的な人民主権理論自体が理解の外にあった（認識のレベル）ということではもちろんない。それが丸山にとって既知で望ましいと考えていたとしても、その現実可能性には思いいたらなかった、その意味で「予想外」であったということではなかったのか。今井がこの二つのレベルを十分に区別しないままに、最初の意味にとれるような論じ方もしており、それを国体論者丸山という見方に結びつけている面もある。しかも東大における総長南原が作った憲法研究委員会で、丸山が憲法草案を民衆の討議にかけることを主張したことは、丸山の人民主権についての理解の卓抜性（および民主憲法の国民への定着についての政治（学）的配慮）を示しているといえる。したがって今井が、丸山が「政府案を見るまでは、大正デモクラシーの線で憲法を考えるのがせいぜいのところであった」とたいした根拠もなく放言しているが、このような丸山に対するいわれのない侮辱的発言は、今井の、若き丸山の知的水準に対する過小評価を示していると考える。

さて今井は、丸山の「超国家主義の論理と心理」を回顧した文章（集⑮三五頁、表題「昭和天皇をめぐるきれぎれの回想」[3]一九八九年一月三一日）を引いて、戦前（戦時中）の丸山が「緊急権国家」体制の確立を目指す「国民の政治的総動員」論者であったという命題を、丸山が「国民」を、「国体論」の枠内での「一君万民」の「万民」として観念していたことによる、といいうるとする（単行本では、丸山が右の発言で、「天皇制の『呪力からの解放』は、それほど私にとって容易ならぬ課題であった」といわねばならなかった所以は、戦前の自分は「大日本帝国リベラル」の一員に属していたとする表白（丸山・梅本・佐藤『現代日本の革新思想』〔河出書房、一九六六年〕一七六頁）からも窺い取ることができるとする）。（同書二三八頁。この点注3参照）

それでは今井は、戦前の丸山が、「国民」を「一君万民」の「万民」として観念していたという主張の文献的証拠を示しえているのだろうか。単行本の第一章　戦後民主主義の問題性（初出は『月刊フォーラム』一九九七年九月号）では、いわゆるポスト・コロニアル派（中野敏夫等）がとびついているのと同じ資料だが、「或日の会話」（一九四〇年、集①、三〇九〜三一五頁）をあげる。今井も、この短文の結びの部分のBの発言を、丸山が近衛文麿とその新体制に好感を示している、証拠として受け止めている。私はこの文章から丸山をこの時点で近衛新体制の支持者だったと断定することは、無理だ、と考えるし、あんまり意味はないと思う。ところでこうした中野敏夫・今井弘道的解釈は、丸山の戦中に示したナショナリズム論は、政府の国体論とは違っていたことは認める。そして丸山の「福沢諭吉の儒教批判」論文（一九四二年四月）は、そういうスタンスに立っていた。しかし、彼らによれば、それは国民を政治に動員するための別の議論であり、その意味で丸山は当時の総力戦体制に寄与したというのである。しかしこれに対しては、高田勇夫や小林正弥らが納得的な批判を行っている(4)。

ただ今井のこの第一章における議論の一つは、戦前から戦後の時期の丸山の思想形成を三つの段階を経過したものと見、その戦前の到達点が、そのまま戦後の丸山の思想的出発点をなし、その発展の経緯の中で、丸山思想の問題性も明確な姿を現わすとすることである（『序説』三一頁）。

i　徂徠学における儒教の政治化およびそれに立脚する政治組織改革論とカール・シュミット的な決断主義との総合。

ii　そのシュミット的決断主義を更に国民的決断主義へと発展させようとする――ここではラートブルフやシュミットに理解された意味でのルソー主義が大きな役割を果たしている――が、その展望はその発展を阻害する要因の根強く存在する日本の現実の中で挫折する。

iii　その阻害要因の究明を、国民主義の「前期的」形態の発展過程の検討を通して明らかにしていく。

第一段階の例としてあげられているのは、先に言及した「或日の会話」の一節であるが、ここでむしろ注目すべきなのは、徂徠学における儒教の政治化とシュミットの決断主義との「接合」という指摘であり、これは、今井の第一章執筆の時点（一九九七年九月）では、やや新鮮であったのかもしれない。しかし、「丸山眞男の政治思想とカール・シュミット」の関係については、今井の北大法学部の同僚であり、西欧政治学史の担当者である権左武志が、二年後の「丸山の西欧近代理解を中心として」という副題をもつ画期的な長大論文（『思想』一九九九年九月号〔九〇三号〕四～二五頁、一〇月号〔九〇四号〕一三九～一六三頁）で詳細に明らかにしている。初期丸山におけるシュミットの受容が、三六年論文、三七年助手になってからの学界動向の紹介、シュミットの翻訳の解説、さらに『政治思想史研究』第一論文（「徂徠学の特質」）、第二論文（「自然と作為」）、第三論文（「国民主義理論の形成」）と、今井論文よりはるかに詳細にかつ精密にたどられている。さらに権左論文は、今井第一章論文が、丸山―シュミット関係の考察を、戦前・戦後のほぼ一〇年に限定しているのにたいして、その論文の三つのテーゼ（第一は初期丸山の近代把握はシュミットに多くの、決定的な点を負う。第二テーゼは、シュミットの独特な近代理解は、後のナチズムへのコミットメントから切り離して、ウェーバーの合理化（＝官僚制化）論との関連において理解されるべきだ。第三テーゼ、にもかかわらず、戦後の丸山は、初期に自らが取り入れたシュミットの遺産を内在的に克服しようと努めている）に沿って展開する。とくに、論文一の2　超国家主義論（「超国家主義の論理と心理」）におけるシュミットの転用では、今井とはまったく異なる解釈が示されている。また権左論文の(下)は、戦後丸山におけるシュミットとの対決の過程が、「忠誠と反逆」論文（一九六〇年）以下を素材として詳細に追跡される。権左論文の結び「対立の統一」としての西欧近代、のつぎの第二のむすびの一節を見られたい（第一のむすびと最後の一節も（一五五～一五六頁））。

「一方で丸山は、民主主義を絶えざる「永久革命」のプロセスであることを六〇年安保以来強調し、人民主権意識を活性化させる運動としてデモクラシーを理解しながら、これだけではジャコバン主義やスターリン主義と同じく、社会的画一化や民主的独裁に対する免疫力を充分に備えていない点に、シュミットを反面教師として警告を発していた。他方で、「他者をその他在において理解する」というリベラルな他者感覚や、画一主義に対する抵抗の精神を説きながら、これだけでは価値相対主義の泥沼と政治的責任の不在に陥りかねないという点も、シュミットに学んで見抜いていた。だからこそ、民主主義と自由主義、人民主義と立憲主義という一見すると相対立するかに見える両者が、互いに他方の欠陥を補完し合う必要が出てくるのであり、シュミットとは正反対に、民主的正当性と自由主義的多元性という二つの思想的伝統が手を結ぶ「対立物の結合」(complexio oppositorum)こそが、西欧近代を特徴づける真の規範的内実をなすと丸山は考えていたのである。」

右のような権左の丸山理解は、今井の一応ほぼ一九四〇年代に限定されているとはいえ、「丸山における民主主義の反自由主義的性格」、丸山において、「もし主権が国民に担われる民主主義国家の段階になれば、このような主権の制限は、理論的には不必要になる……民主主義国家が成立すると、自由主義は、固有の意味を喪失する。……丸山にとって、自由主義とは、ルソー的民主主義へと流入していくべきものであり、「『人作説』(=社会契約論)への進展の契機」をもつ限りで、意味あるものであった」(今井単著四八頁)。「課題の対象が「前期的」国民主議でなくなったとたんに、そして国民主義的民主主義が基本的に実現されたとたんに、丸山的民主主義思想は、自由主義思想に対して抑圧的な様相を示してしまう」(単著四九頁)。

今井がこの単著を刊行した時点(二〇〇四年二月)で、権左論文はとっくに公表されていた。今井は自己の丸山の民主主義―自由関係の理解とはまったく正反対のこの同僚の力作論文をあえて無視したのであろうか。

いまここでとりあげた論文にも関連して、私は今井のルソー理解には大きな疑問があると考える。最近私が驚嘆したのは、『象』四八号の今井の「丸山眞男の『一君万民主義』と『良心の自由』について」論文で、「このルソー的理想状況の中に立ってみると、国家意志は真の個人意志の総体としての一般意志を体現しているわけだから……」という一文を発見したことだった（一二〇頁）。このつまり高名な法哲学者が、一般意志（volonté générale）と自己利益を指向する特殊意志（volonté particulière）とその加算にすぎない全体意志（volonté de tous）を混同していたことだ。

なお、今井が『序説』で提起していたが、私のこの批判では、とり扱うことができなかった問題の一つとして、丸山の一九三六年論文末尾の「弁証法的な全体主義」概念をどう理解すべきか、というそれがある。今井の理解は、それが、田辺元の「種の哲学」の影響を受けたものではないかということであり、これに、丸山とその師である南原繁との丸山の学生時代、助手時代以来の思想的緊張関係なるものの問題をからませて論じている。（なお、それには南原の『国家と宗教』（初版、一九四二年、岩波書店、二九五～二九八頁）における田辺批判という問題もからんでいる。）

これらの残された論点については、次節で論じることにする。

2――「弁証法的な全体主義」とは何か？――丸山眞男、田辺元、南原繁のトリアーデ

左の一文は、丸山が一九三六年東大法学部緑会の懸賞論文に応募して入選した「政治学に於ける国家の概念」（出題者南原繁教授）の、「五、結び」の全文である。参考までに丸山が一九七六年に執筆した〔後記〕もつけておく。

私は以上に於て粗雑ながら、理論―思惟様式―社会層といふ還元に基づいて近世個人主義国家観と市民層との照応関係を示し、市民層が市民社会の最近の段階に於て、中間層イデオロギーを摂取する必要に迫られてファシズム国家観を開花せしめた次第を略述した。

今や全体主義国家の観念は世界を風靡してゐる。しかしその核心を極めればそれはそれが表面上排撃しつつある個人主義国家観の究極の発展形態にほかならない。我々の求めるものは個人か国家かの Entweder-Oder の上に立つ個人主義的国家観でもなければ、個人が等族のなかに埋没してしまふ中世的団体主義でもなく、況や両者の奇怪な折衷たるファシズム国家観ではありえない。個人は国家を媒介としてのみ具体的定立をえつつ、しかも絶えず国家に対して否定的独立を保持するごとき関係に立たねばならぬ。しかもさうした関係は市民社会の制約を受けてゐる国家構造からは到底生じえないのである。そこに弁証法的な全体主義を今日の全体主義から区別する必要が生じてくる。（「緑会雑誌」第八号、昭和一一年、東京帝国大学法学部緑会）

〔後記〕

私の学生時代、東大法学部の「緑会」は、毎年、法律・政治の両部門の教授に出題と詮衡を依頼して懸賞論文を学生から募集し、当選論文を三・四篇、緑会雑誌に掲載する習わしであつた。私が三年生のとき、政治学科の論文の出題と詮衡とを担当したのが、故南原繁教授であり、そのテーマが「政治学に於ける国家の概念」であつた。応募学生は、各自、夏休前に南原教授の研究室を訪れて、一般的参考文献などの指示を受け、休暇一ぱいかけて論文を書いて九月の学期始めに提出した。（因みにこの年の応募希望学生は四十三名、提出された論文は十二通であつた。）この稚拙な学生論文まで掲載することを私が承諾したのは、どういう考え方をいわば「所与」として、私が研究者生活に入つたかを示すためと、もう一つ、南原先生を一生の恩師とする機縁を伴つたのがこの当選作だつた、という理由よりほかにはない。なお参考のために、南原先生が、緑会雑誌に書いた選者としての感想のなかから、右論文にたいする批評の部分を摘記しておく。

「……か、る考え方に根拠して一箇の体系としての政治学が如何に立てられるか、又筆者が要請する如き新な国家概念が歴史的社会的地盤との関係に於て如何に在るのか、に就いて重要なる問題が存するであらう。然し、それとして一つの纏つた論作であり、基礎的文献をよく咀嚼し、刻念なる研究と相俟つて、就中ファシズム国家のイデオロギーの分析に於て徹つたものがあり、叙述又内容に富み、蓋し今回提出せられた論文中優れた一篇たるを失はぬ。」（一九七六年後記執筆）

（補注）この論文について、丸山は一九八九年十月二十日のヴォルフガング・ザイフェルトへの手紙で、この論文を、なんらかの形で西ドイツに紹介できないか、と示唆しているが（『丸山眞男書簡集』4・二〇七～二〇九頁、参照）、そこでは丸山の東大法学部に入ってからの、ドイツ国法学経験（ケルゼン、イエリネック、シュミットの法実証主義批判、スメンドの統合理論との接触、マルキシストの一友人から、マンハイムについての質問に答えつつ、「あの僕の論文は、いわば国家論におけるファシズムに対するfront populaire〔人民戦線〕を意図したものだ」と答えたことなど紹介されている。

「結び」の文章の第一段は、論文の内容の要約であり、第二段は、丸山のこの論文の主張・立場の表明である。とくに「個人は……」以下の数行、とりわけ、丸山の要請する新たな国家概念としての「今日の全体主義」から区別される「弁証法的な全体主義」とは何を意味するのか。長い間、丸山自身の自釈を含めて多数の論者の論争の一つの的となってきたのである。ここではこの論点についての今井の解釈を批判的に検討するが、その前に、一九三六年の時点で丸山が「全体主義」の概念について、どのような書物を読み、またどのような理解をもっていたか――それをいまの時点で穿索し、いわんや「確定」することは、不可能事なのではあるが――、さぐってみたい。

歴史的事実としていえば、一九二〇年代半ばまでにはイタリアでは、全体主義を呼号するムッソリーニのファシスト党が政権を掌握していたし、一九三三～三四年にはドイツのナチス党が総選挙で大勝し、ヒトラーが政権をにぎっていた（授権法）。したがって、三〇年代半ばの時点で、「全体主義」という用語が、新聞・雑誌にひんぱんに登場する時の言葉であったことは想像にかたくない。法・政治の学会や学生の中ではどうであったのだろうか。丸山眞男集別巻の年譜を見ると、丸山は、三四年四月に東京帝国大学法学部政治学科に入学し、岡義武の「政治史」講義課題リポート執筆のため『日本資本主義発達史講座』（三二～三三年、全七巻、岩波書店）を熟読し、またカール・シュミットの『政治の概念』をも熟読し、ケルゼンの『一般国家学』（独文）を東大図書館で読んでいる。大学時代を通じてローザの『資本蓄積論』『蓄積再論』、ヒルファーディングの『金融資本論』などの読書会を催し、マルクス主義文献をも読んでいる（おそらく独語原本で）。翌一九三五年の夏休みには宮城県越河村の寺で、『緑会雑誌』の懸賞論文（政治学部門の出題・詮衡＝蠟山政道、テーマ「デモクラシーの危機を論ず」に応募するため、『危機におけるデモクラシー』（ラスキ、一九三三）、『理論と実践における国家』（ラスキ、一九三四）など、ラスキ、コール、バーカー、ヘルマン・ヘラー（多分、遺作『国家論』）、ギールケなどの原典を読み、ブライスの『近代民主政治』を読んで多元的国家論を学ぶ、とある（シュミットの『現代議会主義の精神史的状況』、『政治の概念』などの読者なら、シュミットの有力な論敵が、イギリスの政治的多元主義であり、ヘラーであったことを知っている）。そして一九三六年、大学三年に進学した時、南原繁の「政治学史」講義を聴き、ホッブスの政治思想について報告（南原の講義は一種の演習形式で、テンニースのホッブス研究などを懸命に読んだ。助手時代に入って、シュミット『レヴィアタン』を愛読し（思想的には反対の立場であったが）、その鋭利な分析に深く感銘した。助手論文でのホッブスへの視角（イデーにたいするペルゾーンの優位）もシュミットから示唆された、と述べている（『書簡集』4、三〇一頁。三三七頁も参照）。

以上、一九三四～三六年度の丸山の学生生活において、丸山がカール・シュミットの『政治の概念』等の諸労作から「全体主義」「全体国家」（der totale Staat）――「一八世紀の絶対主義国家は一九世紀の中立的（不介入的あるいは中性的）国家を経て二〇世紀の全体国家へと発展した」――の概念について学んだことは、ほぼ間違いなく推量できそうだ（もっとも三六年論文には、シュミットからの直接の引用はなく、シュミットにかわってナチの桂冠法学者になったケルロイターの『一般国家論概要』一九三三年からの引用が、一箇所だけある）。

この辺から本題に入ろう。田辺―南原―丸山のトリアーデの中で、比較的に処理がそれほど難しくはなさそうなのが、田辺―南原関係のようであるから、それから見ていこう。今井によると南原の田辺哲学批判は、「法哲学的ヘーゲル主義」（田辺）と「法哲学的カント主義」（南原）という枠組の中での「国家の問題」に関わるものであった。そして南原は、田辺哲学の核心を国家の位置づけに求めて、それを以下のように要約し、今井は、その要約は正確であるとしている。

「田辺哲学の「中心的位置」を占めるものは、「ナチスにおけると同じく「種」としての民族である」。田辺にあっては、しかしこの「種」は、ナチスのように「自然的生の直接態」と理解されているわけではない。それは、むしろヘーゲル的に、根本において「絶対者の『自己疎外』」だとされている。そして、「国家」とは、この「種」の「即自的な直接的統一」とこれに否定的に対立する対自態としての「個」とを、「否定の否定すなわち絶対否定において統一総合する即自かつ対自的な『種』的存在（今井のひどい誤記。正確には『類』的存在）」に他ならないもの、とされている」（『南原繁著作集　第一巻』岩波書店、一九七二年。『今井序説』、一四四頁、『象』四五号今井論文、二〇頁に引用）。

ところが南原の田辺批判と銘打たれている行文の中で、不思議なことに、その文章に後続する文章およびその次のパラグラフの南原の田辺批判の「核心」部分は、今井においては省略されているのである（『南原著作集　第一巻』二六六〜二六七頁）。今井は何故、そうするのか!?

それ（国家）は種の基体的共同体と個の自立性とが否定的に綜合せられた媒介存在であり、「基体すなわち主体たる存在」としてそれ自ら「絶対社会」または「存在の原型」とせられる。そのしかる所以は、国家が「全個相即的対立的統一の普遍者」として根本において「無」の絶対的普遍性の対自化せられた「絶対の応現的存在」として考えられるのに因るのである。[11]かくのごときは一に絶対無の信仰に縁由し、国家と宗教との綜合——具体的な宗教と永遠なる国家との「二にして一」[12]なる結合——は由来その「社会存在論」、したがって全哲学思惟の根本特徴と言い得るであろう。されば国家哲学は「あたかもキリストの位置に国家を置いて、絶対無の基体的現成たる応現的存在たらしめることにより、キリスト教の弁証法的真理を徹底してその神話的制限からこれを解放する」ごとき構造として考えられる。[13]これによって国家はキリスト教におけるキリストの「啓示的存在」に対応し、そして国家に参与する個人の生活は「キリストのまねび」に比せられてある。あたかもキリストへの信仰が人間を救済して内から自由を回復せしめると同様のことを、いまや国家に期するものと言えよう。かようにして国家こそ真の宗教を成立せしめる根拠、否、それ自ら「地上の神の国」となる。

[11] 同「国家存在の論理」（『哲学研究』第二十四巻第十一冊七〜八頁）。

[12] 同「社会存在の論理」(前掲三三二頁)。

[13] 同「国家存在の論理」(前掲第十冊一九頁)。

ここに何よりもさような宗教そのものについて問題が存するであろう。それはキリスト教的信仰と相違するのはもちろん、仏教的信仰とも必ずしも同じでなく、およそ一般の宗教的信仰と称せられ来たったものとは違って、一つの哲学的信仰、「弁証法信仰」である。具体的には一方に古代的「民族宗教」を摂取し、民族国家の種的基体の契機において個人の生命の根源性を認めるとともに、しかも民族宗教のごとき単に直接的な生命の根源を礼拝の対象とするのとは区別せられ、個人の自己否定によって還帰すべき根源としての「絶対無」に結びつく最高の信仰の立場である[14]。それは具体的には「絶対無の現成たる基体すなわち主体の媒介存在」として国家に対する弁証法的信仰、「国家信仰」にほかならない。

[14] 同「国家存在の論理」(前掲第十冊二〇頁)。

つまり、南原の田辺批判の核心は、田辺の「種の論理」にもとづく国家論において、「国家こそ真の宗教を成立せしめる根拠、否、それ自ら『地上の神の国』となる。」「それは具体的には『絶対無の現成たる基体すなわち主体の媒介存在』としての国家に対する弁証法的信仰、『国家信仰』にほかならない。」という点にこそあった。

この問題について、福田歓一は、その小論「京都学派復権の動きについて――「学徒出陣」経験者の所感――」(岩波書店『図書』二〇〇三年八月号、二一六~二一八頁)で、南原が田辺の「社会存在の論理」「国家存在の論理」を取りあげ、それがナチス精神と比較して「精緻な論理的構造と深い精神的内容」をもつことを高く評価しながら、その帰結が右に記したような『国家信仰』にほかならない、ときびしく批判したのであった。そして戦後南原が歌集『形相』を南原とひとしく短歌をたしなんでいた田辺に贈った、それへの礼状の中で、田辺が右の南原の批判にふれて、「曾て御高著に於て賜はりました御批判により蒙を啓かれましたこと至大」と述べているということであり、福田によれば、この文面はさほど誇張したとも見えず、南原は田辺が彼の批判を受け入れた率直さを後年まで敬意を以て語ったのであった、と述べている（二八頁）。

この点についてのもう一つの証言として、東大では南原ゼミで丸山と一緒であり、東大法学部卒業後京大哲学科に入学し、田辺に師事し、宗教哲学担当の教授となった故武藤一雄の発言を見ておきたい(5)。

『国家と宗教』を手にし、熟読感奮したのは、京大の哲学科を卒業し、同大学院に在学中、太平洋戦争勃発後間もない頃であったと記憶する。私は当時「田辺哲学」に魅せられ、いわゆる「種の論理」を自分なりに理解し（今日にいたっても、私は、「種の論理」の論理的構造に大いなる意味と汎通的適用性を認めざるを得ないものである）、国家が種的制限をもつにとどまらず、類的普遍性にまで高められなければならないという田辺先生の思想のうちに、日本のいよいよファッシズムに傾斜しつつある国家的現状に対する大いなる批判の契機を看取するとともに、そこに誤解され得べき或る種の問題性が潜んでいることも感知せざるを得なかった。南原先生の簡明直截な田辺哲学批判、すなわち、田辺先生の「国家存在の論理」は、国家を以て絶対無の現成とする「国家信仰」

にほかならないとする批判（『国家と宗教』著作集第一巻二六四頁以下）は、その批判が何処まで妥当性をもち得るかどうかという問題を越えて田辺哲学に傾倒していた私にとって、また世を挙げて天皇制絶対主義・軍国主義に狂奔しつつあった当時にあって、あたかも「肉中の棘」のごとくつきささり、私の戦争体験に織りこまれ、絶えず揺曳する思想的一契機となった。それはとにかくとして、痛苦に充ちた戦争体験と敗戦を経過して、私にとって、国家と宗教、ないしは政治とキリスト教の問題は、戦後に到って、改めて、いわば初心に立ち帰って、新たに究明さるべき人生の、そして私の学問生活の究極的課題としてたち現われてきたといっても過言ではない。（傍点引用者）

右の引用文のうち、傍点を付した箇所は、武藤の、田辺の「種の論理」の中に当時の日本の現況にたいする批判の契機のあることを認めつつも、なお一定の問題性を感じ、他方、南原の田辺批判にも一定の留保を付しつつも、それが「肉中の棘」として彼の中につきささり続けた状態を正確に表現したものであったであろう。

つぎに、今井の南原―丸山関係についての見方を吟味してみよう。この点では、今井は、『丸山眞男集』の関連項目には当っているが、その見方には立証不十分なところおよび明確な誤認（後述）が見られるし、また当然参照すべきであった、また参照できた先行業績（たとえば、今井と同年生れの加藤節「南原繁と丸山眞男」、『思想』九八年七月号、後に加藤節『政治と知識人』岩波書店、九九年、第二部の一として収録。および加藤「近代日本と批判主義政治学」初出、鷲見誠一編『転換期の政治思想』創文社、二〇〇二年。加藤『政治学を問いなおす』ちくま新書、二〇〇四年、第八章として収録。この本の第Ⅲ部第九章　南原繁におけるナショナリズムと愛国主義、第一一章　丸山眞男の思想世界、も参照）には一切触れていない。そして加藤の労作とくらべると今井の考察は、いくつかの重要な論点を逸し、底の浅いものとなっている。

今井の南原―丸山関係の把握の要点はどこにあるか。三六年時点の丸山には、南原の「法哲学的カント主義」に対する批判の意識があった。そしてこの時点の丸山は「法哲学的ヘーゲル主義者」であり（これはまったくの誤認・後述）、その立場から南原の「法哲学的カント主義」を批判しようとした。しかしこの時点での丸山が「法哲学的ヘーゲル主義者」であったという証明は実はなんらなされていない。三六年論文注7で、丸山は、ヘーゲルの『法哲学要綱』の引用をしているが、それはデュギー『法と国家』（堀眞琴訳）からの孫引きである。したがって確定的なことはいえないが、旧制高校、東大法学部時代の丸山は、すでに見たように一方で『日本資本主義発達史講座』の熟読、ローザ、ヒルファーディングの読書会を通じてマルクス主義の文献を読んではいたが（その関連でヘーゲルの翻訳を読んでいた可能性はある）、しかしヘーゲルを原典で厳密に読んだのは、おそらく三六年の南原の演習、ヘーゲル「歴史哲学序説」講読においてでなかったのであろうか。また三五年に、丸山が蠟山政道の「政治学」の講義を聴講したとき、戦前の日本の政治学における名著の一つ、蠟山の『政治学の任務と対象』（一九二五年、巌松堂書房）等の読書を通じて、新カント派の科学方法論にも通じていたはずである。それゆえ、三六年時点での丸山の南原に対する違和感を、新カント学派対新ヘーゲル学派の対抗としてとらえる今井の見方は、そのままではとうていい支持しがたい。[6] したがって、丸山の三六年論文の「弁証法的な全体主義」という言葉が、「一歩進んだ」法哲学的ヘーゲル主義の立場を示しているという今井の断定についても留保せざるを得ない。おそらくは誤認である。（しかも、結びの文章の「しかもそうした関係は市民社会の制約を受けている国家構造からは到底生じえない。」〔今井はこの一文の意味についての考察は皆目していない〕を勘案するならば、それはなんらかマルクス主義的ないし社会主義的含意をも持たされていたと考える方がむしろ自然であろう）。なお今井の文献の読み方は杜撰極まるものであって、この論点との関係においても、「丸山は、『思想史の方法を模索して』と題された回想において、新カント派に言及しながら、自分が『ヘーゲル哲学の、影響下にあ』った学生時代には、『ひたすら先験的な『政治』概念の樹立によって政治学の科学的自律性を確保しようとする方向はとりわけ不毛に見えた』（丸山⑩、三四五～三四六頁、傍点引用者）といっていると述べる。ところがこの原文を調べてみると（⑩、三四五頁注4）、丸山は、「私は、およそ四〇年代のはじめ頃と記憶するが」と書き出している。四〇年代はじめには、彼は東京帝国大学法学部助教授となっている。丸山の大学生時代は、三四年四月～三七年三月である。したがって今井のさきの記述は、まったく無効（文字通りの「時代錯誤」）である。ちなみに、先の丸山の引用中の「政治」概念の樹立にかかわる論争とは、ある年齢以上の政治学者は誰でも知っていることだが、大正末から昭和初年にかけての「政治概念論争」のことである。念のため。

ところで今井は、南原が一九五九年四月に公刊した『フィヒテの政治哲学』についての丸山の短い書評（丸山⑧、一〇五～一一〇頁、『図書』五九年六月号初出）について長々しいコメント（『序説』一五三～一六二頁。『象』四五号、二四～二九頁）を書いている。(8) その内容を逐一ここで紹介するのは、煩にたえないので止めて、先に紹介した加藤節の「南原繁と丸山眞男―交錯と分岐―」の行論を追い、それとの対比において、今井の議論を評価しておく。

加藤論文は大きく三つの部分に別れる。Ⅰは南原と丸山における「方法論における分岐」であり、Ⅱは「ヴィジョンにおける交錯」であり、Ⅲは「思想における分岐」であり、簡単なエピローグ「数奇な精神史的運命」で結ばれている。

Ⅰ方法論における分岐。南原、丸山関係は、丸山の側における南原への強い違和感から始まったが、それは主として次の二点にあった。第一点は、丸山が南原の哲学的立場とみなしていた新カント派の自由主義的思惟方法は、ファシズムが猛威をふるう三〇年代の時代の危機に対して実践的に「無力」であると考えたこと。第二点は、思想史の方法論をめぐる南原へのもう一つの違和感であり、それは「思想の存在拘束性」を強調するイデオロギー批判に思想解釈の「本質的な限界」を見る南原との間の丸山の強い距離感であった。南原に出会う前の丸山は、新カント派、特にラートブルフ等の西南学派の価値哲学とマルクス主義とに、相互に制約しあうような影響を受けていた（傍点引用者）。この点の加藤の分析はまことに的確であり、今井のように若い丸山に新ヘーゲル学派を見るような馬鹿げた間違いはもちろんしていない。こうして丸山は、新カント派とマルクス主義との間で、一種の精神的宙づり状態に置かれていたが（傍点、田口。加藤によるその場合の問題の核心の把握も秀逸！）、そうした丸山に決定的な方法論的示唆を与えたのが、カール・マンハイム（一八九三～一九四七。彼はラスキと同年の生れ）の知識社会学であった。丸山がマンハイムから特に深く学んだのは、①イデオロギーの諸レヴェルの区別と層化、②事実次元の発生と意味発生との区別の理論、③「遠近法的な見方」Perspektivismus という認識方法の三点であった（この分析も的確）。南原は丸山がこういう方法を所与として学問に取り組もうとしていることに批判的であったが、丸山は「学問的方法」において南原から分岐し、『日本政治思想史研究』に結実する作品を書き上げていった。そして戦後、特に五〇年代（末）以降の丸山が、「文化接触による思想変容」の問題を日本思想史の考察に導入しようと試みる過程で、思惟主体を拘束し、思想史の遠近法的「景観」に変容をもたらす思惟主体の「立場」を空間性においてとらえ、「空間的領域のはらむ思想史的な意義」により大きな比重を与えたとき、南原と丸山との学問的方法における分岐は、ついに埋められないままに終わった、と評価される（この分析もすばらしい！）。もっとも、思想の存在拘束性という観点への南原の批判には、もう一つ、実践的な理由があったのであり、丸山も、その事実を認め、南原の忠告の意味をかみしめざるをえなかったのだが。

つぎにⅡヴィジョンにおける交錯。加藤は、「両者は、『超学問的な動機』をなす『現代に対する切実な問題意識』が、『厳密な学問的操作』と『純粋な歴史的研究』とに結びつくべきだとする思想史の『理念型』的なヴィジョンを完全に共有していた」（詳しくは、一三六〜一四〇頁、参照）。このような考察は、今井の場合には、まったくない。

Ⅲ思想における分岐。南原と丸山との思想的分岐は、自由なる個人と、民族的＝政治的共同体としての国民国家とのいずれに力点を置くか、あるいは、その国家を、個人が構成するメカニズムとしてノミナルにとらえるか、個人に先立つ所与として実存論的に理解するかをめぐって生じたものであった。より具体的に言えば、丸山はファシズム批判においては、南原と完全に立場を共有していたが、より具体的に、とくに戦後の天皇制に対する態度、位置づけの問題、もう一つは、個人と国民国家を媒介するナショナリズムをどう捉えるかという問題で、南原と丸山との思想的分岐を最終的に決定づけた、と加藤は評する。そして加藤の評価では、丸山は、途を、南原が否定した啓蒙的個人主義、「絶えず国家に対して否定的独立を保持するごとき関係に立」つ個人を価値化する方向に採ったのである（この辺の評価も、今井とはまったく逆だ）。そこには、南原の民族国家論が「近代の超克」論につながる危険性を秘めていることへの丸山の微妙な、しかし鋭い直感があった、とする。加藤の評価では、「丸山は、終始、民族や国家に原理的に先立つ自由で主体的な近代的個人の可能性を探求し続けた思想家であった」（加藤、一四四頁）。丸山は、敗戦後の厳しい自己省察を経て、戦前を通じて維持してきた「立憲主義的天皇制を肯定する立場」を清算し、「天皇制の『呪力からの開放』」を果たしたのであった。そして丸山は、それとともに、ナショナリズムを、各民族の文化的個性の上にではなく、民族共同体にも国民国家にも先行し優位する個人の自立性の上に基礎づけようとした点で、南原とは完全に袂を分ったのである――同時に田辺的「種の論理」とも（加藤、一四八頁）。しかし、丸山にとって、真の問題はその先にあった。丸山は日本の歴史意識の「古層」、あるいは、「政事」を「上級者への奉仕（service）」とすることによって「決定の無責任体制」に帰結する日本の政治意識の「執拗低音」が、天皇制からの訣別にとっても、ナショナリズムの構造的変革にも、その前提をなす主体的な個人の確立に対しても、重大な制約をなすと考えていたのであるが、彼はそうした問題の切実性を自覚しつつも、それを十分には解くことなく世を去った。そうした課題を、文化的決定論や宿命論、あるいは国民性論を克服する方向で解くこと、これがポスト丸山世代に属するわれわれ自身の課題であるというのが、加藤の結論である。私もこの結論には全面的に賛成する。これは、今井の、丸山―南原関係の像、さらに丸山評価とは、ほとんど正反対といってよい提示である。

さて、加藤も、今井も、丸山の「南原繁『フィヒテの政治哲学』を読んで」の末尾の一節（集、第八巻、一一〇頁）に注目している。すなわち「フィヒテと同様、南原先生がまさにそこから出発されたラディカルな個人主義と『メカニズム』としての国家の把握は、満州事変のはじまった年に高等学校に入った私の精神的体験のなかでは、むしろ年と共にその貴重な意味が実感されるようになりました。著者〔南原〕が自由と個人から社会と民族へと意味づけの力点を移動させて来たとすれば、むしろその逆に、私は政治的＝集団的価値の独自性をいわば自明の出発点として発足しながら、自由な人格への途を歩一歩とさかのぼって来たようです。思想のバトン継受のノーマルな順序からいえば何という倒錯か！　そう気がつくと、私はいまさらのように『近代』日本の数奇な精神史的運命を思わずにはいられません」。この丸山の提起を、われわれは、今井的理解において解くのか、それとも加藤的理解の方向において解くのか、そのことがいま問われているのである。

本節の最後に一番の難問かもしれない、丸山―田辺関係の問題に立ち入ろう。端的にいえば、丸山の「弁証法的な全体主義」の語は、「田辺哲学に由来する」という今井の立論が成り立つかどうかの吟味に考察の中心がおかれる（『序説』一三二頁）。

なお、私の田辺経験を若干語っておこう。多分大学の教養学部の学生時代に、私は田辺の『哲学通論』を読んでいる（哲学の教師は、山崎正一先生であった。この本は田辺元全集3に入っている〔三七一～五二二頁〕）。その後長い長い中断期があって、二〇〇三年一月に「家永三郎の『否定の論理』と丸山眞男の『原型論』という論文」（立命館大学『政策科学』一〇巻二号、四三～六四頁）を書くために、家永三郎の「田辺元の思想史的研究」（家永三郎集第七巻　思想家論3）を読んださいに、田辺の作品の若干にも触れた。しかし田辺の仕事を本格的に系統的に読むようになったのは、今井の『象』連載の仕事に触発されてのことであり、田辺元全集第六巻（「種の論理」論文集Ⅰ）第七巻（「種の論理」論文集Ⅱ）を読了し――その中のとくに重要なもの、「社会存在の論理」「種の論理の意味を明にす」「国家的存在の論理」「種の論理の弁証法」等については、名大中央図書館の所蔵する『哲学研究』のオリジナルをも参考にした――、第八巻（時事論文集、後の五本は戦後のもの）と読みすすめ、第九巻（懺悔道としての哲学、他）、第十巻（キリスト教の弁証）、逆にさかのぼって第五巻所収の「正法眼蔵の哲学私観」（南原が読んでいるもの）と読みすすめるつもりだ。

さてこの論点における歴史的考察という点でいえば、丸山眞男集等の索引には、「田辺元」の項目はない（おそらく丸山が三六年の時点で田辺の「種の論理」関係の論文を読んだことがあったかどうかの詮索は、丸山死後八年の今日の時点ではもはや不可能であろう）。今井も、三六年論文の「弁証法的全体主義」の理論構造と田辺の「種の論理」の構造との類似性なるものを指摘するに止まっているのであって、前者が後者によって底礎されていることを、資料に基づいて証明しているわけではない（それはできないだろう）。しかし歴史的考証の問題としていえば、丸山がこの論文を一九三六年九月に提出する時点までに、「種の論理」論文集のどこまでが、雑誌『哲学研究』および雑誌『理想』特輯号「哲学への道」に掲載され、読者（その一人としての丸山）の目に触れることが可能だったのであろうか？今井の議論は、この点にまことに無頓着であり、この時点以降の田辺の論文のものと思われる文献・表現等をも、平気で自説の補強・証拠として用いているように見える。田辺元全集第六巻の大島康正の「解説」（七巻の「解説」も大島執筆。これも重要である）によれば、そこに収録の諸論文の、発表年月

と掲載誌の一覧は、次のようである。(9)

① 圖式「時間」から圖式「世界」へ——雑誌『哲學研究』第二百號(昭和七年十一月)。

② 社會存在の論理——『哲學研究』第二百二十四、五、六號(昭和九年十一月、十二月、昭和十年一月)。

③ 種の論理と世界圖式——『哲學研究』第二百三十五、六、七號(昭和十年十月、十一月、十二月)。

④ 存在論の第三段階——雑誌『理想』特輯號「哲學への道」(昭和十年十一月)。

⑤ 論理の社會存在論的構造——『哲學研究』第二百四十七、八、九號(昭和十一年十月、十一月、十二月)。

⑥ 種の論理に對する批評に答ふ——雑誌『思想』第百八十五號(昭和十二年十月)。

⑦ 種の論理の意味を明にす——『哲學研究』第二百五十九、六十、六十一號(昭和十二年十月、十一月、十二月)。

これを見れば明らかなように、丸山が懸賞論文執筆にあたって参考することが可能であった論文は、せいぜい①から④までであって、⑤以下を見ることは不可能であった。

そこで①から④までの約三百頁を精読し、丸山論文の「弁証法的全体主義」概念ないし今井がその発想に原型的刻印を押したとするような田辺の文言が発見できるかどうか。発見できたとしても、それらを同一構造のものとして認定しうるかどうか、その作業を進めよう。

さて大島康正が、第六巻解説で述べているように、田辺の「種の論理」は初めから截然と出来上がった完成品ではなく、思索の進行とともに、自らの先行思想に反省・修正を加えてつみあげていった、そういう性格の学説（不断に自己修正されてねりあげられた学説）であった。たとえば、第二論文、「社会存在の論理」で初めて「種」という概念の独自な社会的意義の重要性が指摘・提唱されているが、その後、その概念が年々修正を加えられて次第に深く発展させられ（螺旋状展開）、第七論文の「種の論理の意味を明にす」（一九三七年）に至って、ひとまず「種の論理」として出来上がったものである。丸山が参照し得た可能性をもっていた第四論文までについていうと、まず第二論文「社会存在の論理」を見よう。それは、哲学的社会学の必要を説き（第一節）、社会存在の論理の発展として、我と汝の交互性の論理、我・汝・彼の弁証法的論理のさらなる展開として、「個と全とを具体的に媒介する絶対媒介の論理としての」種の論理が説かれている（第二節）。次いで第三節ではベルグソンの「閉じた社会」と「開いた社会」の二種社会論、テンニース（田辺はトェンニェスと表記）の周知の共同社会と利益社会の学説が紹介される。第四節では種的共同社会の構造型としてのトテミズムの分有の論理が共同社会の主体としての種的生命意志を通して、個体分立の原理による利益社会を成立させることを論じ、第五節では個の論理が、第六節では類の絶対否定性（絶対媒介の論理の完成としての類の論理――「人類」の意味――国家の類的媒介性――摂取の論理と救済意志――国家の宗教的契機）が論じられる。そして第七節では、契約説の意義――国家と法――ヘーゲルの倫理説――人倫道徳と国家――宗教と科学との綜合としての道徳および哲学が説かれる。これは極めて高水準の哲学的社会学試論といえる。[10]

第三論文「種の論理と世界図式―絶対媒介の哲学への道―」では、その副題に示されているように、「種の論理」が類・種・個の「絶対媒介」の立場でなければならないことが明らかにされ、判断論においては、主語存在としての個と、述語概念としての類とを、否定的に媒介統一する繋辞が種として理解されるようになり、ヘーゲルの論理に対する田辺哲学の論理の独立性が確立され、カントとの相違もはっきりした、と大島によって評されている(11)。

第四論文「存在論の第三段階」は、西洋古代の哲学は自然存在の存在論であり、デカルト以降の近代は、自律的自由の主体として自己の存在を自覚する人格的存在論である。これらに対して今や、人格は歴史的国家に於てのみその存在性を完くするから、社会存在の存在論が存在論の第三段階として、現代の存在論たるべきであると主張したものである。しかしこの論文は第三論文のように「種の論理」が絶対媒介の論理であるという主張と矛盾するだけではなく（以上大島解説）、個的主体の実践を否定するニュアンスをもつため、第五論文で修正を余儀なくされている(12)。

さて、丸山が三六年論文を書くにあたって参照しえたかもしれない前記の田辺の四論文において、あらゆる直接的実体の定立を排する〈絶対媒介〉の概念は提起されており、また第四論文「存在論の第三段階」においては社会存在論を展開し、個的主体とそれと対峙し個体の非連続性を媒介し、また個と類とを媒介する「基体」としての「種」＝共同社会（民族）の論理は、提起されている。しかし、丸山の三六年論文の結語との対照において考えてみると、個人が国家を媒介としてのみ具体的定立をえるという側面はよく描かれているが、「個人が国家に対して否定的独立を保持するごとき関係に立つ」という側面は、十分に強調されているようには見えない。私は、中岡成文等が指摘しているように、種の論理が、本来、国民を民族の直接的統制力から切り離し、個人の自由を承認し、人類的普遍を展望する点で、民族主義や全体主義を（とくに前者を）否定する思想、それらとは一線を画す思想・理論であったが、第二次大戦の深まりとともに、田辺が個人が国家と端的に一体化すること、換言すれば、種の非合理性が前面に出ることを容認・要求したことを遺憾とする。[13]そして田辺が、この後者の側面を強調するようになるのは、戦争末期から戦後直後にかけてであり（「懺悔道としての哲学」一九四六年、全集第九巻）、この観点から絶対媒介性を徹底する趣旨で、国家の類的普遍化に個人の政治的実践の媒介が不可欠であることを強調し、種の論理に修正を加えることになる。[14]

丸山—田辺関係についての今井の理解について、私の評価を簡単にまとめておこう。今井は、田辺の「種の論理」の、丸山三六年論文結びへの影響を、時間（タイミング）の要素をほとんど無視して強調しがちである点、また両者の論理（三六年夏時点に限定して）の相違点・強調点の違いを無視しがちであることに批判的であるが、注10で触れたように、学生丸山が、論文準備過程で、第一～第四論文の全部ないし第二論文を、雑誌誌上で読んだ可能性は完全には否定できないように思う（この点の詮索と事実の有無の確定は、東京女子大の丸山文庫・目録の探索などを通じてもおそらく不可能に近いであろうが）。ただこのような問題を提起したことは、今井のこれまでの研究の、丸山眞男研究にたいする一つの貢献であったことは事実であろう。

残された問題については、また別の機会に譲りたい。

注

（1）平石直昭「福沢諭吉の戦略構想—『文明論之概略』期までを中心に—」『社会科学研究』第五一巻第一号（一九九九年一二月）。

平石「福沢諭吉の明治維新論」『福沢諭吉年鑑』27、二〇〇〇年。

平石「丸山眞男における福沢観の転回―「福沢に於ける「実学」の転回」について―」『福沢諭吉年鑑』29、二〇〇二年一二月。

参考　平石「2理念としての近代西洋―敗戦後二年間の言論を中心に」。中村政則編『戦後日本占領と戦後改革』第三巻「戦後思想と社会意識」所収、岩波書店、一九九五年九月。

参考・平石「初期丸山眞男の徳川思想史像をめぐって」『丸山眞男記念比較思想センター読書会』二〇〇三年九月一七日、九月二九日、一〇月三日。

松沢弘陽『近代日本の形成と西洋経験』岩波書店、一九九三年、とくに第Ⅲ章　福沢諭吉の西洋経験と「変革」構想の形成、第Ⅴ章　文明論における「始造」と「独立」。

丸山眞男著松沢弘陽編『福沢諭吉の哲学』他六篇、岩波文庫、二〇〇一年六月。

松沢弘陽「社会契約から文明史へ―福沢諭吉の初期国民国家形成構想・試論」『福沢諭吉年鑑』18、一九九一年。

松沢弘陽『「民情一新」覚え書』、『福沢諭吉年鑑』24、一九九七年。

坂野潤治『明治・思想の実像』創文社、一九七七年。

坂野『近代日本の国家構想』岩波書店、一九九六年。
(2)　この第三論文の「前期的」国民主義の今井による解釈は『序説』iiiの索引、参照。これらの対照の中で田辺元の「種」の論理とかかわる点については2に譲る。丸山―シュミットにかかわる点については、後述の権左論文の評価と対照されたい。
(3)　丸山眞男集第一巻の月報8、作家安岡章太郎の「昭和の「思想」を読んで」という文章の、以下参照。尾崎号堂の東大講演への言及、そこにおける「私有財産は天皇陛下といえども法律によらずして一指も触れさせたまう能わざるものであり、これが帝国憲法の精神である」という一言で、わが目からうろこの落ちる思いがしたとのべたことへの言及。このような体験をもつ丸山が、緊急権国家体制の思想家になるなどということがありえようか？
(4)　高田勇夫「丸山眞男は国民主義者か」、『丸山眞男手帖』二三号、二〇〇二年一〇月、小林正弥「丸山眞男と公共哲学」、同編『丸山眞男論』東京大学出版会、二〇〇三年。

（5） 武藤一雄『南原先生との出会い』丸山眞男・福田歓一編『回想の南原繁』（岩波書店、一九七五年）二〇三頁。

（6） 丸山は戦後、東洋政治思想史演習で一九四七年度から四九年度までの三年間、ヘーゲル『歴史哲学講義』（ラッソン版）の原典講読をおこなっている。丸山がヘーゲルを原典で本格的に読み出したのは助手時代からか？

（7） 別稿でも指摘したが、この時点での「市民社会」概念はヘーゲルのそれではなく、マルクスの die bürgerliche Gesellschaft の訳と考えられるのであり、マルクス自身が仏語訳した『資本論』第一巻で、このドイツ語をフランス語の「ブルジョア社会」と「市民社会」（societé civile）と訳し分けられているということは、当時の日本のマルクス主義者には、おそらく知られていなかったであろう。この点は故平田清明か、大阪市大名誉教授林直道に尋ねるしかないか。なお英語の civil society が、戦後ドイツではハバーマスのように zivil Gesellschaft と訳されていることは周知のところ。

（8） 南原のこの本についての本格的書評は、福田歓一「ドイツ理想主義と現代政治哲学の問題」、『国家学会雑誌』第七三巻第五号（一九六〇年二月一五日発行）、『福田歓一著作集』第四巻（岩波書店、一九九八年）に収録。加藤による南原、丸山、福田三人の政治学者の考察は先にも触れたが「近代日本と批判主義政治学」、『政治学を問いなおす』（ちくま新書、二〇〇四年）に収録、参照。加藤の南原繁研究としては『南原繁―近代日本と知識人―』（岩波新書、一九九七年）参照。

（9） 『田辺元全集』6、筑摩書房、一九六三年、三七五頁。

（10） この第二論文で当面の議論の文脈において注意すべき箇所は少なくとも二点ある。第一は第二論文第三節でベルグソンの『道徳及び宗教の源泉』（仏文、一九三二年）における「閉じた社会」と「開いた社会」の区別が詳細に論じられていることである（七五～八九頁）。丸山の労作にかなり精通している読者は、丸山がこの二つの社会の区別に、一九五七年の「思想のあり方について」で言及し（⑦一六五頁）、五九年の「開国」論文でも言及し（⑧、四六、四七、五六、六七頁）、八四年の「原型・古層・執拗低音」論文（⑫、一二〇、一三二頁）、八五年の「如是閑さんと父と私」という座談会（⑯、二〇〇、二〇一頁）で触れていることに気づくであろう。集でのはじめての言及は四六年の「西欧文化と共産主義の対決」論文中（③、四六頁）である。丸山がベルグソンのこの二つの社会の区別を何で読んだか、まったくわからないが、田辺の第二論文で知ったか、確認した可能性もゼロではない

(『二源泉』の岩波文庫版の初版出版は一九三二年である)。第二は、第二論文第七節(一五〇頁)でルソーが総意volonté de tousと区別して類意volonte généraleを考え、これに主権の所在を認めた云々といっている。訳語は古めかしく、前者は誤訳で、後者は苦心訳であるが、ボ・ラボン版からの引用である。本稿1節の末尾で指摘したような今井的誤謬とは、田辺は、無縁であったのである。

(11)『田辺全集』6、解説、五三三~五三五頁。

(12)同右、五三四~五三五頁。

(13)『岩波哲学・思想辞典』(一九九一年)の「種の論理」(七五二~七五三頁)、「田辺元」(一〇三六~一三七頁)、執筆はともに中岡成文、参照。

(14)『田辺全集』9、武内義範による解説(四〇三~五〇八頁)参照。

補記I

本稿執筆後に、武内義範・武藤一雄・辻村公一編『田辺元 思想と回想』(筑摩書房、一九九一年)——これは田辺の生誕百年を記念して編まれた論文集である——を読んだ。この中に本誌に直接にかかわる論稿が含まれていないのは当然のことだが、田辺の哲学と人柄を知る上で、私にとってとくに興味深かった論稿四点をあげておく。大橋良介「『種の論理』再考」(一〇四~一三〇頁)、武藤一雄「田辺哲学とキリスト教」(一六八~二〇五頁)、エッセイとして、武内義範「教えをうけた日々」(二九九~三〇七頁)、矢内原伊作(忠雄の子息)「田辺先生の思い出」(三一四~三一八頁)。年譜(三六一~三七〇頁)、文献目録(日本語のもののみならず、外国語のものを含む、三七一~三九一頁)も便利で、この中には、南原繁の「ヨーロッパ文化の危機の問題」(『国家と宗教』所収)も含まれており、知人の故後藤宏行「総力戦理論の哲学田辺元・柳田謙十郎」(『共同研究 転向』中巻、平凡社、一九六〇年)も挙げられている。

補記Ⅱ

二〇〇三年の八月一五日、没後八年の丸山眞男をしのぶ「復初の集い」(第五回)において丸山が一九三六年のときの国法学ノートの余白に書きつけた「現状維持と現状打破」と題する、A・B対話体のメモ(七頁)が夫人の了解を得て公にされた。私は「集い」には出席しなかったが、そのメモは知人の好意により読むことができた。このメモは八月一七日の朝日新聞のオピニオン欄、早野透による「ポリティカにっぽん」によって紹介された。そこで早野はその内容を「自由を守る『現状維持』こそ大事であって『現状打破』はファシズムの台頭に他ならないとの警告である」と評価している。この丸山の発言をふまえるとき、それから四年後の丸山の一九四〇年の「或日の会話」(『公論』同年九月号)のBの発言を、中野敏夫や今井のように丸山が近衛とその新体制に好感を示している証拠として受け止め、そう断定することは本稿一七二~一七三頁で指摘したようにまったく無理であると考える。

補記Ⅲ

昨年、平山洋『福沢諭吉の真実』(文春新書、二〇〇四年)が公刊された。現行の『福沢諭吉全集』(岩波書店、全二一巻)の「時事新聞」の論説約一五〇〇編の中には、福沢が全く関与しないか、関与の度合いの極めて低いものが七〇〇編も含まれ、日清戦争や朝鮮問題に関する一八九四、九五年の論説一〇編のうちその中には、「福沢は中国侵略を肯定した」という主張の根拠とされてきたものも含まれている七編は福沢が関与していないと平山は見、論証している。それらの論説の執筆者は誰で、これらを全集の中にもぐりこませたのは誰か? それは福沢の弟子の一人で時事新報社で主筆などをつとめ退社後、福沢の全集編纂と伝記(全四巻)執筆に一人であたった石河幹明(一八五九~一九四三)であるというのが平山の主張である。平山の仕事は『時事新報』論説執筆者の再検討を進めていた井田進也(『歴史とテクスト　西鶴から諭吉まで』光芒社、二〇〇一年）の仕事を継受したものであり、私が読んだかぎり信頼に値する実証的な労作であると思う〈朝日新聞、二〇〇四年八月二四日、文化欄、「「福沢全集」に弟子の文も」、参照〉。平山は福沢のアジア思想をめぐって安川寿之輔と論争を重ねてきた。さて今井はその労作『序説』、「象」原文でいえば第四四号の論文〈副題は「安川寿之輔『福沢諭吉のアジア認識』を読んで」〉と四七号の論文「『緊急権国家』体制の思想家としての福沢諭吉と丸山眞男」において安川の仕事にふれ、福沢と丸山の串刺し的批判を行っている。四四号では安川の丸山批判が丸山の福沢批判に限定されていることに歯がゆさを感じながら「その歯がゆさは、しかし大きな共感の中のそれであり、著者への批判は著者の仕事を踏まえた上でのそれであった。このことは、最後になったが著者に対する感謝の念とともに明確にしておかなければならない」と安川に謝辞を呈していた。四七号論文では、今井は福沢を「幕末維新期における危機状態を最も明確に洞察し、その具体的な問題状況の中で『緊急権国家体制』構築へ向けての現実的な処方箋を書き続けた人物であった」とする〈三五頁上段〉。また今井は〈福沢による〉「日本の『緊急権国家体制』の構築は、世界に先駆けたものであった。福沢は、その意味では、世界に先駆けた『緊急権国家体制』の思想家であった」〈四〇頁上段〉とまで極言する。ただ公平のためにいっておけば、この号における今井の議論は、安川の福沢批判を前提としているが、福沢からの引用は「学問のすゝめ」、「西洋事情外編」などから行われており、「脱亜論」〈明治一八年三月一六日〉や、日清戦争や朝鮮問題についての福沢の論説〈ないしは福沢の論説とされてきたもの〉への直接の言及ないし引用はない。しかし、このことは今井の、福沢は、「緊急権国家体制の思想家」であったという命題を正当化するものではまったくない。この命題を真正面から駁しているのは丸山の福沢研究であり、読者はさしあたり丸山眞男著松沢弘陽編『福沢諭吉の哲学　他六編』〈岩波文庫、二〇〇一年〉、とくに「『福沢諭吉選集』第四巻解説」〈同書、一一九〜一六一頁〉、および松沢による「解説」を見られたい。なお、平山の仕事の文献学的検討も必要である。〈二〇〇四・九・二一記〉

追補

本稿執筆後、松尾尊兊『昨日の風景　師と友と』（岩波書店、二〇〇四年）を読んでいたら、「丸山眞男先生からの手紙」という長いエッセイ（一七五～二〇〇頁）の中に、一九九〇年九月、松尾が丸山に『大正デモクラシーの群像』を送った翌月（一〇月）の、丸山の返書に、「宮沢先生の評価については、「外」から見たらもっともですが（私＝松尾は宮沢俊義氏が大政翼賛会に合憲性を与えたことを批判した）、最後の教授会のあいさつで機関説事件の折の「秘話」を披露されて私（丸山）もそれまでの考えを若干変えました」という一節がある。この記述から、丸山が大政翼賛会に批判的であったことが間接的に読みとれないか（一八九頁）。また一九五頁には同世代の一高出身で左翼になった三人、戸谷敏之、平沢道雄、磯田進（それに副島種典）についての丸山の寸評がある。

おわりにかえて――丸山先生から教えられたこと

丸山先生が奇しくも五一年目の敗戦記念日にお亡くなりになったことを知ったのは、八月一五日の新聞の朝刊によってであった。八月二六日の東京・千日谷会堂での「偲ぶ会」には参列させていただいたが、先生が最後の最後まで意識を明晰に保たれ、奥様や身内の方々、医師、そして看護婦さんにまで感謝の言葉を残されて逝かれたことを知って、先生の人間としてのインテグリティにあらためて心打たれ、哀惜と追慕の念を禁じえなかった。今となっては、心から御冥福を祈るのみである。

戦後の日本の思想界、いな近代日本思想史における丸山眞男の屹立した地位、そして戦後の政治学界において丸山眞男の与えたオリエンテーリングの卓抜した役割について、ここで論じるつもりはない。それはこれから本格的な研究の主題になると思うし、私自身もこのうち後者の問題については、近く一文を草したいと念じている。ここでは、四十数年に及ぶ丸山先生との御交誼を通して、私が先生から学び、教えていただいたことの一端を披露して、先生のお人柄と「学問の精神」を偲ぶよすがとしたい。

私が「丸山眞男」の名前をはじめて印象づけられたのは、一九四九年秋以降か五〇年になってからの東大・駒場寮の壁新聞によってではなかったかと思う。例のイールズ旋風の頃で東大でパージの対象とされている数名の教師の中に「丸山助教授」の名もあがっていたからである。五一年四月に本郷に進学したが、丸山先生は御病気で、先生の「東洋政治思想史」の講義は聴講できなかった（家永三郎講師が代講された)。幸せなことに一九五三年度には先生は学部演習だけを担当されることになり、私はその四月から法学部助手になっていたが、一年下の五四年度卒の学生および大学院生とともに、演習への参加を許されたのである。演習のテーマは、たしか「日本のナショナリズムとファッシズム」で、先生の一、二回のオリエンテーションの後、各セミナー員が、自分の選んだ思想家、政治家について報告を行い、討論と先生のコメントが加えられるという形式の演習であった。この演習の内容については割愛せざるをえないが、助手時代の私は、丸山先生が直接の指導教授ではなかったにもかかわらず、いまから考えるとまったくはずかしくなるような一身上の問題で先生に御相談にうかがったり——そんなときでも先生はいやな顔一つせず、うん、うんと私の稚拙な悩みごとを聴いて下さった——、一級下のU君と中野の診療所に先生のお見舞いにうかがったりしていた。もともと、鼻っぱしこそ強かったが、知的には奥手で、すぐれた先輩や同僚との共同研究生活の中ですっかりインフェリオリティ・コンプレックスに陥っていた私が、悪戦苦闘の末になんとか「助手論文」を書き了えて、明治大学に就職できた後で、丸山先生が、「田口君が、よくもまあここまでやったな」という趣旨の感想を洩らされたということが、風のたよりに聞こえてきて、無上にうれしかったことを思い出す。

すでに助手になる頃までには、思想的にも政治的にもある特定の立場にコミットするようになっていた私にとって、戦中から戦後にかけての丸山先生のお仕事は、自分の思想と行動をたえずそれとつき合わせ、反省するためのいわば不動の道標であった。そのような意味で、研究生活に入る頃から今日にいたるまで、私がくり返しくり返し読み直し、私の「マルクス主義」(そんなものがあったとして)とつき合わせ、反省の糧を得てきた先生の労作は、つぎの三点である。

第一は古本で買った『人文』第二号で読んだ「科学としての政治学」である。この論文は、戦後日本の政治学に基本的な方向づけを与えた画期的論文としてあまりにも有名であるが、「たとえ彼が相争う党派の一方に属し、その党派の担う政治理念のために日夜闘っているというような場合にあっても、一たび政治的現実の科学的な分析に立つときは、彼の一切の政治的意欲、希望、好悪をば、ひたすら認識の要求に従属させなければならない」という格率は、私の座右の銘であり続けた――もっとも私は愚かにも、時としてこの格率を忘れて研究者としての倫理を踏みはずすこともあったが。

第二は、これは助手になってから読んだのだが、先生の「福沢諭吉の哲学」(『国家学会雑誌』第六一巻第三号、一九四七年九月)は、先生の福沢研究の中でも最高の傑作であると私は考えるが、私はこの論文の中に、当時の日本の左翼の「事物への惑溺」と「権力の偏重」、つまり、福沢=丸山による日本左翼の思考様式と価値意識の批判を読み込んだのであった。これと似たような経験を私は「闇斎学」と「闇斎学派」(『日本思想大系』一九八〇年)でもして、先生にいただいた抜刷のお礼として感想を書き送ったことがある。もちろん、ここで問題なのは私の「読み込み」の妥当性ではなくて、私が先生の論文から何を学んだかということである。

第三は、『世界』(一九五六年一一月)に初稿がのせられた「スターリン批判の批判――政治の認識論をめぐる若干の問題」(『現代政治の思想と行動』に大幅に加筆され、「『スターリン批判』における政治の論理」として収録)である。「スターリン批判」は世界の共産主義運動とマルクス主義者に巨大な衝撃を与えたが、この批判を「政治の認識論」の視覚からどう読み解くか、この論文は明晰にして透徹した解答を与えていた。私個人はこの論文によって当時のある種の「混迷」から脱出することができたが、今回『思想と行動』の第二部追記を読み返してみて、つぎのような一節を見出してあらためて感慨を新たにした。

「多様性は政治の必要からは『止むをえざる悪』としても、真理にとっては永遠の前提である。マルクス主義がいかに大きな真理性と歴史的意義をもっているにしても、それは人類の到達した最後の世界観ではない。やがてそれは思想史の一定の段階のなかにそれにふさわしい座を占めるようになる。そのとき、歴史的なマルクス主義のなかに混在していた、ドグマと真理とが判然とし、その不朽のイデー（人間の自己疎外からの恢復とそれを遂行する歴史的主体という課題の提示）ならびにその中の経験科学的真理とは沈殿して人類の共同遺産として受けつがれて行くであろう。ちょうどあらゆる古典的思想体系と同じように……。」（同書、五五二頁）

さて、私は生涯に一度だけ丸山先生の厳しい叱責を受けたことがある。それは私が当時の明治大学の同僚と共訳したA・ローゼンベルクの翻訳『民主主義と社会主義』（青木書店、一九六八年）の「訳者あとがき」で、明らかに訳者あとがきの範囲を逸脱した文章を書き、それを丸山先生に送ったとき返ってきた叱責の葉書である。先生は私が学問の世界におけるフェアプレイの精神を逸脱したことにがまんがならなかったのである。私はこの苦い経験から得た教訓をその後、片時も忘れたことはない。これに類した経験としては、多分一九五〇年代の中頃ではなかったかと思うが、なにかの機会に、丸山先生が左翼政党のある理論的サブ・リーダーを評して、「あの思想官僚が云々」とはきすてるようにいわれたことがある。先生にとっては高校・学生時代に堪えがたい屈辱感を味わされた戦前日本の特高警察だけではなく、戦後左翼に見られた「思想検事」もまた、もっとも忌むべき存在で、かつ軽蔑の対象でもあったのである。

まさにその反面において——というよりは丸山眞男のポジティブな「学問の精神」、より広くはその思惟様式と価値意識において（ここに私は福沢と丸山の共通性を見るのだが）——、先生は自分の学説の批判者に対して寛容であり、そのような後学に対する最大限の援助と配慮を惜しまれなかった。一例をあげれば、私は一九七五年に名大法学部に赴任したが、そこで同僚となった故守本順一郎教授から、同氏が名大法学部に就職するさい、長文の推薦文を書いて採用を強く慫慂されたのが丸山教授であったことを聞かされた。守本氏は東大経済学部の出身であり、講座派マルクス主義の系譜に連なり、『思想』誌上に丸山先生の徳川幕藩体制の正統イデオロギーとしての朱子学等の把握の批判を書いて学界にデビューした東洋政治思想史家であった。この守本氏を名大法学部初代の東洋政治思想史講座の担当者に、同氏の学問的業績のメリットと可能性を詳細に評価して心から推薦したということ、ここに丸山先生の、学問の世界におけるフェア・プレイの精神が如実に示されている。しかし話はここでおわらない。守本氏は一九七七年一〇月一日、五〇代半ばの若さで世を去られた。名古屋大学法学部教授会は、守本教授の追悼論文集を編むにあたって、丸山先生に特別寄稿をお願いしたところ、先生はこころよくお引き受け下さり、それが「思想史の方法を模索して——一つの回想」（名古屋大学法政論集、七七号、一九七八年）に他ならない。丸山先生の故人に対する御厚情に、私を含めた編集委員一同、そして守本教授の門下生たちが心から感激し、感謝申し上げたことはいうまでもない。

一九八〇年の秋には、丸山先生に名大法学部大学院の集中講義に御来駕いただいた。テーマは「まつりごとの構造」を中心とするものであったが、その間の一夕、丸山先生を拙宅にお招きして、家内の手料理で楽しい数刻を過ごすことができた。その後、先生からいただいた一一月四日付の心あたたまる御礼状は、いまも大切に保管してあるが、その折、先生は次男の方の病気のことで明日名大医学部の某教授の話を聞くことになっていると洩らされた。しかし八四年一二月には御次男の訃報をいただいた。先生と奥様の御心中を察して暗然としたことを思い起こす。

さて私は、一九九四年の名大退職の頃、熟慮の末、若い頃からの自らの政治的コミットメントを断つ決断をした。そして同年八月一〇日丸山先生宛書簡で、この件につき先生に報告した。なぜそうしたかというと、私は先生のいわゆる直弟子ではなかったし、また先生中心の思想史の研究会の同人ではなかったけれども、ゼミ生の一人として、いつか丸山ゼミのタテの会があったときスピーチで語ったように、シャーロック・ホームズならぬ丸山ゼミの「ベーカー・ストリート・イレギュラーズ（不正規隊）」の一員をもって自ら任じており、そのような資格で、陰に陽に御指導と励ましをいただいてきた先生に事の始末を報告する責任を感じたからである。病床の先生からは、平成六年（九四年）九月七日、熱海の消印で、御返事をいただいた。このお手紙の私事にわたる部分は省略して、最後の一節だけ引用させていただきたい（これはもともと私信であり、この一節の公開もためらわれたのだが、そこにはいつにかわらぬ先生の「学問の精神」が横溢しており、私個人にとってのみならず、同学の士一般に対する先生のメッセージが込められていると考えられるからである）。

「……現代日本の言論状況についての私の感想をいえば、むしろ、『マルクス主義とコンミュニズムの擁護のために』という一文を書きたいくらいです。マスコミやそれと結びついた評論家ならいざ知らず、堂々たる（？）社会科学者までが、社会主義の一つの発展形態としてのコンミュニズム、そのまた一分岐としてのレーニニズム、その現実化としてのソ連国家、その国家の歴史的変貌、といったそれぞれの次元のちがいを一切ムシして、もう社会主義は過去のものになった、といった言説を吐いている珍景は日本だけです。アメリカの言論の方がまだマシです。不一」

私は、この私にとっての「遺言」となった先生のメッセージを重く受け止めていきたい。この拙文を読まれた皆さんは、どう思われるであろうか。

〔追記〕　やや脈絡をつけにくいが、私たちが、最後に先生のお話をうかがうことができたのは、九五年一二月三日の丸山ゼミの有志の会（新宿三井クラブ、一七〜二〇時）においてであった。その時の先生のお話の中で、オウム事件に触れられた部分を、その直後にパソコンに入れたものを、参考までにそのまま再録しておく。「オウムはひとごととは、思えない。一九二〇年代—三〇年代は、オウムの時代だったのではないか。ある集団のなかで九九％が信じていることを信じないということは、多数からの孤立感という恐怖を生む。しかしそれよりもっとこわいのは『世間』からの孤立、『他者感覚』のないことのこわさである。存在が意識を決定するというが、われわれの意識は、実はわれわれのつきあいの範囲によって決定されることが多い。だからこそさまざまな違う角度からの話を聞くのが、大切なのだ。いろいろな角度から見ることによって、客観的真理に接近できるのだ。」（一九九六年九月三〇日記）

II

マルクス主義の理解と批判

まえがき

私は一九九五年一〇月に出版した『解放と自己実現の政治学』（近代文芸社）は、一九八九〜九一年の「冷戦」の終焉とソ連・東欧の国家社会主義の崩壊という世界史的大事件以降と、ここ十数年（つまり一九八〇年代以降の）私の知的学問的関心――それは端的にいえばマルクス主義と史的唯物論の自己批判を含めての再検討――とが合成されることによって、一箇二重の課題が設定され、それへの自問自答をくり返しつつの取り組みをおこなった成果である。その課題とは、第一には、近・現代史における社会主義、なかんずくマルクス主義的社会主義の思想史的・実践的意義であり、その将来に向けての命運を見定めることであり、また課題の第二の側面とは、この体制をとにもかくにも支えてきたマルクス主義思想、とくにその歴史・社会観としての史的唯物論というイデオロギー（より正確にいえば、マルクス主義の諸思想・諸潮流および「史的唯物論」についての諸解釈）を、学問的研究の対象として厳格に「再審」に付することにあった。そのさい私に大きなインパクトと示唆を与えたのは、イギリスの社会学者、アンソニー・ギデンズの、とくに八〇年代以降の労作であった（私のギデンズ研究は、『近代の今日的位相』（平凡社、一九九四年）として公刊されており、この本の第五章は、ギデンズ『左・右を超えて―ラディカル政治の将来―』を読む、である。この本の一〇章として収めた「私とマルクス主義と政治学」は名古屋大学法学部での私の最終講義であり、その時点での私の理論的立場、とくにマルクス主義に対する認識的態度（必ずしも価値的スタンスではない）を明確にしたものである）。

その後私は、マルクス主義に対する論究としては、「市民社会の概念と国家と市民社会の弁証法」（日本福祉大学研究紀要「竹村英輔教授追悼号」一九九八年、一〜三四頁）を書き、立命館大学退職の時点で公刊した『政治理論・政策科学・制度論』（有斐閣、二〇〇一年）においては、マルクス主義国家論についての研究論文としては、第Ⅰ部第三章　ボブ・ジェソップの国家論、第四章　鎌倉教授『国家論のプロブレマティク』に寄せて、を書き、終章として「二一世紀における社会主義と日本国憲法の命運」（立命館大学退職最終講義）を収めた。

本書第Ⅱ部に収録した二論文の一「マルクスにおける国家」は、私のマルクス国家論の理解の一応の集約であり、二「マルクス主義とは何であったか」は、マルクス主義を体制、運動、思想・理論の三側面から理論的に総括したものである。なお、本書の終章Ⅲ「五〇年の研究生活を振り返って」で論じたように、私は今日の時点では、レーニン・ボリシェヴィキによる一九一七年一〇月の権力奪取の正当性の問題はともかくとして、権力掌握後のレーニンの農民政策、そしてレニングラードソヴェトとクロンシュタット労働者・水兵の弾圧・鎮圧などは、レーニン自ら唱えた「ソヴェト民主主義」の自己否定、自己破壊の側面を強く持っており、政治的には正統化されえないのではないか、そしてまたレーニン死後確立され拡大されていったスターリンの専制政治とテロリズムは、レーニン時代にその芽を持ち、それの延長線上に位置づけられるのではないか、という疑念を強くもつようになっている。この点は、ロシア史、ソビエト史の専門家の検討と研究成果に期待するところが大きい。

一　マルクスにおける国家

1――唯物史観国家論の形成過程

マルクスがその唯物論的国家論の骨格を形成したのは、一八四二年の『ライン新聞』時代から『ドイツ・イデオロギー』、『哲学の貧困』等を経て、一八四七年の『共産党宣言』の執筆にいたる数年間においてであった。『ライン新聞』時代のマルクスは、政治的には急進的民主主義者として、哲学的にはヘーゲル主義者として出発し、ヘーゲルの「理性国家論」の観点からプロイセン絶対主義を鋭く批判した。この過程で彼は現実の社会生活の分析、とりわけ経済学研究の必要を痛感するが、それにとりかかる前に、国家の本質、国家と市民社会との関係の問題を解決するために、自らがその影響下にあったヘーゲル法哲学批判にとりかかる。その最初の仕事が『ヘーゲル国法論の批判』（一八四三年五月から夏）であった。

そのさいフォイエルバッハの宗教＝ヘーゲル哲学批判が重要な媒介となったことはよく知られている。そのさい注意すべきことは、つぎの二点である。一つは『国法論批判』は、ヘーゲルの『法哲学』の全体系の批判ではなく第三部第三章以下の批判に止まることであり、ヘーゲルの国家と市民社会の関係把握の転倒性は鋭く批判されているものの、すでに「国民経済学」の市民社会の批判的認識を組み込んでいたヘーゲル法哲学批判としては一面的なものに止まった（柴田高好『ヘーゲルの国家理論』日本評論社、一九八六年）。第二に、この手稿時点でのマルクスのStaat概念が、一方では政治体制そのものを意味するものとして、他方では「一国民の存在の全体」＝社会体制全体を指すものとして用いられていたことである（『マルクス主義法学講座2』の藤田勇論文）。

マルクスのヘーゲル法哲学批判は、『ユダヤ人問題によせて』（一九四三年一〇月執筆）、『ヘーゲル法哲学批判序説』（四三年末～四四年一月執筆）において新たな展開をみせる。

まず『ユダヤ人問題によせて』においては、市民社会と政治的国家との分離およびその止揚の問題が、人間の「政治的解放」と「人間的（社会的）解放」の問題として考察され、政治的解放は旧市民社会の粉砕としては歴史的前進ではあるが、それは同時にそのことによって、「普遍的な国民的事項の領域」としての政治的国家と利己的な個々人から構成された市民社会との分離と、したがって人間の、利己的な独立の個人（homme）と公民（citoyen）との分裂・二重化をもたらす。人間的・社会的解放は、人間の人と公民への分裂の止揚、「市民社会の原理」（現世的ユダヤ教）からの人間の解放によって完成されると説いている。この論文は、なお人間学的タームで語られているが、思想の内実は共産主義に近いものになっている。

『独仏年誌』の第二論文『ヘーゲル法哲学批判序説』は、ヘーゲル法哲学批判の二重の歴史的意義(「ドイツの政治的法的意識の従来のあり方全体の決定的否定」であると同時に「近代国家およびこれと関連した現実」の批判)とドイツ革命の課題性の対応を明らかにし、「ラディカルな革命」、「普遍的人間的な解放」の主体を「人間の完全な喪失であり、したがってただ人間の完全な回復によってだけ自分自身をかちとることのできる」身分としてのプロレタリアートに求めた点に質的発展が示される。

さて、マルクスは、右に略述したヘーゲル法哲学批判の諸論稿を通じて、政治的国家存立の根拠を、つまりは、政治的国家と市民社会との分離の根拠を、私的所有を基本要因とする市民社会に求め、私的所有の廃棄による「人間的解放」の主体をプロレタリアートにさぐりあてたのであったが、その帰結を経済学研究を通して科学的に基礎づける必要にいよいよ迫られることになる。そしてその最初の成果が『経済学・哲学草稿』(一八四四年)に他ならない。この手稿においては、国民経済学と国家・法・道徳・市民生活などとの関連は必要最小限にしか触れられていない。国家・法は生産＝私的所有の普遍的運動にしたがうものととらえられているものの、この手稿におけるフォイエルバッハの高い評価ともかかわって、それらは人間疎外の諸様式として見られており(「疎外国家」論)、その共産主義論も、共産主義とは「人間的自己疎外としての私的所有のポジティブな廃棄」、「人間による、また人間のための人間的本質の現実的獲得」、成就されたナチュナリズム＝ヒューマニズムとして把握されている。

ところが、マルクスとエンゲルスは、それから間もなく、マルクスの『フォイエルバッハ・テーゼ』(一八四五年二月)を媒介とし、共著『ドイツ・イデオロギー』(一八四五〜四六年)、ついで、『哲学の貧困』(一八四七年)、そして『共産党宣言』において唯物史観を樹立し、経済学批判の決定的な足がかりを獲得し、科学的共産主義理論を総括的形態で提示した。これが、通説的理解となっている(『法学講座2』の藤田論文)。ただマルクスがフォイエルバッハの思想圏を脱し、後者の「受苦的存在」という人間論と方法的核心を峻拒したことが、マルクス歴史認識の啓蒙主義的ファラシーをもたらし、唯物史観の歴史的限界となったという有力な批判が提起されていることは無視しえない(山之内靖『社会科学の現在』未来社、一九八六年、第三章)。このことの国家論についての含意は、マルクス共産主義論のユートピア性にかかわるであろう。

それはともかく、『ドイツ・イデオロギー』『哲学の貧困』『共産党宣言』等を通して確立されていき、『経済学批判』序言のいわゆる「唯物史観の定式」において定式化されたマルクスの唯物論的歴史把握において、国家・法はいかにとらえられたか。第一に、国家・法は、特定の発展段階における物質的生産諸力によって条件づけられる「交通形態」=「諸個人の物質的交通の全体」=「市民社会」(後に「生産関係」の概念、「総体としての生産諸関係」が形づくる「社会」の概念に彫琢される)を土台とする「観念的上部構造」としてとらえられる。土台との関係で「観念的上部構造」としてとらえられた国家は、実体的には、特定の仕方で生産的に働いている特定の諸個人がとり結ぶ「政治的関係」「政治的編成」である。第二に、国家の発生と展開は、分業の展開とともに進む、私的所有の発生・発展、それにともなう社会の階級分裂・階級的支配=従属関係の展開という視角からとらえられる。テキストAは、『ドイツ・イデオロギー』のエンゲルスの欄外追補とされている部分(マルクスが承認を与えている)であり、ここで明らかなことは、自然発生的で固定的な社会的分業によって編成された社会(そこではすでにその結果として私的所有と階級分裂が存在する)において、国家が現実的な個別的利害および

（それらの総計としての）全体的利害から分離された、共同利害の体現としての自立的な姿態をとること、しかしこの共同性はみせかけにすぎず、それが分業＝諸階級という実在的基礎に立つかぎり、その共同利害なるものは、実は支配階級の共同利益＝階級利害にほかならない。こうして国家は「一つの時代の全市民社会を総括する形態」であり、また支配階級の共同利害を「押し通す」形態であるということである。この後者の側面は『共産党宣言』から引いたテキストBで、近代ブルジョア国家に即してやや別様に表現され、また『宣言』での「本来の意味での政治権力は、他の階級を抑圧するための一階級の組織化された権力である」という命題によって「階級国家」論として、より端的に表現されている。

テキストA

「まさしく、特殊的利害と共同的利害とのこの矛盾から、共同的利害は、現実の個別的利害ならびに全体的利害から切り離されて、国家として自立的な姿態をとる。そして同時に幻想的な共同社会として、とはいっても、つねに実在的な土台のうえに……そしてとりわけ……分業によって制約されている諸階級……（といった実在的土台のうえに、共同利害が国家という自立的姿態をとるのである）」（『ドイツ・イデオロギー』）

テキストB

「（ブルジョアジーは）そしてついに、大工業と世界市場とがつくりだされてからは、近代の代議制国家において独占的な政治的支配をたたかいとった。近代の国家権力は、ブルジョア階級全体の共同事務を処理する委員会にすぎない」（『共産党宣言』）

テキストC
「コミューン――それは、国家権力が、社会を支配し圧服する力としてではなく、社会自身の生きた力として、社会によって、人民大衆自身によって再吸収されたものであり、この人民大衆は、自分たちを抑圧する組織された強力に代わって、彼ら自身の強力を形成するのである。――それは、人民大衆の抑圧者によって横領され、人民大衆の敵によって人民大衆を抑圧するために行使されてきた社会の人為的な強力（人民大衆に対立し、人民大衆を押さえるために組織された人民大衆自身の強力）にとって代わるべき、人民大衆の社会的解放の政治的形態である」（『フランスにおける内乱』第一草稿、マルクス・エンゲルス全集、一七巻五一四～五一五頁）

2――マルクス国家論の展開とその諸側面

『共産党宣言』以後のマルクス国家論の展開の時期区分については諸説があるが（たとえば藤田は、一八四八～五二年、五三～七〇年、七一～九五年の三段階を設定している）、その点に立ち入ることは割愛し、展開の諸側面として、①経済学批判と国家、②ブルジョア国家の歴史的および現状分析、③国家の歴史理論の三つの問題だけをとりあげる。

経済学批判と国家

マルクスの資本論体系、政治経済学批判体系における国家の問題は、いわゆるプラン問題の一部として、経済学者、経済学史家によって論じられてきたが、他方、マルクスが一八四五年に書いたと推定されている『市民社会と共産主義革命』と名づけられた覚書（いわゆる政治学プラン。全集三巻五九六頁）については、わが国では柴田高好、大藪龍介等によって注目されてきた。しかし、この両者を関連づけてどう理解すべきかという問題提起は一九八〇年になって平田清明の論文「経済学のプランと方法―M・リュベールの所説によせて―」によってようやく与えられた（同『経済学批判への方法序説』岩波書店、一九八二年）。リュベール＝平田は、「経済学プラン」が「政治学プラン」を母胎として成立したことを主張する。そしてその組み替えがいかなるものであったかについての平田の推測とコメントは、前掲書一七八～一八〇頁に示されている。もちろん、一八四五年の「政治学プラン」が、政治的国家としてますます自己を疎外する「内的市民社会」の階級構成の批判的分析にはいたっておらず、いわんや世界市場的連関として展開する「外的市民社会」の批判的考察を含まないことは当然である。これらの課題は『経済学批判要綱』（一八五七～五八年）から『経済学批判』（一八五九年）、そして『資本論』（第一部は一八六七年刊）へと引き継がれて解決されていく。なお経済学批判のプランについては、つぎの諸点が指摘されねばならない。第一は、市民社会―国家―世界市場というシェーマが、ヘーゲル『法哲学』第三部の、国内公法―対内的および対外的国家（国際公法）―世界史というシェーマと内的近接性をもつだけではなく、ヘーゲルの『現象学』＝『論理学』における普遍―特殊―個別の概念のトリアーデが「資本・土地所有・賃労働」からなる第一のシェーマとして批判的唯物論的に改作され、具体的な内容を与えられていることである。第二は、プランの国家カテゴリーの内容、すなわち最初のプランによれば、「三　国家形態でのブルジョア社会の総括。それ自体として考察された国家。（不生産的）諸階級。諸種の租税。公債。公信用。人口。植民地。移民」は、主要には「それ自体としての国家」の経済学的考察であるとしても、各項目（三項目に大別されよう）の分析は、経済学的規定をベースとしつつも、それを超えて政治学・社会学・法学をも含む全社会科学的考察の対象とならざるをえないであろう。

この点とかかわって、最近の研究動向としては、一九六〇年代後半からの当時の西ドイツにおける国家導出論争、すなわち、「プラン」を念頭において、「国家」形態を資本の取る「特殊化された」一形態として、いかなるカテゴリーを出発点として、いかに導出するかをめぐる論争において、「国家」形態の資本関係からの純論理的導出には限界があることが確認されたことは興味深い。もう一点、資本主義市場経済の世界性と国民性との関連を理論的にどう解くかという問題は、マルクス経済学と国家論の両方にとっての未決の根本問題である。マルクスはたとえば『ゴータ綱領批判』において、「『今日の民族国家の枠』……は、それ自身また、経済的には世界市場の『枠内に』あり、政治的には『諸国家の体系』の『枠内に』ある」という洞察を残しているが、しかしこの事実を自明のこととして確認するに止まっている。資本主義国家はなぜ「世界（資本主義）国家」としてではなく「国民（民族）国家」として成立したのか。「民族」あるいは「国民」とはなにか。この問題は、私見によれば、財の素材的側面、商品の使用価値的側面の歴史的な地域的・血縁的な限定性と深くかかわっている。

ブルジョア国家の具体的・歴史的分析

マルクスとエンゲルスは革命的政論家として同時代の革命とブルジョア国家についての膨大な作品を

残した。そのうちマルクスについては、いわゆるフランス三部作（『フランスにおける階級闘争』、『ルイ・ボナパルトのブリューメル一八日』、『フランスにおける内乱』）が、具体的な社会構成体レベルにおける階級編制（階級分派）、国家権力の社会的基礎、国家機構の編制と国家形態の類型などの分析においてとくに注目されてきた。この三部作のなかで、もっとも高い理論的・実践的達成を示しているのは当然のことながら、経済学批判の深化、端的には『資本論』第一部をくぐっている『フランスにおける内乱』（一八七一年）である。『ブリューメル一八日』（一八五二年）の光彩陸離たる近代のフランスの寄生体＝軍事・官僚機構の描写、帝政権力の多面的分析などもそれ自体としての価値をもつが、理論的達成度という点では『内乱』（草稿を含む）のボナパルティズム論が成熟している。

ここでテキストCの意義を考えよう。それは『ユダヤ人問題によせて』第一部末尾の有名な一句「人間が自分の『固有の力（forces propres）』〔ルソー〕を、社会的力をもはや政治的な力の形で自分から切りはなさないときにはじめて……人間的解放は完成される」にはるかにひびき合っていようが、より直接的にはそれは「死んだ労働」が「生きた労働」を支配していく資本の循環＝蓄積の論理をくぐった規定、両者の関係が論理的に十分につめられていないかぎりで、前者の論理のアナロジーではないであろうか。このように、マルクスの国家論は、理性国家論、疎外国家論、階級国家論、資本関係の「特殊化」としての国家と展開してきているが、それぞれは先行する規定の単純な否定ではなくて、本来の意味での止揚であったこと、したがってこれらの規定を絶対的に対立させることは誤りなのである。革命論としても、『共産党宣言』で提起され、『フランスにおける階級闘争』（一八五一年）で「過渡期としてのプロレタリアートの階級的独裁」と定式化され、『ルイ・ボナパルトのブリューメル一八日』では旧機構の粉砕として表明され、それになにがとって代わるかという次の問題について、『フランスにおける内乱』は「労働の経済的解放をなしとげるための、ついに発見された政治形態」=「コミューン」の発見をもって答えたのである。なお、マルクスそしてエンゲルスには同時代のイギリス、ドイツその他の社会構成体と国家についての沢山の具体的分析があるが、それらについては参考文献にあげた大藪龍介の著書第四章以下を参照されたい。

マルクスの国家・法の歴史理論

マルクスの国家と法の歴史理論を再構成するにあたって重要な手がかりを与える主要業績としては、『経済学批判要綱』の『資本主義的生産に先行する諸形態』があり、また七〇年代後半から集中的にとりくまれた古代史研究（とくに『古代社会ノート』）がある。

ここではマルクスの『古代社会ノート』（一八八一〜八二年）とエンゲルスの『家族・私有財産および国家の起源』（一八八四年）との関連、そしてモーガンの『古代社会』を読んだことによる『ドイツ・イデオロギー』および『資本主義的生産に先行する諸形態』の修正についてのみ触れる。エンゲルスの『起源』がマルクスの『古代社会ノート』を一つの重要な手がかりとして執筆されたこと（そのほかにエンゲルスの一八八一〜八二年の「古代ドイツの歴史」、「フランク時代」等が合流した）はよく知られている。修正点としては、『ドイツ・イデオロギー』と『諸形態』の、家族から部（種）族への発展説を、部族こそが「本源的自然発生的形態」で、部族解体の結果としてさまざまな家族形態が発展してくると改めたこと、また、それまで原始共同体における社会的職務の遂行機関と階級社会における特殊な公的権力の区別が必ずしも明確ではなく、それらをともに「国家」と呼んでいる場合が多かったのに対し、『古代社会』を読むことによって、一方ではモーガン的氏族・種族の、アジア、ギリシャ・ローマ、ゲルマニア等における普遍的存在を承認するにいたると同時に、そのことによって、モーガンの「ソシエタス」と「キヴィタス」すなわち「部族的社会」と「政治的社会」＝「国家」との基本的区別が承認されることになったことである。

残された問題

マルクスの国家理論は全体として未完成のままに残されたが、その問題点と残された課題を簡単にまとめておく。

① 国家の歴史理論は全体として断片的に止まっているだけではなく、それと密接にかかわるマルクスの中国、インド等に言及した「アジア社会論」は停滞論的色合いが濃く、マルクスもまた「オリエンタリズム」的偏向を免れなかった。この点の克服が求められる。

② 資本主義国家論と資本主義諸国家の具体的分析に関しては、この国家類型の形態的特質の理論的根拠は明確におさえられたものの、この国家の「相対的独自性」一般と区別される、個別的諸国家の執行権力を中軸とする独裁的・半独裁的傾向（典型はボナパルティズム）の解明には問題を残している（この点はマルクスというよりエンゲルス「例外国家論」にいちじるしい）。

③ 過渡期権力の「プロレタリア独裁」論、共産主義における「国家死滅」論にかかわっては、「プロレタリア独裁」、資本主義から共産主義への「過渡期」の理解、さらに将来の共産主義社会にお

いて「今日の国家機能に似たどんな社会機能がのこるか」という問題提起（『ゴータ綱領批判』）などについて後続のマルクス主義者・共産主義者たちの間で、多年の激しい論争が行われてきたが、決着はついていない。

参考文献

藤田勇「国家論の基礎的カテゴリー」『現代と思想』一八号、青木書店、一九七四年一二月所収。

柴田高好『マルクス国家論入門』現代評論社、一九七三年。

大藪龍介『マルクス、エンゲルスの国家論』現代思潮社、一九七八年。

田口富久治『マルクス主義国家論の新展開』青木書店、一九七九年。

田口富久治『現代資本主義国家』第一部、御茶の水書房、一九八二年。

平野義太郎編『マルクス・エンゲルス国家と法』大月書店、一九七〇年。

ジェソップ『資本主義国家』（一九八二年）田口ほか訳、御茶の水書房、一九八三年。

天野ほか編『マルクス主義法学講座2　マルクス主義法学の成立と発展〔外国〕』第一章、日本評論社、一九七八年。

グラムシ『新編・現代の君主』上村忠男訳、青木書店、一九九四年。

二　マルクス主義とは何であったか

まえがき

こういう大きなテーマは私が考えたのではなく、講演の企画者である丸山敬一教授（中京大学）によって与えられたものです。丸山教授は、日本でも有数のマルクス主義の民族問題の研究者であり、『マルクス主義と民族自決権』（信山社、一九八九年）、編著『民族問題―現代のアポリア―』（ナカニシヤ出版、一九九七年）、そしてマルクス主義における民族問題の古典としてのオットー・バウアー『民族問題と社会民主主義』邦訳の組織者にして共訳者（御茶の水書房、二〇〇一年）というすぐれた業績をあげておられます。マルクス主義研究という点では私も同業者で、中部政治学会などで親しくさせていただいておりますが、今回私にこのようなテーマを与えられたのは、もちろんご好意もあると思いますが、同時に、お前（田口）は、若い頃からマルクス主義政治学の確立というようなことを言ってきたし、それとかかわりをもつ日本の左翼運動にも長いことコミットしてきたはずだ。一九九〇年前後のソ連、東欧の激動、共産主義レジームの崩壊という巨大な歴史的事実を前にして、お前は長いこと信奉してきたはずのマルクス主義について、いまどう考えているのか、はっきりさせろという要求もおありなのではないかと感じます。せっかく与えられた機会でありますので、私の見解を率直にお話ししてご批判をいただきたいと存じます。

さて、それではマルクス主義とはなんでしょうか。もっとも常識的な解答は、一九世紀のドイツに生まれたカール・マルクス（一八一八～八三年）とその盟友であるフリードリヒ・エンゲルス（一八二〇～九五年）が、一八四四年頃から形成した諸理論、哲学、経済学説、国家と政治＝階級闘争の理論、そして戦略戦術などの総体として理解されています。彼らの労作でもっとも有名なものは、一八四七年に執筆した『共産党宣言』および、マルクスがその第一巻だけ仕上げ、その死後エンゲルスがマルクスの遺稿をもとに第二巻、第三巻と一応完成させた『資本論』などでしょう。

ところで、マルクス主義は、単なる理論体系に止まるものではない。ご承知のむきが多いと思うのですが、『共産党宣言』が一八四八～四九年のフランス二月革命を突破口とするヨーロッパ革命の前夜において、当時マルクス、エンゲルスが属していたドイツの革命結社、共産主義者同盟の綱領的文書として執筆、公刊されたものですし、一八七一年のパリ・コミューンを経て、一八七九年、つまりフランス革命勃発百年目にパリで結成された、第二インターナショナル＝国際労働者協会とヨーロッパの主要諸国、とくにドイツ、フランスなどで組織された社会主義政党――その中心をなしていたのはドイツ社会民主党でした――のイデオロギー的背景を提供していたのは、マルクス主義でした。

ヨーロッパ中心の社会民主主義運動や労働組合運動は、一九一四年夏の第一次世界大戦の勃発に際して分裂しました。それは帝国主義戦争にたいする賛成か反対かをめぐるものでしたが、それによって、「帝国主義戦争を内乱へ」という第二インターの既定路線に沿って、一九一七年ロシア革命に突入したロシア社会民主党（共産党）と、それに反して自国の帝国主義戦争に賛成し、自国の労働者を戦争に駆り立てていった第二インターの主要政党に分裂するわけです。このうち前者、つまりレーニンやトロツキーに率いられていたロシア共産党（後にソ連共産党）は、革命を成功させただけでなく、ともかくその革命レジーム、一九二二年からはソ連社会主義体制を維持することに成功したのであって、この体制は、一九九一年のクーデタをきっかけとして、ソ連邦が解体し、ソ連共産党も解消してしまうまで七四年間、とにもかくにも続いてきたのでした。

したがって、多くの論者が、マルクス主義を論じるさいには、これを、思想、運動、体制——これらは相互に密接につながっているのですが——の三つの角度、側面から扱うことが多いのです。つまり、「思想ないし理論としてのマルクス主義」、「運動としてのマルクス主義」、「体制としてのマルクス主義」の三局面です。

これからこれら三つの角度からマルクス主義を見ていきますが、順序としては、体制としてのマルクス主義、運動としてのマルクス主義、思想としてのマルクス主義の順で論じたい。これは二〇世紀のマルクス主義、二一世紀へのそれの生き残りを考える際に、いわばダメになっていった順序で論じる。つまり、私の考えでは後のものほど、言い換えれば、思想としてのマルクス主義は、そのままのかたちではないとしても、二一世紀を生きのびるであろう、という趣旨です。

1――体制としてのマルクス主義

すでに指摘したことですが、マルクス主義を理論的基礎とする、あるいは世界観的基礎とする労働者政党は、一九世紀の末から第一次大戦までは、一般的には社会民主党を名乗っており、第一次大戦の勃発による第二インターの崩壊ないし分裂の後に、マルクス主義政党は、一九一九年にレーニンがモスクワで世界のロシア革命を支持する社会民主党左派を結集して、コミンテルン（第三インターとも呼ぶ）を結成し、各国共産党はコミンテルン支部（日本ならコミンテルン日本支部）として組織されました。そして戦争に協力したその他の社会民主主義政党は、第一次大戦後、コミンテルン世界共産党とは一線を画した社会民主主義的国際組織を結成していきます。そして後者は、資本主義体制の暴力による転覆には反対し、社会改良主義を唱え、議会制民主主義の選挙による政権交代のルールを支持してきましたから（暴力革命およびプロレタリア独裁には反対）、社会民主主義がかなり長期にわたって政権を維持してきた場合でも（たとえばスウェーデン）、ある時期にその後かなり長いタイムスパンにわたって維持されるような経済政治体制を構築することはあっても（たとえば独自のスウェーデン型社会民主主義体制）、定冠詞つきの社会民主主義体制というものは、原則としては成立していないのです。これに対して共産党が政権を掌握して確立していった経済政治体制は――一九一七年のロシア革命以後第二次大戦の終わりまでは、そのような体制は、ソ連型体制一つだけでした――、レーニンによって補強された「プロレタリア独裁」の教義――それを媒介として、階級対立も、国家も死滅する社会主義、共産主義のユートピアにいたる——を支柱として、独自の経済政治体制を築いていきました。このような体制は第二次大戦後、いわゆる社会主義国が、ソ連の衛星国としての東欧諸国、アジアでは中国（一九四九年一〇月一日中華人民共和国の成立）、北朝鮮（朝鮮民主主義人民共和国）、ヴェトナム等、中南米ではキューバに拡大されて社会主義陣営ないし社会主義圏を形成するようになると、多少ともそれぞれの国の特殊性をもちながらも、それらの全体にひろがりました。

それでは、そのような体制——現存型社会主義体制あるいは共産党という一党が恒久的、全面的（経済、社会、政治、文化を含む）支配政党として予定されているという意味では共産党支配体制と呼ばれる——はどのような特徴を持っていたのでしょうか。

まず経済体制面から考えましょう。資本主義経済体制においては、私的に所有されている生産手段と、二重の意味で自由な労働力を結合することによって生産が営まれ、商品（労働力を含む）が生産され、再生産されていきますが、どのような種類の商品がどれだけ生産されるかは、自由な市場における需要と供給との関係にあってきまる、これが資本主義的自由経済＝市場経済の基本枠組であることは、皆さんよくご存知のところです。マルクスの『資本論』は、この資本主義的市場経済のトータルな過程と構造を、緻密な分析力と広大な構想力によって明らかにした天才的労作です（このことはいまの日本のマルクス経済学を名乗る学者たちが、現時点での世界経済、日本経済の具体的分析がどれだけできているか、という問題とは、また別の問題です）。

これに対してソ連型経済体制においては、生産手段の社会的所有——実際には「国家的」所有に止まったのですが——ということを一応の前提として、「経済計画」、より具体的には指令経済というかたちをとりました。「計画経済」とは、「単一の国家計画の作成とその遂行という形で経済発展がおこなわれ、財貨の生産・流通・分配が人間の意識的管理のもとにおかれている国民経済をいう」と社会主義経済を専門とする経済学者によって定義されてきました（岡稔「計画経済」、岩波『経済学事典』第三版、一九九二年、三〇一〜三〇二頁）。指令経済というのは、一九三〇年代にソ連で確立された、中央集権的な「計画経済」の形態で、基本計画と工業生産は中央によって計画された、上から下への命令としての効力をもつ計画で、この計画が各人民委員部（省）によって管轄される企業に対して設定され、その対象は生産物や原材料の量と種類、賃金、価格などあらゆる領域に及び、計画の調整機関としてのゴスプラン（国家計画委員会）の役割を高めた、といわれています。このような「経済計画」には、一社会の一切の財貨やサービスとそれをになう労働力の分配が、人々の需要を満たすようなかたちでうまく行われるかという問題、経済専門家の言う「経済計算」という技術的難問があるばかりでなく、「指令経済」においては、一九三〇年代、ついで戦後のソ連をとりまく国際環境――不断の軍事的脅威、戦後は米ソ冷戦――によっても規定されて、生産中心的、とくに軍需生産中心的で消費者無視の傾向、もの不足と品質不良、官僚主義的傾向、非能率などのマイナス面が多かった。スターリン没後、いろいろ改革が試みられたが、抜本的効果をあげることはなく、体制が崩壊してしまいました。この「経済計画」の可能性の問題についての論争には最終的な決着はまだついていませんが、歴史的事実の問題としていえば、それは自然発生的な社会的分業にもとづく資本主義的市場経済体制にとって代わることはできなかったし、次節でのべる政治的条件（革命による資本主義体制の転覆ということが難しくなっていること）もあって、これからも難しいのではないか。ただ部分的な計画化ということが市場経済体制にとりこまれるということは、ありうるとは思います。

次に、「現存した社会主義体制」の政治的社会的特徴を考えてみましょう。ここでもその典型として、スターリン個人崇拝・独裁体制が確立されていった一九三〇年代から彼の死去（一九五三年。その個人崇拝と総計四〇〇〇万人にのぼるとされる粛正された諸個人や追放された諸民族にたいするその体制のテロルが最初に暴露されたのは、一九五六年のソ連共産党第二〇回大会におけるフルシチョフの秘密報告においてであった）の頃までのこの政治体制の特徴をみてみよう。この政治体制の権力の中核はスターリン書記長を頂点とする中央集権的に組織されている党機構であり、そのピラミッド型に全国的にはりめぐらされた党組織網は、それに照応する国家官僚制のハイアラーキーをその管理下に置きつつ、全国土と全住民を支配しました。この党＝国家装置の支配を媒介するのが「伝導ベルト」と呼ばれた、労働組合組織、共産主義青年同盟、文学者同盟その他の諸団体だったのです。そしてソ連共産党とその支配下の経済・社会を組織する原則が、「民主主義的中央集権制」（略して「民主集中制」）と呼ばれる極度に中央集権的な上から下への組織原則でした。このような党＝国家の集権的権力機構の頂点に立っていたのが、独裁者スターリンで、彼は少数の政治的側近と秘密警察を駆使して、その恣意的専制支配を貫徹させていったのです。そして一九三〇年代後半だけで、スターリンの粛正裁判で殺され、収容所送りとされた犠牲者は、（さきの犠牲者の数字四〇〇〇万人の半分）二〇〇〇万人ともいわれています。

さてこのような時期のソ連社会に、「思想・信条の自由」も、「言論・集会の自由」、人身保護令も、官憲の不当な逮捕を免れる自由も、原則として事実上ありませんでした。政治的自由、政治に参加する権利を、自らの判断に基づいて行使することも認められていませんでした（共産党組織が作成した候補者ないしその名簿に賛成することだけが許されていました。反対することはもちろん、棄権することも実質的には許されなかったのです)。これには、革命前のロシアが、後進的農民が圧倒的多数を占めるツアーリの専制支配のもとに長い間隷属してきた(そして市民的自由も政治的自由も経験したことのなかった遅れた社会であった)という歴史的事情も大いに影響しているとは思いますが、同時に革命ロシアをとりまく厳しい国際環境、共産党と農民大衆との利害の対立、それに加えて、レーニン、なかんずくスターリンによって強化された共産党の権威主義的強圧的組織体質によって強められたと考えられます。このような党=国家の権威主義的抑圧的支配は、第二次大戦後ソ連の東欧従属国にも伝染していたのであり、その最悪の実例の一つとして、一九八九年のクリスマスの日、蜂起した民衆勢力によってその妻とともに銃殺されたルーマニアのチャウセスクの暴政をあげることができるでしょう。

一九三三年、ヒットラー独裁を支持したドイツの国法学者カール・シュミットは、ナチス体制を、フューラー(ヒットラー)→党(ナチス)→民族という定式で描きました。これにならっていえば、スターリン独裁は、スターリン=党(共産党)→「伝導ベルト」→大衆という図式であらわすことができるかもしれません。

フランスの有名な政治学者、モーリス・デュヴェルジェは、その名著『政党論』(一九五一年)のおしまいのあたりで、ソ連の共産党独裁とヒットラーのファシスト独裁となんとか区別しようと理論的に努力しています。つまり、マルクス主義の思想は、近代の啓蒙思想や政治思想の直系の継承者であるのにたいして、ナチスの思想はその人種主義思想など近代思想の反対物であるというのです。そのことは認めてもいいと思うのですが、しかしヒットラーがやったアウシュビッツ等におけるユダヤ人虐殺と、スターリンのおこなった強制収容所等での大量の無実の人々の虐殺や虐待のどちらが悪いのか、どちらが人間性に加えられたより大きな悪であったのか。どちらも同じような人間性に対する犯罪行為でした。そしてソ連における大量テロは、すでにふれたように、特殊な国際・国内諸条件のもとでの「ロシア的野蛮」の復活という側面もあったのですが、マルクス主義あるいはレーニンの教義（「マルクス・レーニン主義」なるものは、スターリン等がでっちあげた、マルクスやレーニンの思想を極度に歪曲し、単純化した『教義体系』で、一九三〇年頃からスターリンが死ぬまで、世界中の共産主義者がこの『教義』を信奉していた）の中に、そのような蛮行を正当化しかねない「理論」があったのではないか。それはマルクスやレーニンの、国家論、革命論、「プロレタリア独裁論」あたりにあったと思います。マルクス自身の国家論は、疎外国家論、階級国家論など時期によって変化もし、複雑なものですが（『マルクスカテゴリー事典』青木書店、一九九八年に、私自身が「国家」の項目を執筆。本書二一三～二一四頁参照）、レーニンが、一九一七年の二月革命の後、隠れ家で書いたといわれる未完の『国家と革命』という小冊子は、国家を階級支配の機関、それを軍隊・警察・監獄といった国家の暴力機構と等置する、お粗末極まりない国家論だったのですが、ロシア革命が成功し、レーニンの権威と名声が高まるにつれて、このパンフレットは、全世界の共産主義者の必読文献になりました（共産党、共産主義者の理論的権威主義の一例）。皆さんは中野重治の『むらぎも』という小説を読んだことがありますか。その中で、一九二〇年代後半の新人会の学生たちが、『国家と革命』の独訳本を読んでカンカンガクガクの議論をする状景がでてきますね。

それはともかく、こういう単純な国家論を前提としますと、革命は支配階級の手中に握られている軍隊・警察の暴力装置を破壊（解体）しそれに代わるたとえばプロレタリアート（労働者階級）の権力を樹立する行為ということになります。支配階級の暴力装置を破壊＝解体するためには、被支配階級指導部の側の組織化された暴力が必要で、後者が前者を打倒しなければなりません。こうして革命は暴力革命の形態をとることは通常不可避的でありましょう。もっともマルクスやエンゲルスの時代には、彼らはイギリスなど支配階級が妥協することによって暴力によらない革命がおこりうるかもしれないという例外を認めていたのですが、レーニンの段階、つまり近代帝国主義の段階においては、革命は暴力による権力奪取の形態をとることは、不可避のことと考えられ、信じられていました。このような武装蜂起による権力奪取という革命路線が、先進資本主義諸国については否定され、議会などを利用する平和移行方式がそういう国々の共産党によって承認されるのは、一九六〇年前後からのことです（もっとも多数者平和移行というような革命路線が、今日の先進諸国で成功する諸条件と可能性はまったくないと私は判断しています）。話はここでおわりません。支配階級の権力を打倒した被支配階級（具体的には革命を指導したその権力核、たとえば共産党）の権力は、旧支配階級の革命に対する抵抗、反革命の企てを実力で押さえつけ排除しなければならない。これがマルクスをして自らの国家＝革命学説の神髄であるといわしめた「プロレタリア独裁」ということの意味であり、それを認めるかどうかが、マルクス主義者の試金石であるとされたのでした。そしてこのプロレタリア独裁の権力を媒介として、資本主義から社会主義――階級の差異や対立のない、したがって階級支配の機関としての国家も必要がなくなって死滅する体制――への移行がおこなわれると考えられました。社会主義はさらに発展して共産主義社会にいたり、人類の前史はここでおわりを告げる、というわけです。現存した社会主義体制――その実態は惨憺たるものがあり、その大部分は崩壊していったのですが――を、政治学的側面から根拠づけていたのが、以上説明してきましたような「国家と革命」の学説でした。なおここで注的に触れておきたいのは、このようなマルクス主義の国家学説、特にレーニン国家論に対してマルクス主義国家論の創造的展開の先駆者となったのは、イタリア共産党の創始者の一人であり、ファシストの牢獄につながれて四〇代の半ばに亡くなったアントニオ・グラムシ（一八九一～一九三七年）という政治家・理論家でした。彼が残した膨大なノートは、マルクスのマルクス主義の創造的発展の可能性を示しているといってよい。

2――運動としてのマルクス主義

運動としてのマルクス主義の歴史についてはすでに簡単にふれました。くり返すと、一九世紀の半ばから第一次大戦までは、それは国際（ヨーロッパ）労働運動、一八六四年結成の「国際労働者協会」（第一インターナショナル、ここでマルクス・エンゲルスは重要な役割を演じた）、一八八九年にはパリで第二インターナショナルが組織され、その中心勢力は、マルクス主義を理論的よりどころにし、議会に大きな勢力をもっていたドイツ社会民主党でした。第一次大戦の勃発をきっかけとして、第二インターが崩壊し、一九一九年結成のコミンテルン派（共産党系）と社会民主主義の潮流にわかれたことについてはすでにお話しました。なお、マルクス以前の近代民主主義とマルクス主義との密接な関連を意識しつつ、一九三七年までのヨーロッパ政治史を描いた古典的名著として、ドイツの歴史家、ドイツ独立社会民主党、ドイツ共産党員（のち離党）であったアルトゥール・ローゼンベルクの『民主主義と社会主義』（一九三七年）という本があります。私と私の友人だった故西尾孝明氏の共訳（青木書店、一九六八年）と、みすず書房から別の訳者による翻訳がでておりますので、お読みすることをすすめます。

さてコミンテルンは、一九四三年、第二次大戦中に解散し（戦後各国コミンテルン支部は各国共産党になります）、第二次大戦後には、ソ連・東欧そして中国等において政権党となった国々を有する世界の八十数カ国の共産主義の運動（労働運動では世界労連）と、冷戦の激化の中で反共西側陣営へのコミットメントを明確にした社会民主主義政党（労働運動では四九年、世界労連から分裂した国際自由労連）が対立することとなり、もともとマルクス主義の影響の少なかったイギリス労働党、さらに一九四五年に再建され、一九五九年のゴーデスベルク綱領にあって、マルクス主義と訣別し、民主社会主義に立脚する国民政党を標榜することによって党勢を急成長させたドイツ社会民主党など、とくにヨーロッパの社会民主主義勢力は脱マルクス主義化することによって、第二次大戦後、しばしば政権についてきたのであります。

西欧における広義の労働運動において、マルクス主義の政治的思想的影響が低落していったのとは対照的に、第二次大戦および戦後、いわゆる第三世界における民族解放運動においては、ある時点までは（おそらくは一九七〇年代半ば頃まで）、マルクス主義の影響力は上昇しました。その典型が、一九世紀以降の世界情勢、アジア情勢に巨大な変動をもたらし、あるいはもたらし続けている、一九四九年一〇月の中華人民共和国の成立であり、また一九七五年に、アメリカの最大時五〇万人の介入軍を撃退して民族統一をなしとげたベトナム社会主義共和国でありましょう。もっともこれらの国のマルクス主義は、同時に民族化されたマルクス主義でもあり、具体的には毛沢東思想であったり、ホーチミン思想であったりします。

　ところで、一九七〇年代、八〇年代の頃から、先進資本主義国における社会民主主義政党の脱マルクス主義化がよりいっそうすすんだばかりではなく（同時に共産党の脱マルクス＝レーニン主義化も進んだ）広く労働運動一般においても、マルクス主義イデオロギーの影響は一掃されてしまったといっても過言ではないでしょう。このことをもっとも典型的に示しているのは、日本の場合であって、その全盛期には、「昔陸軍、今総評」と揶揄されるほどの強力な組織力・政治力をもっていた「総評」（日本労働組合総評議会）は、一九八八年に解散し、八九年には、同盟、中立労連、新産別とともに「連合」（日本労働組合総連合会）を結成し（組合員数、九八年六月現在で七七六万人）、連合が現在主として提携している政治勢力は民主党です。他方、社会党は、九六年一月の第六四回党大会で党名を社会民主党と改め、村山富市委員長が首相だった時代と橋本自民政権期に自民党、新党さきがけと連立を続け、その前、九三年九月には、自衛隊、日米安保条約、PKOを認め、党創立以来の路線と訣別しました。

　日本の場合はやや極端なケースですが、欧米においても、EU加盟諸国およびEU議会においては、脱マルクス化した社民政党の影響力は必ずしも減ってはいないものの、労働組合の経済的社会的影響力は、後退を示しています。

　その原因はどの辺にあるのか、おそらくはそれは一九七〇年代中・後半のオイル・ショックいらい、世界的に先進諸国の高度成長の時代がおわり、低成長時代に移行したことによって拍車をかけられたが「経済のグローバル化」と密接に関係していると思います。グローバリゼーション——中国の訳語では「球化」——には、いろいろな理解があり、イギリスのロンドン経済政治大学の学長、アンソニー・ギデンズは、世界大の社会諸関係の相互の結びつきと相互の影響関係の激化としてそれを定義していますが、経済的グローバル化という場合には、通俗的には、新自由主義経済関係の世界化というような意味合いで用いられることが多いようです。しかし私見では、「経済のグローバル化」という概念は、数年前に亡くなった、京都大学の経済学教授で日本での有数のマルクス経済学史の研究者であった平田清明教授の、「生産資本循環のトランスナショナリゼーション」という概念を中心として理解すべきだと考えます。よくいわれることですが、グローバル化は、近代資本主義の生成とともにはじまる傾向なのですが、資本のとる形態という点でいえば、商品資本のグローバル化が最初におこる。ついで、これはレーニンが『帝国主義論』(一九一七年)というパンフレットで明らかにしたことですが、資本輸出、いいかえると、貨幣資本循環のグローバル化がおこる。そして第二次大戦後になると、生産資本(これも経済学の専門用語なのですが、簡単に言えば、資本主義的商品生産の初発において、原料、機械、設備など生産手段に投下される資本と労働力商品の購入に投下される資本の合計によって構成される)循環のグローバル化が以上の二つに加わる。とくに貨幣資本循環のグローバル化が輻輳するところに、第二次大戦後の資本主義のダイナミズムの根源があるという議論です。これだけではちょっと抽象的でわかりにくいと思いますので、具体的イメージで申し上げますと、その主体をなしているのは、多国籍企業(multinational corporation, transnational enterprise)です。それは、「多数の国々において子会社を設立し、事業活動を行うが、たんに各国の子会社や本社ごとに利潤の極大を追求するにとどまらず、すべての子会社を統括して企業全体としての利潤の極大を世界的に追求する企業」と定義されています(宮崎義一、『経済学事典』第三版、八四七~八四八頁)。もっと具体化して申しますと、たとえば、日本の自動車産業

（例トヨタ）、大電気メーカー（例ソニー）が、有利な産業立地条件をもとめて、地価と労働力がやすい東南アジアに子会社を設立するとか、ライバル企業（国内のみならず国外の）との競争に勝つために、先進国に子会社を作るとか――これをバンド・ワーゴン効果といいます――の現象をさします（そして親会社と子会社、子会社相互間で、企業内貿易［管理された貿易］が行われます）。そうすると、もともとの本国における高賃金の労働力需要が減り（労働者数減少）、海外子会社の安価な労働力が増大します。このような傾向が先進諸国における労働運動の戦闘性と左傾化を押さえ、逆に子会社が立地された国や地域の労働運動の急進化を促進する傾向も見られます（例、南アフリカの労働運動）。

この「経済グローバル化」と関連のあるもう一つの現象、そしてそれについての世界的な学界の研究動向は、一つは一九七〇年代半ばからの、フランスのレギュラシオン学派の登場であり（山田鋭夫『レギュラシオン理論』講談社文庫、一九九三年）、それと密接に関連するフォード主義（国家）からポスト・フォード主義（国家）へという議論であります。レギュラシオン学派は大きくはマルクス学派に属していますが、各国、各時代の資本主義を、特定の蓄積体制と特定の調整様式からなる特定の〈発展様式〉を構成するものとしてとらえ、発展様式の矛盾や衰退は、〈危機〉とくに〈大危機（構造的危機）〉として現出するとします。そして第二次大戦後の先進資本主義諸国にみられた発展様式は、大量生産＝大量消費を中心とする前例のない成長の体制であって、これを二〇世紀初頭のアメリカのフォード自動車の名を借りて「フォード主義」と呼ぶ。このフォード主義は、六〇年代後半ないし七〇年代初頭いらい、生産性上昇の鈍化や労働力再生産費用の上昇のために、構造的危機に陥った。これが二〇世紀末不況と呼ばれるもので、この危機からの脱出のための各種の政策が争われているが、その成否は生命力ある新しい発展様式（ポスト・フォード主義）をいかに発見するかにかかっていると論じています。そしてそこにおけるキイ・タームとなっているのが、労働過程、蓄積レジーム、調整様式等における「フレキシビリティ」（「柔軟性」）という言葉です。皆さんは、今日の世界と日本の経済の現状をめぐる経済界、ジャーナリズム、学者の議論の中で、このフレキシビリティという合言葉を一度や二度はきっと聞いているはずです。

ところで、資本主義の調整様式にはいろいろありますが、その中でとくに重要なのは国家です。フォード主義からポスト・フォード主義への移行が問題となるとすれば、フォード主義に対応したフォード主義国家からポスト・フォード主義に対応するポスト・フォード主義国家の探求が問題となるはずです。この点については、イギリスのマルクス政治学者ボブ・ジェソップが先駆的仕事をしていると思います。それについては以下の二論文を参考にしてください。（平田清明『市民議会とレギュラシオン』岩波書店、一九九三年、第三部第三章。田口「ボブ・ジェソップの国家論」田口著『政治理論・政策科学・制度論』有斐閣、二〇〇一年所収）

3——思想・理論としてのマルクス主義

私はさきに、マルクス主義者、とくに共産主義者のあいだに、マルクスやエンゲルスそしてある時期までは、スターリンあるいは毛沢東の書いたものを、いわば絶対的真理としてその片言隻語をありがたがる権威主義的教条主義的傾向があったし、また現にあると指摘しましたが、このことはマルクス主義の理論体系をどう理解するかについても、当然のことながらあてはまります。この点では、レーニンの「カール・マルクス」という論文（一九一四年）、「マルクス主義の三つの源泉と三つの構成部分」という短い論文（一九一三年）が金科玉条視されてきました。後者に例をとると、三つの源泉とされているのは、ドイツ哲学、イギリス経済学、フランス社会主義であり、三つの構成部分とされているのが、唯物論哲学、剰余価値学説を基礎とする経済学であり、また階級社会に転化した後の世界史の発展の基礎である「階級闘争の学説」であるとされています。レーニンがいうには、マルクスの学説は、一九世紀の哲学、経済学、社会主義のもっとも偉大な代表者たちの学説を直接にうけつい**だ**ものとしてうまれた。それは正しいがゆえに全能であり、「完全で、整然としており、いかなる迷信、いかなる反動、ブルジョア的圧制のいかなる擁護ともあいいれない全一的な世界観を人々にあたえる」といいきっています。

このレーニンの命題を手がかりとして、思想・理論としてのマルクス主義を批判的に分析してみましょう。

マルクスの思想の源泉と構成部分を、一応三つに分けるという点を認めるとして、その哲学についでは、一八世紀後半のフランスの唯物論者の影響、そして一九世紀のドイツ観念論哲学、とくにヘーゲルの弁証法哲学の受容という点はその通りでしょう。若きマルクスが、ヘーゲル左派のグループに属しつつ、かつてヘーゲルの『法の哲学』における彼の方法の顚倒を批判して、唯物論と弁証法を結合させていった。その点の彼の独創性は認めていいと思います（もっとも旧ソ連の哲学者オイゼルマンのように、一九四三年、マルクスが「ヘーゲル国法論批判」論文を書いた時点で、彼がヘーゲルを哲学的に超えていたと評価することは、明らかに贔屓の引き倒しで、『法哲学』執筆時のヘーゲルはスチュアート『経済学原理』を読みこなしているのに対して、若きマルクスはまだ古典派経済学の学習に着手しておらず、そのヘーゲル批判は、論理的批判に止まっていたのです）。またマルクスの「史的唯物論」＝「唯物史観」の形成においては、具体的には「ドイツ・イデオロギー」の執筆においては、故広松渉のように、マルクスよりもエンゲルスの貢献をより高く評価する研究もあらわれています。

しかし、私の見解では、マルクスの哲学においては、その歴史哲学と価値哲学（の研究）がもっと重視されるべきだと思います。つまり、マルクス等の原始共同体→階級諸社会→人類の前史の終焉としての高次共産主義の復活という歴史観と、西欧に伝統的なキリスト教の時間観との関係（もちろんこのユートピア的シェーマには、ヘーゲルの、テーゼ、アンティ・テーゼ、ジン・テーゼの弁証法の定式の影響は顕著ではありますが）などがより深く研究される必要があります。またこれは初期マルクスの論文ですが、「ユダヤ人問題によせて」（一九四三年秋）、「ヘーゲル法哲学批判（序説）」（一九四三年末～四四年一月筆）におけるルソーの人間哲学、政治哲学、価値哲学との関連、とくにこのうちの前の論文におけるルソーの援用、「人間が自分の『固有の力』を社会的な力として認識し組織し、したがって、社会的な力をもはや政治的な力の形で自分から切り離さないときに初めて、……人間的解放は完成されたことになる」は、もっともっと重視されるべきだと思うのです。そしてこの箇所は、一八七一年四月～五月執筆の『フランスにおける内乱』第一草稿の次のような、コミューン対国家の把握、マルクスの「疎外国家論」の真髄、すなわち、「コミューンは、人民大衆の抑圧者によって横領され、人民大衆の敵によって人民大衆を抑圧するために行使されてきた社会の人為的な強力（人民大衆に対立させられ、人民大衆に対抗して組織された人民大衆自身の力）の代わりとしての、人民大衆の社会的解放の政治形態である」（『フランスにおける内乱』、国民文庫、一四五頁）にストレートにつながっているのです。そしてそれと前後する「ヘーゲル法哲学序説」における「人間の完全な喪失であり、したがってまたただ人間の完全な回復によってだけ、自分自身をかちとることのできる領域」、つまりプロレタリアートに、全般的解放の担い手を探りあてる哲学。私はこの辺のマルクスの哲学思想は、依然高く評価すべきものと考えています。

次の構成要素は、経済学です。マルクスの経済学上の主著はいうまでもなく『資本論』（平田清明氏は『資本』と訳すべきだと言っていました）ですが、これはすでに述べたように、その構成の面でも、方法論の面でも（分析論理だけでなく、弁証法的論理の見事な適用において）、天才的な著作です。私は古典古代のギリシャ以来人類が生んだ三人の偉大な哲学者、社会科学者として（自然科学者は除いて）アリストテレス、ヘーゲル、マルクスをあげます。あともう一人あげるとすれば、マックス・ウェーバーです。近代の三人がすべてドイツ人になってしまったのはなぜでしょうか。

マルクスには、『資本論』の準備草稿が何種類かあるのですが、もっとも学問的価値が高いのは、一八五七～五八年の『経済学批判要綱』（専門家はこの草稿のドイツ語の最初の言葉をとって「グルントリッセ」と呼んでいます）です。その中には「資本主義的生産に先行する諸形態」という部分があり、これは一九五三年にロシア語訳から日本語に訳されましたが、資本制生産に先行する所有諸形態として、アジア的所有、ローマ＝ギリシャ的（古典古代的）所有、ゲルマン的所有という三形態が提起されており、広義経済学における所有論のみならず、日本を含む前近代の所有諸形態をどう理解すべきかの問題をめぐる参考文献として、歴史学者の間でも盛んに論じられました。

もっとも戦前（一九三〇年前後）と戦後の一時期において、日本では経済学といえば、マルクス経済学を意味するほど、マルクス経済学が隆盛でしたし（私が学生時代に東大法学部の学生として聴講した経済学部の経済学関係の授業は九割方、マル経の講義でした）、また業績としても山田盛太郎の『日本資本主義分析』（一九三四年）という古典的名著があり、戦後は今度は労農派系の経済学者である大内兵衛や有沢広巳が、戦後日本経済の再建のために政策面で活躍しましたが（有沢の四六年秋の「傾斜生産方式」の立案は有名です）、いまでは、マルクス経済学（者）は傍流中の傍流になっています。しかしこれはマルクスの責任ではなく、資本論の訓詁学に没頭していた日本のマルクス経済学者たちの責任でしょう。しかしマルクス経済学の実践的使い道がまったくなくなってしまったわけではないことは、東京商大（現一橋大）の、「近代経済学とマルクス経済学の切磋琢磨」を提唱した杉本栄一門下生から、故宮崎義一、伊藤光晴（ともに京大名誉教授）のような、いわば「両刀使い」の独創的経済学者を生んでいることからも知ることができるでしょう（さきの平田清明は、社会思想史の水田洋などとともに、高島善哉門下生です）。

マルクス主義の第三の構成要素とされているのは、レーニンの表現では、「階級闘争の理論」であり、レーニンの「カール・マルクス」論文では、階級闘争、社会主義、プロレタリアートの階級闘争の戦術にあたる部分です。国家とイデオロギーは、史的唯物論の定式によれば、経済的土台に対する上部構造ですから、国家と法の理論やイデオロギー論も、この第三の構成要素に入れて考えるべきなのかもしれません。ちなみに、レーニンが、三つの源泉の最後にあげている「フランス社会主義」あるいは「一般にフランス革命諸学説とむすびついたフランス社会主義」（カール・マルクス論文）の内容がどうもはっきりしない。バブーフの陰謀事件のバブーフやブォナロッティが入るのか、後にマルクスやエンゲルスが「空想的社会主義」として批判したフーリエやプルードンがはいるのか、不鮮明です。

しかしすでに批判したように、マルクス主義の体系はこの構成部分において、もっとも弱いとおもうのです。もう一度くり返して述べますと、革命の形態論、国家論、「プロレタリア独裁論」「社会主義・共産主義論」など、それぞれに弱点をかかえているように見えます。このうち、国家論についてはマルクスにはまとまった労作がなく、エンゲルスに『家族、私有財産、国家の起源』という、マルクスのモーガン『古代社会論』の抜書等を利用した著述はあるのですが（一八八四年刊）、これは国家の起源から国家の機能を演繹するという論理的に見れば、初歩的間違いを冒しています（この点は、私は丸山眞男教授に教えられました）。

その他、マルクスが『ゴータ綱領批判』でちょっと触れている資本主義経済のグローバルな性格と当面の革命の一国的性格、より一般化していえば、民族問題についての問題提起などありますが（私はかねがね、この問題は商品の価値的側面と素材的側面の矛盾という観点から解くべきだと考えてきましたが、経済史家の川勝平太氏は「文化・物産複合」という概念を使って問題を解こうとしています）、これ以上立ち入ることにはいたしません。

むすびにかえて

この辺で今日の講演をしめくくっておきましょう。

第一に、マルクスは、近代資本主義という経済＝社会体制の本質や作動法則は、かなり正確に理解し分析しえていたと思うのですが、資本主義の経済体制の延命力、生き延びる力についての判断は大きく間違っていた。同じことは、レーニンを含めた後続世代のマルクス主義者、革命家についてもあてはまります。そして資本主義体制は、レーニンによれば、資本主義の最高の、また最後の段階になるはずだったのに、第二次大戦後もマルクス主義用語で言えば、国家独占資本主義体制として、あるいはフォード主義として、さらにはグローバル化時代におけるポスト・フォード主義を模索して生き続けているし、おそらくは二一世紀を通じて生き延びそうであります。これに反して資本主義体制への対抗物として登場してきたはずの現存した社会主義体制は、一番早く成立したソ連体制も、二〇世紀の間に四分の三世紀存続しただけで、自壊してしまった。中国その他の残存した社会主義諸国も急速に商品経済化しています。「社会主義商品経済体制」なるものは、二一世紀の末までには、どうなっているのでしょう。

第二には、このことを裏返したにすぎませんが、マルクス主義者の社会主義・共産主義の到来についての予測は、あまりに楽観的であり、それは一種のユートピア思想にすぎなかったと言われても仕方がないでしょう。

第三に、現存した社会主義の体験、とくに政治的社会的体験は、ソ連を見ても、東欧諸国を見ても、一九六五〜七五年の文化大革命の中国の実状をみても、その掲げた理念――プロレタリア民主主義等々――とはまったく逆に、基本的人権は保障されず、民衆の政治的参加の権利は実質的に保障されない、民主主義（アメリカの政治学者ダールのいう、政権への異議申し立てと政治への実質的参与を標識とするポリアーキー）の反対物であったと言えます。それはまたソ連、中国、その他の社会主義諸国において、数千万単位のテロや弾圧を伴うものでもありました。そしてそれを可能にしたのは、もともとは前衛政党の集権化を担保する民主集中制という組織原理であり、それを経済・社会の上からの監視と統合に拡大した組織原理でありました。このような非民主的で不自由の体験が歴史的に明らかにされている以上、もはやそのような体制が再復活する展望はまずないと思われます。

しかしながら、第四に、政治理念（および政治思想）としてのマルクス主義の中には、無産のプロレタリア大衆の経済的社会的解放を通じての全民衆の解放、階級制度、とくに資本主義経済と資本主義的帝国主義権力が、下層勤労大衆、あるいは旧植民地・従属国の民衆に加えた抑圧あるいはその残存物からの解放の大胆な肯定など、これらの政治理念と政治思想はなお今その輝きと意義を全面的に失ってしまっているとはいえない。

もちろん二一世紀を迎えた世界が直面している諸課題——環境問題、性差の撤廃の問題、核と戦争の危険の問題、南北格差の問題、人権抑圧の問題等——について、マルクス主義の理念と思想が、それらすべてに対応できるわけではないでしょう。しかし、マルクス主義が、その父祖たちがそう信じていたように、人類の科学的、民主主義的、ヒューマニズム的伝統の継承者であり、展開者であるという初心にかえって、自己批判と再生の努力を重ねていくならば、それはこれまでの幾多のマイナス面にもかかわらず、人類の知的——道徳的遺産の一つとして、人類の歴史の上に残る可能性をもっていると言えるのではないのか。

参考文献

塩川伸明『現存した社会主義』勁草書房、一九九九年。

「計画経済」「指令経済」「多国籍企業」等の項目、『経済学辞典』第三版、岩波書店、一九九二年所収。

『マルクスカテゴリー事典』青木書店、一九九八年所収、「国家」＝本書に収録した。

A・ローゼンベルク、田口富久治・西尾孝明訳『民主主義と社会主義』青木書店、一九六八年。

山田鋭夫『レギュラシオン理論』講談社現代新書、一九九三年。

平田清明『市民社会とレギュラシオン』岩波書店、一九九三年。

田口「ボブ・ジェソップの国家論」、田口著『政治理論・政策科学・制度論』有斐閣、二〇〇一年所収。

田口「市民社会の概念と国家と市民社会の弁証法」、日本福祉大学研究紀要「竹村英輔教授追悼号」一九九八年所収。

石堂清倫『二十世紀の意味』平凡社、二〇〇一年。

III

五〇年の研究生活を振り返って——いま思うこと

1――私の研究の軌道――二つの定点

全国政治学研究会の創立以来の会員――この会の創設は、一九七〇年九月二四日で、創立集会は明治大学で行われ、初代会長は故岡倉古志郎氏でした――という主催者側のご紹介つきで、若い神谷君（北海道教育大学→札幌学院大学）たちとともに報告の機会が与えられたことに感謝しております。テーマとしては、丸山眞男をめぐる最近の研究・論議ということを考えて、そのように主催者側にお伝えしていたのですが――丸山眞男に関わる私の論文一〇点、および本日主として言及する研究や資料については、別紙として配布しております――最近になって報告のテーマを表題のようにふくらまして話をしたいという気持ちになりました。

私が研究者への道の第一歩を踏み出しましたのは、いまから五二年前、一九五三年四月一日、東京大学法学部の助手（新制最初の助手の一人）としてでした。私の指導教授は政治学の堀豊彦先生でしたが、まったく形式的には東洋政治思想史の丸山先生の講座の助手にはりつけられました。それからもう半世紀余たってしまったわけです。私はこの五〇年の自分の研究軌道を、二つの定点をもった楕円軌道として描くことができるのではないかと考えています。一つの定点は、マルクス主義、政治的にはコミュニズムの運動。もう一つの定点は広義の丸山政治学です。前者への政治的コミットメントは、五二年の秋のことでしたが、イデオロギー的には五一年頃（大学三年次）からマルクス主義文献の研究――これには経済学関係等の講義の影響（教養経済学、大内兵衛。農政学、山田盛太郎。他に社会政策の大河内一男、経済史の高橋幸八郎と松田智雄（大塚久雄教授の代講）、加えて外交史の江口朴郎講師（教養学部教授））もありました――がはじまっていました。丸山政治学との出会いの最初がなんであったか、はっきりした記憶はありませんが、『人文』第二号（一九四六年）の「科学としての政治学―その回顧と展望―」は、雑誌論文そのもので、本郷に移ってから読み、「現実科学を志す政治学者にとって」、「理念としての客観性と事実としての存在制約性との二元のたたかいを不断に克服せねばならぬ」という丸山の指摘は、その後の私の政治学研究を貫く、あるいは貫くべきと考え続けた内的規範となりました。私は、一九五三年度の丸山ゼミ――テーマは「日本のナショナリズムとファシズム」でした――への出席を許され、そこで加藤高明についての報告をしましたが、その報告草稿はなくしてしまいました。そして私は、丸山からマルクス主義の政治論や国家論を相対化する視点を学びました。ある日の東大法学部の政治学研究会で、丸山はエンゲルスの『起源』について、国家の起源の問題と、国家の機能の問題を混同している、ないしは前者から後者を演繹しているという趣旨の批判をおこないました。これはほんの一例にすぎませんが、このような丸山のマルクス主義批判は、私が自分のマルクス主義（そんなものがあったとして）を批判的に内省する重要な契機となりました。

さて私における政治と政治学の矛盾が顕在化したのは、私が『朝日新聞』一九七六年七月一日夕刊に書いた「現代政治における政党の問題」という小論において、フランスの政治学者モーリス・デュヴェルジェの所説を引いて、共産党の「民主集中制」という組織原則についてひかえめな形で疑義を提起したことを契機としてでした。当時の日本共産党書記局長の不破哲三氏等が、私の議論を組織論上の修正主義と認定し、不破氏は、七九年一月号の『前衛』誌上で「科学的社会主義か『多元主義』か―田口理論の批判的研究—」として批判をおこない、私は同誌の同年九月号に反論を書いたのですが、不破氏が八〇年三月号に「前衛党の組織問題と田口理論」と題して再反論をおこない、それで『前衛』誌上の論争は終わりになります。この論争についての私の側の総括は、私が名古屋大学を退職するにさいしての、退官記念論文集に収められている、中谷義和・小野耕二・後房雄の三氏を聞き手とする「私とマルクス主義と政治学」という聞き書きの、三九八～四〇二頁のあたりに載せております。一つは私の側の失敗として、レーニンの前衛党組織原則の解釈論の形態——そういう次元では解決できない問題を提起したのに——をとった論争に枠づけられてしまったことです。もう一つは、私が考えていたような方向で先進国革命論の課題と戦略にふさわしいような形での日本における政治主体の形成は、当分期待できないという結論に達したため、私はこの時点で「政論」的なものから一歩退いて、政治学・行政学・国家論などのやや理論的問題に沈潜することにいたしました。現時点、つまり、一九九一年頃からのソ連、東欧等の共産主義体制の崩壊、先進資本主義諸国において、この組織原則を堅持しつつ、かつ生きながらえている共産党は日本共産党とポルトガル共産党の二つになってしまった、というようなコミュニズム運動の現状を考えますと、この論争には歴史的には一つの決着がついていると思います。

＊ この論争に関わる私側の諸論稿は、『先進革命と多元的社会主義』（大月書店、一九七八年）および『多元的社会主義の政治像—多元主義と民主集中制の研究』（青木書店、一九八二年）に収められています。

ところで、私の日本型コミュニズムとの訣別は、一九九四年、日本共産党の第二四回大会において——この年は、私が名古屋大学を退職し、立命館大学政策科学部に転じた年と重なっていました——同党が、一九五六年に、丸山眞男氏が岩波書店刊の雑誌『思想』同年三月号に、「思想の言葉」として書いた「戦争責任論の盲点」を、二八年も経った時点で「突然」とりあげ、委員長報告、書記局長報告そして大会決議においても、丸山の、共産党が日本でのファシズムとの戦いにおいて敗北した政治的結果責任を負うべきだという議論を、口を極めて非難し、罵倒したことが決定的な契機となりました。共産党が論文発表から二八年も経って丸山のこの発言を口を極めて罵りだした背景としては、当時の政治状況、知識人の動きなどを背景として指摘する「解説」などもあらわれていました（『葦牙』第一八号で、久野収氏が、丸山論文を引用したインタヴュー記事（九三年一月）に応じたことがキッカケとなったという説もあります。なお『丸山眞男書簡集⑤』の一〇五頁の注3および一七三頁の注1参照）。私は、戦前戦後を通じて、とくに戦後、丸山が日本共産党との関係において、おそらく一貫して「反共」の立場にたつことなく、それをも含めたいわゆる革新の統一を志向する立場をとり続けたことを知っていましたし、また政治責任論の原則から言えば、丸山のこの五六年「思想のことば」の、戦争中の共産党の政治責任を問う立場は当然のことと考えましたから、宮本委員長（当時）をはじめとする当時のこのような日本共産党側の丸山誹謗をみとめることは断じてできないと考え、この党との関係を断ち切りました。

＊ なお、丸山が一九五六年三月号の「思想のことば」で、共産党の戦争中の政治責任をあえて提起した背景説明としては、九四年頃の時点で、石田雄氏が雑誌「みすず」に書いた論文があります（石田雄「戦争責任論の盲点の一背景」『丸山眞男の世界』みすず書房、一九九七年、一一七～一二〇頁参照）。

さて、戦後、厳密には一九五二、三年から一九九四年にいたる約四〇年の私の思想軌道の二つの定点のうち、一つは現実政治的意味でも理論的にも、ドロップしたのですが、私が一人の政治学者として、そしてまた政論家として発言を続けてきた以上、どんなに狭い範囲のものであろうと、私が政治的・理論的になんらかの影響を与えてきたかもしれない学生諸君や一般読者諸氏に対する私の知的＝政治的責任の問題は残りますし、それを可能な限り果たしていくことは必要であると考えました。またそれを果たしていくもっとも知的に適切なやり方は、私がマルクス主義という思想体系について、そしてまた世界と日本のコミュニズムという運動について、どのような点で認識や判断を誤り、いまそれらの点をいまいかに考えているかを明らかにすることだろう〔自己批判することだろう〕と考えました。私はこの点については、名古屋の中京大学大学院学術講演会で講演する機会を与えられ、二〇〇一年一〇月、それは「マルクス主義とは何であったか？」という題で「中京法学」に発表させていただきました（本書所収二二五〜二四八頁）。

そこでは、マルクス主義を、体制としてのそれ、運動としてのそれ、思想・理論としてのそれに三区分し、結論として、①マルクスは近代資本主義という経済＝社会体制の本質や作動法則はかなり正確に理解し分析しえていたが、資本主義の延命力についての判断は間違っていた。同様なことはレーニンを含めた後続世代のマルクス主義者、革命家についてもあてはまる。②そのことの裏返しですが、マルクス主義者の社会主義・共産主義の到来についての予測は、あまりに楽観的であり、それは一種のユートピア思想にすぎなかった。③現存した社会（共産）主義の体験は、その掲げた理念とはまったく逆に、民衆の基本的人権は保障されず、その政治的参加の権利は実質的に保障されない、民主主義の反対物であったということです。それはまた、ソ連、中国、その他の社会主義諸国において、数千万単位のテロや弾圧を伴うものでもあった。そしてそれを可能にした条件の一つは、もともとは「前衛」政党の集権化を担保する民主集中制という組織原理の全体制的拡大であり、それを経済・社会の、上からの監視と統合に拡大したものであったということです。このような非民主的で不自由の体験が歴史的に明らかにされている以上、もはやそのような体制が再復活する展望はまずはない。④政治理念および政治思想としてのマルクス主義の中には、いまなおその輝きと意義を全面的に失ってしまってはいない部分もある。それがその初心にかえって、自己批判と再生の努力を重ねていくならば、人類の知的‐道徳的遺産の一つとしては、人類の歴史の上に残る可能性をなお持っているのではないか。

もっとも、最近の私は、一九一七年の十月革命そのものの政治的正当性がある意味では、疑問視されうること、そして（スターリン時代は言うに及ばず）レーニンが最高指導者として主導した時期（一九一七～一九二二年）の政治的経験、とくに大規模な民衆（農民、労働者）に対するテロリズム等々は、政治的にはとうてい容認できないというふうに考えるようになっておりますが、これらの点については、また後で触れます。

2――最近の丸山眞男批判について

つぎに、最近の丸山批判――これは管見のかぎりでの――についての私のコメントですが、それらに立ち入るまえに、一、二申しあげておきたいことがあります。一つは、これは丸山批判者の人々から、私もその一人である丸山の思想や学問の擁護者に向けられている苦情ですが、後者が丸山の思想や業績をいわば聖眞男のそれとして擁護し、批判に聞く耳をもたないというものですが、それはとんでもない言いがかりです。丸山の業績や立論に、時代的・資料的その他の制約があることは、その評価に当たっての当然の前提であります。たとえば、本日皆さまに配布いたしました「丸山眞男をめぐる最近の研究について」（本書Iの三）という論文の中で、私は、山口定氏の丸山の歴史の見方についての批判や、平石直昭氏の丸山における「市民社会」の用例の批判的検討を、丸山に対する「内在的批判」の典型的例としてあげています（一二四～一二五）。日本政治思想研究、あるいはより具体的に、日本思想史における歴史観、政治観、倫理観の研究、あるいは福沢研究が、丸山の到着した地点でストップしてしまうなどということは、学問史の経験上からいってもありえないことです。

ところで、私のみるところでは、丸山思想史ないし政治学の批判の焦点と水準は、私が「丸山眞男プロス・アンド・コンス」論文（一九九九年一〇月発表）で検討した頃とはやや変化もしているし、より乱暴になっているという印象があります。九九年の私の論文で、丸山批判の代表的論者として言及しているのは、山之内靖、酒井直樹、姜尚中、中野敏夫、米谷匡史、葛西弘隆等でありますが、彼らの共通の見解を、私はこの論文でつぎのようにまとめておきました。

「丸山を国民的等質性の創出を目指したナショナル・リベラルないしナショナル・デモクラットと見（戦前の日本については大日本帝国に強制的に包摂された朝鮮・台湾あるいは、沖縄などの人々の存在ないし運命に無関心なオリエンタリズムの徒と見）、古層論の展開については、日本の「民族」ないし「国家」の歴史的同質性を強調する人種主義的・特殊主義的偏向に陥っているという。そしてかかる「国民主義」の「物語り」（リオタール）は、もはやその歴史的役割をおえてしまっているのだ」と。

ところでここ両三年で若干の話題になった丸山批判としては、安川寿之輔『福沢諭吉と丸山眞男――「丸山諭吉」神話を解体する』（高文研、二〇〇三年）と今井弘道『丸山眞男研究序説――「弁証法的な全体主義」から「八・一五革命説」へ』（風行社、二〇〇四年）があります。安川の本は、その前著『福沢諭吉のアジア認識』（高文研、二〇〇〇年）に引き続いて、丸山の福沢理解を全面的に批判し、丸山が福沢について打ち立てた「神話」を解体する、というふれこみの大冊（四八〇頁）でありました。また今井の著書は、安川の丸山批判が福沢批判に限定されている点に批判をもちつつ、そこから大きな励ましと、著者安川に対する感謝の念を抱きつつ、福沢と丸山を「緊急権国家」体制（小林直樹の一九七九年の本の表題）の思想家として批判することを一つの主要目標とする仕事でありました。

安川の仕事については、静岡県立大の平山洋が、早くから批判をおこなっていましたが、平山の『福沢諭吉の真実』（文藝春秋、二〇〇四年）の第三章「検証・石河幹明は誠実な仕事をしたのか」と第四章の四「福沢と石河のアジア認識は全く異なっている」が、平山の安川批判のまとめである、と考えていいわけです。

もちろん、平山のこの書物の画期的意義は、現行の『福沢諭吉全集』（岩波書店、全二一巻）の「時事新報」の論説一五〇〇編の半数近くが、福沢の未関与ないし関与度の低いものであり、また日清戦争や朝鮮問題に関する一八九四、九五年度の論説一〇編――その中には福沢が中国侵略を肯定したという主張の根拠とされてきたものも含まれる――中七編は福沢は無関与とし、そのことを論証しようとしていることです。それではこれらの論説の執筆者は誰で、これらを全集の中にもぐりこませた犯人は誰か。それは福沢の弟子の一人で、時事新報社で主筆などをつとめ、退社後、福沢の全集編纂と伝記（全四巻）執筆に一人であたった石河幹明（一八五九～一九四三）であるというのが、平山の主張であります。平山の仕事は、「時事新報」論説執筆者の再検討を進めていた井田進也（『歴史とテクスト　西鶴から諭吉まで』光芒社、二〇〇一年）の仕事を継承したものであり、専門家による検証を必要としますが、かなり信頼に値するもののように見えます。安川やその福沢「研究」にかなり依拠した今井が、この石河の詐術にころりとだまされて、福沢を――そして福沢を高く評価する丸山を――近代日本最大の保守主義者と評したり（丸山については、福沢の主体的責任を無視していると批判する―安川の場合）、あるいは福沢と丸山を串刺し的に「緊急権国家体制の思想家」と貶価する（今井の場合）企ては、この一点からも破綻しているのではないのか。それだけではありません。服部之總や遠山茂樹など講座派を代表するマルクス主義近代史家も、このトリックに気がつかなかったと平山はいいます。石河に騙されなかったのは、かの東京帝国大学の国史学教授平泉澄であった（平山本、一八五～一八七頁）というのも皮肉なことであります。丸山の場合はどうであったのでしょうか。平山は、丸山も服部や遠山と同じように、石河のごまかしに気づいていないとしていますが、その辺は、専門家の鑑定を待つしかないでありましょう（平山本、二一〇～二一六頁）。ただし、平山のこの労作は、丸山の「福沢諭吉の『脱亜論』とその周辺」（日本学士院論文報告、一九九〇年九月一二日。『丸山眞男手帖20』に収録）には言及していませんし、東大法学部における岡義武と丸山眞男との位置関係について、事実と逆の記述をしているところがあります。

今井弘道の労作については、私が『象』という名古屋の同人雑誌に、今井の主張の一つの柱である、福沢と丸山は「緊急権国家」体制の思想家であるという命題についての反論をおこなっています（本書Iの五前半）。また今井の丸山論のいま一つの特徴は、丸山の一九三六年の緑会雑誌懸賞入選論文の末尾のキイワード「弁証法的全体主義」が、京都学派の田辺元の「種の論理」の影響をうけたものではないか、少なくともそれと同型の論理構造をもつものではないか、という問題提起にあります。私はこの問題を『象』に「「弁証法的な全体主義」とは何か？　丸山眞男、田辺元、南原繁のトリアーデ―今井弘道『丸山眞男研究序説』批判②」として発表しています（本書Ⅰの五後半）。結論を申しますと、今井のこの主張を立証するに足る証拠は得られなかったのですが、ただ私としては、田辺の「種の論理」なるものを初めて本格的に勉強することができたことを喜んでおります。

田辺の生誕百年を記念して編まれた、竹内義範・武藤一雄・辻村一編『田辺元　思想と回想』（筑摩書房、一九九一年）を読む機会をえましたし、『田辺元・野上弥生子往復書簡』（岩波書店、二〇〇二年）という同年生まれ（一八八五年、五八六頁）の両巨匠の、老いらくの恋と思想的・芸術的交流の記録を味読することもできました（この本については長文の書評を書きました。『もくの会通信』四六号、二〇〇四年）。「美しい老年、美しい恋」という加賀乙彦の解説（五七三～五八三頁）は、これまた見事な文章であります。加賀が五三年一一月一七日の元の書簡の、漱石『虞美人草』批判において、元が作中人物の卑しさを作家自身の卑しさと見なしている点に、彼の小説読解力の限界を見、また元の弥生子論には反対だ、といい切っています（五八〇頁）。

最近出たもう一つの丸山論、すなわち水谷三公『丸山眞男―ある時代の肖像』（ちくま新書、二〇〇四年）は、「進歩」が輝いた戦後の一時代を、丸山眞男の時代としてとらえる一試論であります。副題の「ある時代の肖像」とはそういう意味でしょう。本書のカヴァーのとびらに要約があります。「『日本政治思想史研究』によって気鋭の思想史研究者として注目された丸山は、また時論の人ともなった。「超国家主義（者）」「日本ファシズム」批判に始まる論考と発言は、進歩的論壇の流れをつくり、今も広く読者を集める。講和問題や朝鮮戦争ベトナム反戦や憲法九条、天皇問題などに現れる軌跡をたどり、丸山に「持続する気分」をとおして、戦後日本の夢と悔恨をふりかえる」と。著者は丸山の直弟子ではないが（丸山の親友辻清明の弟子）、丸山ゼミに参加し、東大紛争時には、法学部助手として丸山とともに明治新聞雑誌文庫に寝泊まりした経験をもっています。そのような著者が、研究者としての丸山というよりも、「啓蒙家」ないし「思想家」としての丸山に、聞いてみたかった疑問のいくつか――水谷はこの面での丸山の言動については、全体として懐疑的である――を、自問自答した産物が、この本なのであります。水谷の政治的スタンスは保守的でありますが、彼が丸山の言説に批判的に迫っているテーマの第一は、戦争と平和の問題――朝鮮戦争から憲法九条まで――であり、第二は、リベラルと反共という問題、より具体的には丸山の「反・反共主義」の政治的スタンスの批判的検討であり、第三は、天皇と美学の問題であります。換言すれば、もっとも深いところで丸山を支えた、彼の持続する気分や美学の問題であります。私は、水谷の丸山についての以上三点の懐疑には無視し得ない一定の妥当性を感じます。ただ水谷が、ラスキにおける爵位問題についてのヴァニテイに触れながら、ラスキを戦前、戦後を通して、その実力以上に高く評価していた丸山には、そのようなモラール的・世俗的な疑点がまったくなかった点に一言触れるべきであったでしょう。この項の最後に、二〇〇四年の第五回「復初の集い」において、大学三年のときの丸山が、国法学の受講ノートの余白に書きつけた「現状維持と現状打破」と題する対話体のメモが夫人の了解を得て公にされました（『丸山眞男手帖31』二七〜三二頁）。このメモは、八月一七日の朝日のオピニオン欄、早野透による「ポリティカルにっぽん」によって広く紹介されました。丸山のこの発言をよむとき、それから四年後、一九四〇年の「或日の会話」（『公論』同年九月号）のBの発言を、中野敏夫や今井のように、近衛とその新体制に好感を示している証拠と受けとめ、そう断定することは、丸山が三六年から四〇年までの間に「別人となった」（「大転向」した）という立証のないかぎり、まったく無理な議論であることが証明されたと私は考えます（なお、私はこの報告の直後に、植村和秀『丸山眞男と平泉澄』（柏書房、二〇〇一年）という問題作を恵贈されて、興味深く読んだ）。

3——最近のコミュニズム研究について

一九九一年八月のソ連共産党の解散、同年一二月二六日のソ連邦消滅（その半年前にEUが創設されています）は、ソ連共産党の極秘文書の大量解禁をもたらします（一部の文書の解禁はゴルバチョフ政権によって行われていたのですが）。これによってコミンテルン研究、レーニン時代を含めたソ連共産党研究は、日・ソ両共産党関係にかかわる研究を含めて画期的に進展することになり、さまざまな歴史の「真実」が明らかにされてきました。わが国では、中谷義和さんとともに、本日の研究会の暫定世話人である加藤哲郎さんが、早くから国崎定洞とベルリン日本人左翼グループの研究を始めていたのですが、その後、スターリン主義と日本人粛清、在外日本人国際ネットワークとその研究を拡大し、そのHPは、学術研究に有用な「定番」サイトに選ばれています。加藤の学位論文は、私もその審査にかかわった『コミンテルンの世界像』ですが、その後『モスクワで粛清された日本人—三〇年代共産党と国崎定洞・山本懸蔵の悲劇』（青木書店、一九九四年）、『二〇世紀を超えて—再審される社会主義』（花伝社、二〇〇一年)――この本は、第一部　民主主義の永続革命へ、第二部　社会主義=共産党神話の再審、付論　階級政党から国民政党へ―共産主義崩壊の中で生き残る日本共産党、です。とくに第二部と付論が、当面の問題との関連で重要です――、最近では、島崎爽助氏との共編で、『島崎蓊助自伝』(平凡社、二〇〇二年)が公刊されています。なお加藤の旧ソ連秘密文書の解読には、トロツキー『ロシア革命史』全五巻(岩波文庫)の訳者でロシア文学研究者である藤井一行さんが、積極的に協力されてきたようです。

外国人の仕事としては、一九四七年生まれで現在オックスフォード大学セント・アントニーズ・コレッジ・フェローで英国学士院会員であるロバート・サーヴィスの『レーニン、一つの伝記』(二〇〇〇年)という大著(彼はそれ以前に、レーニンの政治理論形成過程についての大部の三部作〔レーニン・政治的生涯、八五、九一、九五年〕を書いているようですが、私は読んでいません)が、河合秀和氏の訳で、上・下二巻(総頁七〇〇余)に分けられて、二〇〇二年三月と八月、岩波書店から公刊されました。この著者は、ソ連共産党中央委員会所管のレーニン文庫が、一九九一年に公開された時点にモスクワに居合わせ、それを自由に利用できた最初の歴史家となったとのことです(下巻訳者あとがき、三一九頁)。上巻には、序章、第一部　叛徒の誕生、第二部　レーニンと党が収められています。第一部では、ロシア革命以前の、レーニンの家系や家族関係およびレーニンが逮捕されてシベリアで送った流刑生活までが描かれ、第二部では、チューリヒ、ミュンヘン、ロンドンなどでのレーニンの亡命時代の党活動が描かれています。下巻の第三部は、「権力奪取」と題され、一九一七年二月革命から十月革命、一七年から一八年の冬における「包囲下の独裁」、そして一八年一月～五月のブレストーリトフスク講和から、同年八月くらいまでのレーニンの言動が描かれ、第四部　革命の防衛では、一九一八～一九年以降のコミンテルンの創設とその第一～第三回大会への出席、西方（ドイツ、ハンガリー等）における革命の失敗（一九二〇年）、一九二一年における新経済政策への転換、二二年五月最初の発作、一二月二度目の発作、二三年三月三度目の発作、政治活動不能、二四年一月の死までがたどられています。

たまたま私の手許にあったロシア革命とレーニンについての、一九五六年のスターリン批判以降の、ソ連を含めた外国と日本左翼の研究文献一〇点くらいとくらべてみますと、スターリン評価の下落と反比例して、レーニンの理論と行動を持ち上げる傾向が、ソ連共産党や日本共産党関連の文献でも圧倒的に多くなってきます。しかも、共産党主流には一線を画していたと思われているような論者、故石堂清倫氏の解説（同氏訳、ユ・ア・クラシン『レーニンと現代革命』勁草書房、一九七一年〔原本六七年〕「あとがき」四五三～四六〇頁）や、中野・高岡共著『革命家レーニン』（清水書院、一九七〇年）――もっとも中野は『社会主義像の転回』（三一書房、一九九五年）では、そのようなレーニン像は撤回していますが――などにも、このような傾向があらわれております。サーヴィスのこの本は、レーニンを「神話化」する志向性とは完全に無縁でありますが、「レーニンがいなければ、一九一七年一〇月には革命はなかったのであろう。レーニンがいなければ、ロシア共産党は一九二一年末以降、あまり長くは存続しなかったであろう」（下巻第二十五章末尾、二四二頁）という彼の政治家レーニンの評価は、大体妥当なのではないでしょうか。

さて、サーヴィスも認めているように、レーニンは、自らが指導して成功させ革命権力を擁護するためには、あらゆる政治的敵手、旧体制派（擁護）の知識人・聖職者、さらにそれに脅威を与えると認定した勤労大衆（とくに農民大衆）、革命の成功に寄与したが、後にレーニン政権に対抗した労働者、軍人、水兵に対しても、大量のテロルを行使することを辞さなかったのです。

この問題について、管見の限りでもっとも充実したホームページを立ち上げているのは、愛知県岩倉市在住の宮地健一氏です。氏のHPで比較的最近のものとしては、「ザミャーチン『われら』と一九二〇、二一年のレーニン―チェーカー・大量殺人犯罪告発のレーニン批判SF小説」（これは同人誌『象』の四九号（二〇〇四年）に上が、五〇号、五一号に中・下が発表された大作です。ザミャーチンと『われら』の紹介、ドストエフスキーとザミャーチンとの関係、一九二〇、二一年のレーニン批判文学作品としての『われら』の分析で、同氏の子息徹氏が作成した三DCG（三次元コンピューターグラフィックス）の画像もすばらしいものです）、そこでは、「レーニンの大量殺人総合データと殺人指令二七通―一九一八年五月一三日の食糧独裁令から二二年一二月一六日第二回発作まで―」――ここではレーニンの大量殺人総合データ、推計の根拠と殺人指令文書二七通がしめされ、ソ連崩壊後の発掘データによるレーニン像の大逆転が示されています。そして、クロンシュタット水兵とペトログラード労働者に対する対応、とくにクロンシュタット水兵の平和的要請と（これに対する）レーニンの皆殺し対応が描かれています（これはプリント・アウトでは三四枚の大部のものです）。

なおこれらのファイルには、ソ連共産党崩壊後から入手可能になった秘密文書、それに依拠した外国人の研究、日本人の研究が参照されていますが、日本人の研究としては、大藪龍介『国家と民主主義』（社会評論社、一九九二年）、中野徹三前掲『社会主義像の転回』、梶川伸一『飢餓の革命』（名古屋大学出版会、一九九七年）、同『ボリシェヴィキ権力とロシア農民』（ミネルヴァ書房、一九九八年）などがあります。なおここでは、ニコラ・ヴェルト『共産主義黒書―犯罪・テロル・抑圧〈ソ連篇〉』(恵雅堂出版、一九九七年フランスで出版、二〇〇一年翻訳出版)が活用されています。

これらの宮地のファイル、さらに彼が依拠した内外の資料や研究が明らかにしたことは、ロシア十月革命の正当性への疑問の高まり(それはプロレタリア社会主義大革命ではなく、レーニン派の単独武装蜂起、単独権力奪取クーデタであったという説が強くなっています)、またレーニンによる制憲議会の解散についても、クーデタ説もあるようです。そして十月武装蜂起のなかに、制憲議会の受容を不可能にする論理が内包されていて、内戦の不可避性、他党派への弾圧、一党独裁への道を切り開いたという解釈(中野徹三)もあります。

また宮地の別のファイル(クロンシュタット水兵とペトログラード労働者)では、一九〇五年の第一次ロシア革命、一七年二月革命において中心的役割をになったペトログラード・ソヴィエト、同様に五年革命と一七年革命の革命軍最大の拠点となったクロンシュタット労兵ソヴィエト、とくに後者が、二一年二月末から三月にかけて、「自由で平等な新選挙」「すべての権力をソヴィエトへ、政党にではなく」というスローガンを掲げ、レーニン政権に対して一五項目の綱領に基づく平和的要請行動に総決起しなければならなかった理由は何であったのかが問われています。その理由は、一言でいえば、二つの革命拠点ソヴィエトは、形式名とシステムは残っていたが、その実質では、二つともその執行委員会は共産党に独占されていた。つまり、彼等の作り出したソヴィエトが、労働者・水兵支配の弾圧機関に変質していったことが、ペトログラードそしてモスクワの労働者のデモ・ストライキの激発、全市的な山猫ストをひきおこし、クロンシュタットではソヴィエト水兵の反乱をひきおこすことになる。これに対するレーニン政権の対応は、ペトログラードでは、一万人の逮捕者（内五百人即時殺害、その他銃殺・強制収容所送り・流刑などは今日でも実数なお不明）、クロンシュタットに対しては、レーニン、トロツキーが二一年三月二日「弾圧命令」をだし、ストライキの全面鎮圧、蜂起労働者二千人の逮捕。そして三月七日両者の戦闘がはじまり、六月一七日には、クロンシュタット臨時革命委員会にたいしてトハチェフスキ（後年、スターリンによって粛清される）指揮の赤軍五万人が水兵一万人、基地労働者四千人に対して総攻撃をかけ、反乱を鎮圧しました。

権力の正統性にかかわる問題というのは、労働者、農民、兵士の総反乱――それを集約するペトログラード労働者とクロンシュタット水兵の政治的・経済的要求、とくに共産党によって剝奪されているソヴィエト民主主義を復活させよとする要求は、労働者民主主義という点でまったく正当なものではなかったのか。逆に、これらの「反乱者」のレーニン指令による大量殺害、「皆殺し対応」（クロンシュタットだけで二一年四～六月、二一〇三人死刑、六四五九人強制収容所へ収監）は政治的に正統化されうるのか。それらのことがいま問われている。共産党の権力維持の目的のための大量殺害が、歴史的・政治的に正統化されうるのか。

4――簡単なむすび

さて、戦後の私の研究軌道の二定点のうち、マルクス主義、政治的にはコミュニズムの方は、スターリンからさらにレーニン、いわゆるロシア革命にまでさかのぼって、定点としての意味は、私にとって喪失してしまいました。もっともご先祖のマルクスの思想と学問はなお意味をもっていると私は思うし、二〇世紀のマルクス主義者の中では、アントニオ・グラムシの思想のみが、いまなお、歴史的有為性をもっていると、私は考えております。日本のいわゆる左翼の現状について言えば、昨年一〇月二日の日本政治学会の共通論題一が「日本の左翼―過去・現在・未来」でしたが、その報告者の一人山口二郎教授は、その報告要旨の冒頭部分で「現在の社会民主党は、護憲を掲げるシングル・イシュー政党であり、むしろ日本人に社会民主主義に対する誤解を生み出す元凶でしかない。また、西欧の政党政治における左右の対立との比較という観点から、政権の担い手としての現実的可能性を持たない共産党は、本報告における議論の対象からはずれることも、了解していただきたい」といいきっておりました。

さて、私の戦後軌道のもう一つの定点であった丸山眞男についていえば、私は二〇〇一年一月一〇日（七〇歳の誕生日の前日）、立命館大学政策科学部でおこなった最終講義（それは『政策科学』第八巻第三号、二〇〇一年二月刊、後に拙著『政治理論・政策科学・制度論』有斐閣、二〇〇一年刊に収録）の第三節日本国憲法の命運、でも論じたように、丸山の「憲法第九条をめぐる若干の考察」等は、憲法第九条は、二一世紀の国際秩序のあり方についての全世界に向かっての日本人民の根本的な問題提起なのです（『丸山眞男集』第九巻所収）。それは松下圭一氏のパラフレースによれば、戦後日本のナショナリズムの中核にある原理なのであって、「国家的安全の確保には、外交による国際平和の環境醸成さらに平和国民という威信形成こそが課題となる」というものであります（松下『現代政治学』東京大学出版会、一九六八年、二〇四～二〇五頁）。

さて、これからの三年（〇五年から〇七年）の間に、憲法改正問題、より端的には憲法前文と第九条第二項の改廃が日本政治の中心論点として浮上してくることが、現下の情勢において確実であります（前述の憲法第九条をめぐる醸成については、『世界』第七三二号（〇四年一〇月）「もしも憲法九条が変えられてしまったら」、とくに奥平康弘の「『憲法物語』を紡ぎつづけるために」参照）。丸山のこの論文やこれと関連する諸論文、そして「戦後民主主義の虚妄に賭ける」といいきった丸山の決意をわれわれがどう継承して、戦後民主主義の核心をどう擁護していくのか、これがわれわれの今日的課題であると考えます。私個人としては自分の残された知と力のすべてをこのたたかいに献げたいと決意しております。ご静聴に感謝します。

補遺

最近、故永原慶二『二〇世紀日本の歴史学』（吉川弘文館、二〇〇三年）の一三七頁に、田辺元について次のような評価を見いだした。

「京都哲学の西田とならぶ巨匠田辺元も、『歴史的現実』（一九四〇年、岩波書店、田口未見）で、「歴史に於て個人が国家を通して人類的な立場に永遠なるものを建設すべく身を捧げる事が生命を越える事である」などといい、「一死報国」と結局同じような死生観を提示した。若者たちの死をそのまま肯定するような論である」。これは『国家と宗教』の最終章「ナチス世界観と宗教の問題」における南原の田辺批判の妥当性を裏付けるものである。晩年の田辺は、その「死の哲学」の構想において、このことの学問的・倫理的責任をどう果たそうとしていたのか。この点については、福田歓一「京都学派の復権について」（『図書』二〇〇三年八月号）参照。

あとがき

『丸山眞男とマルクスのはざまで』という題名をもつ本書は、私が一九五三年四月、東京大学法学部助手として政治学研究者としての第一歩を歩み出してから半世紀余の研究生活を回顧し、かつ総括した書物である。私の「政治学五〇年」の回想といってもいい。私はこの半世紀、マルクス主義と丸山眞男という、二つの焦点をもつ楕円軌道の上で仕事を進めてきたといえる。しかしここ十～二十年くらいは（一九八〇年代以降といってよい）、マルクス主義やそれを体現していると主張してきたコミュニズムのイデオロギー、体制、運動に対しての評価が厳しくなり、他方、丸山眞男の思想や政治的スタンスの継受と展開をより一層進めていきたいという志向が、いちじるしく強くなってきている。

そのような事情があって、本書は、丸山眞男研究を論ずる文章か、分量的には全体の七割を越え、マルクス主義、そして就中、私が一九七〇年前後からのかなり長い期間をその研究にあててきたマルクス主義とその国家論については、現時点での私の総括的評価を、二つの短い論文でおこなうに止めている。

もっとも本書の最初の構想においては、私がこの半世紀の間に親交してきた、いまや故人となられた先学や友人の追悼の文章――古在由重先生について、清水慎三先生について、あるいは霜田正次氏、横越英一教授、平田清明教授、イギリス人の友人、ロイドン・ハリスンについて――の収録も希望していた。また本書のIII以降に執筆した数本の論文・書評（「武者小路公秀の学問と思想」、中部大学国際人間学研究所編集の『アリーナ二〇〇四』二〇〇四年五月二〇日発行に所収）、「名古屋における政治学者群像―名大政治学科を中心に──」（『アリーナ二〇〇五』二〇〇五年三月三一日発行に所収）、長大書評としては、いいだもも の大著『レーニン、毛、終わった──党組織論の歴史の検証』（論創社、二〇〇五年一月一〇日刊）の長大書評（『情況』二〇〇五年五月号）、二〇〇二年〜二〇〇四年の読書ノート（『象』四五号、四八号、五一号等）も可能であれば、本書に収めたかったのだが、最近の出版事情の厳しさを考慮して、収録を見送らざるをえなかった。これらを、これから執筆を予定している論文や、すでに執筆ずみ（同人誌『象』誌上に八回連載した）の一九七〇年頃までの自伝的文章等とあわせて、数年後に（七十七歳の喜寿記念に）一書にまとめたいという希望はもっているが、はたして実現できるかどうか？

さて本書、とくに丸山眞男研究をめぐっての諸論文（論争文を含めて）を作成するにあたっては、多くの同学の人々の直接・間接の援助を受けた。学生時代からの友人であり、『丸山眞男集』の主要編者の一人である松沢弘陽氏のみならず、私より歳下の丸山眞男教授、福田歓一教授の門下生の俊秀たち、お名前をあげれば、東大社研の平石直昭教授、成蹊大学の加藤節教授、北大法学部の権左武士教授には、書簡を通じて、多大の御教示にあずかった。また文通という形はとらなかったが、その労作の恵贈を通じて、前都立大学教授・現成蹊大学教授の宮村治雄氏からも、多大の御教示を受けた（同氏の『丸山眞男「日本の思想」精読』（岩波書店）、それにもまして『新訂日本政治思想史「自由」の観念を軸にして』放送大学教材、二〇〇五年五月というすばらしい労作の恵投を通して）。

もちろん、これまでも、今回も、多大の御教示を受け、受けてきた、福田歓一教授（電話で、ルソー一般意思論についての私の質問に答えていただいた）、石田雄教授（近刊の『丸山眞男との対話』みすず書房、二〇〇五年一月の御恵投を受けた）にも、ここで深甚の謝意を表したい。

最後になってしまったが、本書の公判を、困難な出版事情のもとで無理を承知でひきうけて下さった、旧知の日本経済評論社社長の栗原哲也氏の御厚情、編集の労をとっていただいた清達二さんにも心からお礼を申し上げる。

二〇〇五年七月十九日夜

田口富久治

初出一覧

I　丸山眞男をめぐって

一　丸山眞男の「古層論」と加藤周一の「土着世界観」　立命館大学政策科学、九巻二号、〇二年一月

二　家永三郎の「否定の論理」と丸山眞男の「原型論」　立命館大学政策科学、一〇巻二号、〇三年一月

三　丸山眞男をめぐる最近の研究について　立命館大学政策科学、一一巻三号、〇四年三月

四　菅孝行「九・一一以後、丸山眞男をどう読むか」を読む　『情況』〇四年七月

五　今井弘道『丸山眞男研究序説』批判　同人誌『象』第四九号（〇四年夏）、第五〇号（〇四年冬）

おわりにかえて――丸山先生から教えられたこと　『葦牙』二三号（九六年一二月）

II　マルクス主義の理解と批判

一　マルクスにおける国家　『マルクスカテゴリー事典』青木書店（九八年三月）一七一～一七六頁。

二　マルクス主義とは何であったか　『中京法学』三六巻二号（〇一年十二月）

III　五〇年の研究生活を振り返って――いま思うこと　全国政治学研究会報告（〇四年十月一日、於札幌学院大学）初公表

[著者紹介]

田口富久治《たぐちふくじ》

1931年秋田市生まれ．1953年東京大学法学部卒業．現在名古屋大学名誉教授．主著に『社会集団の政治機能』未来社，1969年．『戦後日本政治学史』東京大学出版会，2001年．

現住所　〒470-0134　愛知県日進市香久山3-804

丸山眞男とマルクスのはざまで

2005年8月15日　第1刷発行

定価(本体3500円＋税)

著　者　田口富久治

発行者　栗原哲也

発行所　株式会社日本経済評論社

〒101-0051 東京都千代田区神田神保町3-2
電話03-3230-1661　FAX 03-3265-2993
振替00130-3-157198

装丁＊渡辺美知子　シナノ印刷・協栄製本

落丁本・乱丁本はお取替えいたします　Printed in Japan

ISBN4-8188-1778-3